RECEITAS CULINÁRIAS

Editora Appris Ltda.
9.ª Edição - Copyright© 2022 das autoras
Direitos de Edição Reservados à Editora Appris Ltda.

Nenhuma parte desta obra poderá ser utilizada indevidamente, sem estar de acordo com a Lei nº 9.610/98. Se incorreções forem encontradas, serão de exclusiva responsabilidade de seus organizadores. Foi realizado o Depósito Legal na Fundação Biblioteca Nacional, de acordo com as Leis nᵒˢ 10.994, de 14/12/2004, e 12.192, de 14/01/2010.

Catalogação na Fonte
Elaborado por: Josefina A. S. Guedes
Bibliotecária CRB 9/870

R295r 2022	Receitas culinárias / Lourdinha Bastos Monteiro, Mônica Porto Carreiro Monteiro (org.). - 9. ed. - Curitiba: Appris, 2022. 360 p. ; 23 cm. ISBN 978-65-250-2276-5 1. Culinária. 2. Culinária na arte. I. Monteiro, Lourdinha Bastos II. Monteiro, Mônica Porto Carreiro. III. Título. IV. Série. CDD – 641.5

Editora e Livraria Appris Ltda.
Av. Manoel Ribas, 2265 – Mercês
Curitiba/PR – CEP: 80810-002
Tel. (41) 3156 - 4731
www.editoraappris.com.br

Printed in Brazil
Impresso no Brasil

LOURDINHA BASTOS MONTEIRO
Mônica Porto Carreiro Monteiro (Org.)

Receitas Culinárias

FICHA TÉCNICA

EDITORIAL
Augusto V. de A. Coelho
Marli Caetano
Sara C. de Andrade Coelho

COMITÊ EDITORIAL
Andréa Barbosa Gouveia (UFPR)
Jacques de Lima Ferreira (UP)
Marilda Aparecida Behrens (PUCPR)
Ana El Achkar (UNIVERSO/RJ)
Conrado Moreira Mendes (PUC-MG)
Eliete Correia dos Santos (UEPB)
Fabiano Santos (UERJ/IESP)
Francinete Fernandes de Sousa (UEPB)
Francisco Carlos Duarte (PUCPR)
Francisco de Assis (Fiam-Faam, SP, Brasil)
Juliana Reichert Assunção Tonelli (UEL)
Maria Aparecida Barbosa (USP)
Maria Helena Zamora (PUC-Rio)
Maria Margarida de Andrade (Umack)
Roque Ismael da Costa Güllich (UFFS)
Toni Reis (UFPR)
Valdomiro de Oliveira (UFPR)
Valério Brusamolin (IFPR)

ASSESSORIA EDITORIAL
Rauel Fuchs

REVISÃO
Ana Paula Pertile

PRODUÇÃO EDITORIAL
Isabela Calegari

DIAGRAMAÇÃO
Jhonny Alves

CAPA
Sheila Alves

COMUNICAÇÃO
Carlos Eduardo Pereira
Karla Pipolo Olegário

LIVRARIAS E EVENTOS
Estevão Misael

GERÊNCIA DE FINANÇAS
Selma Maria Fernandes do Valle

Apresentação

Foto 1 – Encontros de família

Fonte: acervo da família

Quando criança, a casa dos meus avós paternos, José Ernesto Monteiro e Lourdinha Bastos Monteiro, era a melhor, a maior e a mais apetitosa casa que eu conhecia. Lá, os primos se encontravam em banquetes dominicais e em férias cheias de trelas. Situada na Avenida Parnamirim, n.º 56, no bairro de mesmo nome, no Recife, em Pernambuco, tinha salas amplas, terraços laterais, muitos quartos, jardins, galinheiros, pés de jambo, lavanderia, cozinha ampla, sala para refeições e um gabinete de leitura. De todos os espaços domésticos daquela casa, o gabinete era o que mais me intrigava, e a cozinha o que mais me atraía.

O gabinete era a confirmação de que meu avô era um homem estudioso, e aquele cômodo com estantes, suas portas de vidro, cheias de livros, aguçava a minha curiosidade e era um convite à exploração. Para concorrer com a atração exercida pelos livros, só mesmo a *bonbonnière* de cristal, sempre a nossa vista, contendo os maravilhosos bombons de mel de abelha que marcariam a infância de meus irmãos e meus primos que frequentaram aquela casa.

A cozinha sempre foi para mim o lugar de onde saíam todas as doses de prazer e alegria, tanto nos lanches semanais como nos almoços de família[1] aos domingos. Ampla e arejada, a cozinha era ocupada por mulheres que cozinhavam, experimentavam, exploravam e descobriam formas de agradar os mais variados paladares. A minha querida avó Lourdinha Bastos Monteiro (1905-1992) era a rainha daquela cozinha, e os seus apetrechos culinários eram parte de todo aquele ambiente.

---

[1] Filhos e filha: Fernando Bastos Monteiro (*in memoriam*), Lúcia Maria Monteiro da Costa Carvalho, Murilo Bastos Monteiro, Antônio Carlos Bastos Monteiro (*in memoriam*).

Foto 2 – Apetrechos da cozinha

Fonte: acervo da família

O domínio de vovó Lourdinha sobre todas as coisas relacionadas à culinária, sua paciência, generosidade, calma e tranquilidade transformaram a rainha da cozinha – que era uma avó carinhosa e festejada por muitos dotes, não só os culinários – na autora e idealizadora de um livro de receitas culinárias nos idos da década de 1970.

Lourdinha foi uma quituteira de primeira, como se dizia antigamente. Além de cozinhar para a família nos domingos felizes, ela inventava receitas e se tornou mestre de muitas senhoras (à época, só mulheres frequentavam os cursos da minha avó) que se esbaldavam nas aulas de culinária oferecidas na casa da Avenida Parnamirim. Tudo acontecia na sala de refeições e na cozinha. Ela e as alunas treinavam receitas em aulas que mais pareciam um laboratório – método bem avançado para a época.

O acúmulo e a sistematização de seus conhecimentos sobre a culinária nos cadernos de receitas foram o começo de um projeto editorial despretensioso. Lembro-me com muita saudade das inúmeras revisões de texto que eram feitas na sua casa e, em especial, das sessões em que vovô Monteiro a auxiliava nessa tarefa, recorrendo a uma lupa de aumento para minimizar os efeitos de uma vista já cansada.

Vale dizer que, entre os cadernos de receitas, há aquele que é uma relíquia de enorme valor afetivo, que foi oferecido por ela à neta[2] mais velha, Ana Lúcia Monteiro da Costa Carvalho.

Foto 3 – Cadernos de receita

Fonte: acervo de Ana Lúcia Monteiro da Costa Carvalho

O caderno conta com mais de 300 páginas de receitas escritas à mão e é detalhadamente ilustrado com recortes de revistas e jornais, tornando toda a consulta mais atraente.

Do conhecimento que repassava e das trocas e experiências vividas nos cursos, vovó Lourdinha foi se tornando uma referência no assunto tanto para a família como para as alunas e suas famílias, os filhos, os netos e tantas outras pessoas que jamais a conheceram, mas são íntimas de seus ensinamentos.

---

[2] Netos e netas, por ordem alfabética: Ana Lúcia, Camila, Elizabeth, Gisela, Gustavo, Luciana (*in memoriam*), Maria Cecilia, Mônica, Murilinho, Thereza Cristina, Sérgio (*in memoriam*), Suzana.

Do caderno de receitas e dos cursos ministrados chegamos à primeira edição do livro *Receitas culinárias*, publicada em 1975. Preparado de maneira artesanal, contou com cerca de 500 receitas distribuídas em 275 páginas e foi rodado na tipografia Esuda, no Recife. O livro, que sequer tinha índice, foi um enorme sucesso.

Diante da grande aceitação, vovó Lourdinha lançou a segunda edição no mesmo ano e registrou o sucesso da sua empreitada, descrevendo o seu trabalho como um Manual de Arte Culinária:

> Em vista de ter-se esgotado em poucos meses a primeira edição deste Manual de Arte Culinária, decidi mandar imprimir uma nova edição. Aproveito a oportunidade para incluir algumas receitas novas e suprimir outras, esperando que esta edição agrade mais do que a primeira (2.ª edição, 1975).

Foto 4 – Capa da 2ª edição

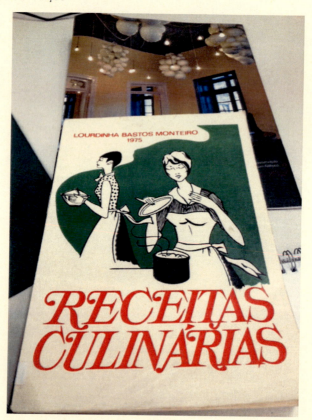

Fonte: acervo da Fundação Joaquim Nabuco

É curioso notar que esse processo de elaboração das novas edições incorporava novas receitas e excluía outras, como resultado da interação que a autora mantinha com a família e com alunas e amigas. Esse processo se repetiria ao longo das sete edições que foram trabalhadas por ela – indicando sempre novas experiências culinárias, que resultavam em atualizações, incorporações e supressões. Em junho de 1976, vovó Lourdinha apresentava a terceira edição:

> O interesse das donas de casa por este livro excedeu minha expectativa. A segunda edição esgotou-se em poucos meses, o que me anima a publicar uma nova edição que, espero, encontre o mesmo interesse das edições anteriores. Aproveito a oportunidade para acrescentar algumas receitas, que, estou certa, serão muito apreciadas (3.ª edição, 1976).

Na sequência, houve mais cinco edições, sendo a oitava edição, de 1999, organizada e lançada pelos filhos, em homenagem à sua memória, após sua partida no ano de 1992.

Foto 5 – Capas da 7ª e 8ª edição

Fonte: acervo de Mônica Porto Carreiro Monteiro

Registre-se que, entre cursos, almoços e organização das receitas, vovó Lourdinha também participava de encontros e concursos de culinária e teve reconhecimento e premiação em várias oportunidades, a exemplo do concurso realizado em 31 de outubro de 1980 e noticiado no jornal *Diário de Pernambuco*.

Foto 6 – Concurso de culinária

No Cabanga

● Agradável e muito simpático, foi o jantar dançante beneficente, que o Lar de Nenem movimentou, quarta-feira, às 21 horas, no Cabanga Iate Clube. De parabéns sua diretoria, que tem como presidente a atuante sra. Maria Regina Neuenschwander.

● Difícil a tarefa da comissão julgadora, que foi presidida pela primeira-dama do Estado, sra. Ana Maria Maciel (dia mais magra e muito bem num modelo estampado em preto e branco) de escolher entre os pratos salgados o mais bonito, o mais original e o mais saboroso, assim como, dar o primeiro lugar para o concurso de doces, ao prato mais bonito e o mais saboroso.

● Mas, mesmo assim, em meio a tantos pratos bonitos e deliciosos os prêmios (para salgados) ficaram com Terezinha de Jesus Santana da Silva, o mais saboroso (Lasanha), Lourdinha Bastos Monteiro, o mais bonito (maionese com uvas) e Cristina Manzi, o mais original (Leitão). Para os doces os prêmios ficaram com Leonir Hazim Asfora, o mais saboroso (bolo de aniversário) e Teresa Rodrigues, o mais bonito (torta de chocolate).

● Após o resultado do concurso de doces e salgados, foram feitos sorteios de vários brindes. A jóia, cortesia de Abrahão Alliz ficou com a sra. Adelaide Felicci, as duas serigrafias de Brennand ficaram com as sras. Nedya Maria da Costa Pinto Sundfeld e Emerita Vasconcelos e finalmente, a viagem à Salvador foi sorteada para a sra. Laura Pagnocin.

● O encontro foi encerrado ao som da valsa Danúbio Azul, com vários casais dançando a bela música vienense.

● Entre as muitas presenças, anotadas as dos casais Lúcia e Gabriel Bacelar, Ivone e Francisco Perazzo, Laura e Gilberto Pagnossim, Eliane e Hoover Costa, Libéa e Pablo de Lucas Simon, Cristina e Ronaldo Ferreira (ela linda de preto), Selma e Mário Antônio de Sá Leitão, Cláudia e José Manoel dos Santos, Benita e Heleno Gouveia, Clementina e João Lyra Neto, Nadja e Luciano Carvalho, Nely e Roberto Carvalho, Rone e Carlos Regnier, Ana Maria e Raimundo Monteiro.

● Também anotadas as presenças das sras. Rilene Zarzar, Ester Santos (muito bem de

Fonte: Biblioteca Digital da Fundação Biblioteca Nacional

O livro de receitas de vovó Lourdinha também está presente em estudos e referências sobre a culinária, compondo o acervo da Biblioteca Central Blanche Knopf, da Fundação Joaquim Nabuco, no Recife, tendo a sua importância reconhecida ao integrar a bibliografia sobre a culinária brasileira em estudo conduzido e publicado pela instituição, na revista *Ciência e Trópico*, de 1997, intitulado "O sabor da terra: uma bibliografia sobre a culinária brasileira", de autoria de Lúcia Gaspar e Sebastião Vila Nova, colegas de trabalho desta orgulhosa neta.

Nesse campo, há ainda muito a se aprofundar em seus escritos, notadamente na abordagem da antropologia cultural e do simbolismo da alimentação, com base na observação das práticas alimentares, dos hábitos sociais, dos regionalismos culinários dos anos 1970 e 1980, ali descritos, na perspectiva de exploração da dimensão cultural da alimentação, numa contribuição para estudos futuros sobre patrimônio alimentar.

A oitava edição, de 1999, que já é fonte de consulta de seus bisnetos[3], há muito se esgotou – podendo, com alguma sorte, ser encontrada em bons sebos.

Foto 7 – Sebo Progresso, Recife

Fonte: a organizadora

---

[3] Bisnetos e bisnetas, por ordem alfabética: Amanda, Bruna, Carla, Carolina, Catarina, Claudio, Débora, Dora, Guilherme, Henrique, João, João Monteiro, Leonardo, Luca, Lucas, Luis Felipe, Maria Carolina, Matheus, Oscar, Pietra, Rafael, Roberto, Sofia, Valentina.

Dessa maneira, este projeto da nona edição do livro *Receitas culinárias* visa a responder às perguntas: por que uma nova edição? Como fazê-la de forma a homenagear Lourdinha Bastos Monteiro? Há público para desfrutar do conhecimento que ela acumulou? Há espaço comercial e afetivo para um livro de receitas culinárias que se apresenta de forma direta, simples, prática, contendo ensinamentos de toda uma vida? Há atrativos em uma publicação que não se valerá de fotos em alta resolução, de estímulos externos, e que se concentrará na essência do que nos foi apresentado em 1975?

Ao apresentar o resultado do projeto desta publicação, iniciado no ano de 2020 e concluído em 2022, é preciso contextualizá-lo. A ideia de uma nova edição, perseguida por mim há algum tempo, ganha força e importância nesse momento de recolhimento e isolamento determinados pela pandemia da Covid-19. Nesse tempo, a preocupação com a alimentação e o exercício da culinária invadiram as casas e as nossas vidas, e, assim, vivenciamos formas diferenciadas de interação social, o que nos permite indagar: como se tem reorganizado as comensalidades em tempos de pandemia?

Nesse sentido, relato aqui a experiência que vivenciei criando um grupo de WhatsApp – *CozinhandoNaQuarentena* – para trocar receitas, promover aulas, realizar concursos etc., que muito me reaproximou da minha avó e dos seus ensinamentos, fazendo-me revisitar projetos antigos, como o do *CursosNaCozinha*, em que eu ministrava aulas em casa e realizava concursos gastronômicos em família. É nesse contexto, cheio de memórias e de projetos futuros, que a nona edição do livro *Receitas Culinárias* se apresenta.

Assim, com toda a emoção que me inspirou para lançar esta edição, busco garantir que o livro é oportuno e necessário, que a homenagem é devida, e que a breve história aqui relatada é um convite para que mais pessoas conheçam as delícias da culinária pernambucana e brasileira, tendo em mente que a gastronomia, nas palavras de Brillat-Savarin, governa a vida inteira do homem.

A homenagem à minha querida avó começa com a reprodução *ipsis litteris* do arquivo da última edição. Não há espaço para atualizações por minha absoluta incapacidade em revisar, e melhorar, o que ali se plantou. Restará evidente, porém, que há orientações – como dialogar com o açougueiro em busca de determinada peça de carne –, menções a tipos e marcas de produto – que não representam nenhum compromisso com qualquer fabricante – e, ainda, orientações peculiares sobre pesos e volumes dos ingredientes – como a utilização de casca de ovo ou de latas como instrumentos de medição - que deverão ser interpretadas e adaptadas pelos novos leitores e leitoras. O livro apresenta mais de 500 receitas agrupadas em nove categorias.

Esta edição também conta com a preocupação de deixá-la registrada com o Padrão Internacional de Numeração de Livro (ISBN), ausente nas outras edições, para facilitar sua localização aos amantes da boa mesa e para deixar esta história contada, registrada e passível de reprodução.

Por fim, nas muitas pesquisas que realizei para preparar esta edição, desde a Biblioteca Digital da Fundação Biblioteca Nacional à Biblioteca Central da Fundação Joaquim Nabuco, passando por sebos no Recife, até as consultas aos manuscritos e exemplares disponíveis em família, surpreendi-me com referências a *Lourdinha Bastos Monteiro* na rede social Instagram, vindas de pessoas que hoje, mais de 20 anos depois da última edição e 30 anos após a sua partida, apontam e praticam seus ensinamentos culinários com alegria e amor, como jovens entusiastas da gastronomia que reverenciam a grande quituteira que ela foi.

Foto 8 – A atualidade do Livro de Lourdinha Bastos Monteiro

Fonte: @yeswecook e @luhazin, no Instagram

Foto 9 – Júlia e Téo na cozinha

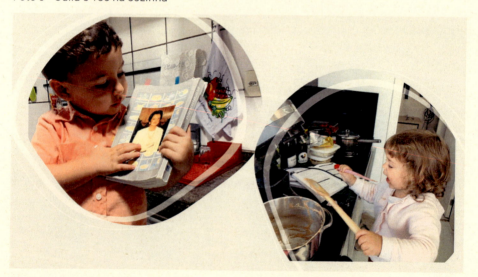

Fonte: a organizadora

Todo o esforço para lançar esta edição é para que as novas gerações, como a dos netos de seus netos, seus tataranetos: Alice, Júlia, Liz, Luma, Maria, Miguel, Ruben, Téo e quem mais chegar, possam desfrutar dos sabores, dos cheiros, da beleza e dos barulhos da cozinha de vovó Lourdinha, pois conhecer este livro é conhecer um pouco a casa de minha avó. Espero que as próximas gerações possam se emocionar e valorizar a arte de cozinhar, de servir com amor e generosidade, como vovó Lourdinha fazia tão bem!

Mônica Porto Carreiro Monteiro
Sétima neta, aprendiz de culinária

SUMÁRIO

Capítulo 1
CAFÉ DA MANHÃ E LANCHES **35**

Bolo pão de ló 37

Cachorro-quente 37

Café cappuccino 37

Canjica de milho-verde 38

Cuscuz de milharina (do papai) 38

Cuscuz de milho 39

Cuscuz paulista 39

Grude de coco com leite Moça 40

Grude de goma 41

Grude de macaxeira 41

Iogurte 41

Maionese simples e gostosa 42

Ovos à granjeira 42

Ovos deliciosos 42

Ovos para o café 43

Pãezinhos (*biscuits*) 43

Pãezinhos de batata 44

Pãezinhos fofinhos 44

Pamonha de milho-verde 45

Pão americano 46

Pudim de milho-verde 46

Recheio para sanduíches 46

Recheio para sanduíches – patê de pimentão ... 47

Sanduíche enrolado 47

Tapioca de manteiga 47

Tapioca de coco 48

Tapioca ensopada com leite de coco 48

Tarteletes de ovos com espinafre 48

Capítulo 2
SOPAS E SALADAS **51**

Caldo verde 53

Canja de galinha 53

Espinafre delicioso ... 53
Molho para qualquer salada ... 53
Molho para salada (ótimo) ... 54
Repolho cheio ... 54
Salada de batatas com frios ... 54
Salada de galinha ... 55
Salada de verduras com carne ... 55
Salada de verduras com uvas ... 56
Salada Napoleão ... 56
Sopa de batatas ... 57
Sopa de caldo de cozido ... 57
Sopa de cenoura ... 57
Sopa de creme de aspargo ... 57
Sopa de creme de galinha ... 58
Sopa de feijão ... 58
Sopa de maçã e creme de leite ... 59
Sopa de milho-verde ... 59
Sopa de palmito ... 59
Sopa de tomate ... 60

Capítulo 3
ACOMPANHAMENTOS ... 61

Arroz de Braga ... 63
Arroz de forno com creme ... 63
Arroz de frango Regina ... 64
Arroz de galinha de forno ... 64
Arroz de galinha paulista ... 65
Arroz espetacular ... 66
Arroz simples ... 66
Arroz solto temperado ... 66
Arroz temperado com verduras ... 67
Batata com creme ... 67
Batatas fritas ... 68
Bolinhas de batatas I ... 68
Bolinhas de batatas II ... 69
Bolinhas de arroz (sobras de arroz) ... 69
Bolinhos de legumes ... 69
Bolo de batata ... 70

Delícia de batatas e cebolas 70
Empada de batatas 70
Farofa de abacaxi 71
Farofa de castanhas 71
Farofinha carioca 71
Fritada de coco ralado com chuchu 72
Maionese de liquidificador 72
Molho branco 72
Molho de alho e pepinos em conserva 73
Molho de mostarda 73
Molho de passas 73
Molho de pimentão 74
Molho Hosana 74
Molho para ser servido com carne 74
Molho rosado 74
Molho russo 75
Molho tártaro I 75
Molho tártaro II 75
Molho vinagrete 76
Omelete 76
Patê I 76
Patê II 76
Patê de atum 77
Patê de azeitonas 77
Patê de fígado 77
Patê de picles e azeitonas 78
Patê de queijo provolone 78
Purê de batatas 78
Purê de batatas com presunto 79
Rocambole de batatas 79
Sonhos de batatas 80

Capítulo 4
MASSAS, GRÃOS E SUFLÊS 81

Almôndegas ao molho 83
Almôndegas ao molho de tomate 83
Empadão carioca 84
Empadas de maionese 84

Feijão americano 84
Feijão-branco 85
Feijão-branco com galinha 86
Feijão de coco. 86
Feijão-verde 87
Feijoada completa 87
Lasanha I 88
Lasanha II. 89
Macarrão. 89
Macarrão à italiana 90
Macarrão com camarão 91
Macarrão de forno. 92
Macarrão delicioso 92
Macarrão recheado com queijo e fiambre 93
Macarronada com camarão. 93
Molho para macarrão 94
Nhoque 95
Panquecas leves 95
Pastelzinho de massa cozida (rissole) 96
Pastelzinho de ricota 96
Pizza de cream-cracker 97
Pizza de pão. 97
Pizza de pão, fiambre e bananas 98
Pizza italiana 98
Pizza napolitana. 99
Pizza rápida 100
Pudim de macarrão 100
Ravióli 101
Ravióli ao Catupiry 102
Suflê de aspargos 102
Suflê de bacalhau 102
Suflê de batatas. 103
Suflê de castanhas ou nozes. 103
Suflê de chuchu 104
Suflê de couve-flor 105
Suflê de espinafre. 105
Suflê de galinha 105
Suflê de galinha com milho 106

Suflê de milho..106

Suflê de peixe..107

Suflê de verduras..107

Torta de cebola...108

Torta de cebola (deliciosa)...108

Tutu de feijão..109

Capítulo 5
PEIXES E FRUTOS DO MAR..**111**

Acarajé da Bahia...113

Bacalhau à Irene...113

Bacalhau à portuguesa...114

Bacalhau assado no forno à Maria....................................114

Bacalhau de coco..115

Bacalhau hamburguês..115

Bolo de bacalhau...116

Bolo de bacalhau com molho de camarão............................116

Bolo de batata com bacalhau..117

Bolo de peixe I...118

Bolo de peixe II..118

Canapé imperial..119

Cascata de lagosta...120

Casquinhos de lagosta...121

Ensopado de caranguejo...121

Entradas de lagosta..122

Filé de peixe...123

Filé de peixe com molho de camarão.................................123

Fritada de bacalhau..124

Fritada de falso siri..124

Lagosta à francesa...125

Lagosta à Rita..125

Lagosta com molho picante..126

Lagosta e camarão com azeite de dendê.............................126

Lagosta frita com leite de coco.......................................127

Lagosta grelhada...128

Lagosta para coquetel..128

Molho para peixe...128

Moqueca de peixe..129

Panquecas de bacalhau 129

Peixe ao molho 130

Peixe ao molho Mornay 131

Peixe assado com creme de queijo. 132

Peixe com molho picante 132

Peixe cozido 133

Peixe de forno. 133

Peixe escabeche 134

Peixe frito. 135

Peixe recheado com camarão 135

Pudim de bacalhau 136

Pudim de bacalhau com creme de camarão 137

Pudim de peixe I. 138

Pudim de peixe II 139

Pudim de peixe com molho de camarão 139

Sardinhas ao forno 140

Taça de lagosta 140

Tigelinhas de peixe 141

Torta de peixe. 141

Torta de sardinha 142

Vatapá do zorro 142

5.1 Camarões 143

Bobó de camarão. 143

Bolo de camarão 144

Camarão especial 145

Camarões empanados. 146

Camarões recheados. 146

Camarões sintéticos 147

Catupiry com camarão 148

Coquetel de camarão. 148

Couve-flor com molho de camarão. 148

Creme de camarão 149

Creme de camarão com Catupiry 150

Creme de camarão com milho-verde. 150

Croquetes de camarão 151

Espetinhos de camarão 151

Estrogonofe de camarão 152

Fritada de camarão 152

Luxo de camarão 153

Molho de ketchup para servir com camarão 153

Mousse de camarão 154

Pão de camarão 155

Pastelão de camarão 156

Pufes de camarão 156

Rabanadas de camarão 157

Risoto de camarão ou de galinha 157

Rocambole de batatas com camarão 158

Rosca galega 159

Savarim de camarão 160

Torta de panquecas de camarão 160

Vatapá de camarão 161

Capítulo 6
AVES 163

Creme de galinha 165

Delícia de galinha 165

Estrogonofe de galinha 165

Frango ao molho verde 166

Frango assado com ameixas 167

Frango com maçãs e passas 167

Frango com milho e requeijão 168

Frango com repolho delicioso 168

Frango com uvas 169

Frango frito 169

Frango frito à americana 170

Frango gostoso 170

Franguinho à milanesa 171

Fricassé de galinha 171

Galeto ao primo canto 171

Galinha assada à rancheira 172

Galinha assada 172

Galinha com aspargos e Catupiry 173

Galinha com creme de aspargos 173

Galinha com creme de cebola 173

Galinha com creme e uvas moscatel 174

Galinha de cabidela (ao molho pardo) 174

Galinha desossada 174

Galinha doré 175

Galinha à francesa... 176

Galinha ornamentada... 176

Galinha recheada... 177

Pão de galinha 177

Pastelzinho de galinha... 178

Pato assado com maçã 178

Peitos de frango... 178

Peru assado com farofa de castanha...................................... 179

Pudim de galinha.. 180

Sarapatel de peru 180

Suflê de frango... 181

Torta de batatas com galinha 181

Torta de galinha I... 182

Torta de galinha II 183

Torta de galinha III 184

Torta de galinha IV.. 185

Vatapá de galinha 185

Capítulo 7
CARNES **187**

Assado de luxo 189

Bifes à milanesa... 189

Bifes de molho 190

Bifes caramelizados com muçarela e presunto 191

Bifes ciganos.. 191

Bifes de grelha 192

Bifes enrolados 192

Bolo de carne 192

Bolo frio de carne 193

Carne à carioca 193

Churrasco paulista 194

Churrasco de porco e linguiça 194

Contrafilé com osso ao molho de vinho 194

Costelas de porco 195

Costelas de porco à milanesa... 195

Espetinhos de porco 195

Estrogonofe de filé 196

Fígado 196

Filé ao molho de vinho madeira 197

Filé-mignon 197

Fondue de filé 198

Leitão assado 199

Leitão recheado (prato para jantar de festa) 199

Língua ao molho com purê de batatas 200

Lombo de porco à gaúcha 201

Lombo de porco com laranja 201

Lombo de porco com maçã 202

Lombo de porco com presunto, ameixas e maçãs 203

Lombo paulista 204

Lombo paulista frio 204

Lombo paulista recheado 205

Pernil de porco com milho 206

Pernil de porco dourado 207

Picanha 207

Polenta 208

Porco assado 208

Presunto 209

Presunto assado ao vinho madeira 210

Rocambole de carne 210

Rocambole de carne com presunto 210

Rolo saboroso 211

Rosbife 212

Capítulo 8
SOBREMESAS 213

8.1 Bolos 215

Bolinhos de nozes 215

Bolinhos Dulce 215

Bolo 5 minutos 216

Bolo aliado 216

Bolo americano 217

Bolo creme 218

Bolo cremoso de milharina 218

Bolo de ameixas...219
Bolo de chocolate com baba de moça............................219
Bolo de chocolate com castanha 220
Bolo de claras...220
Bolo de Coca-Cola..221
Bolo de coco em camadas..222
Bolo de festa..222
Bolo de laranja em camadas.....................................223
Bolo de maçã 224
Bolo de macaxeira...225
Bolo de mandioca 225
Bolo de milho-verde 226
Bolo de Nescau I 226
Bolo de Nescau II...227
Bolo de Nescau III 228
Bolo de noiva...228
Bolo de rolo 229
Bolo doido 230
Bolo elétrico 231
Bolo maluco..231
Bolo negro 232
Bolo papai Noel 232
Bolo pé de moleque 233
Bolo Souza Leão 234
Bolo suíço (gelado)..235
Bolo surpresa de abacaxi 235
Bolo tentador 236
Bolo torta branca 236
Bolo torta Noel...237
Bolo xadrez 239
Delicioso bolo de laranja 239
Glacê para confeitar bolos – Hosana 240
Glacê para confeitar bolos......................................241
Meu bolo delicioso 241
Pão de ló de laranja...242
Pão de ló recheado gelado......................................242
Pé de moleque paulista...243

8.2 Tortas 244

Torta baklava (doce libanês) 244

Torta de abacaxi I 245

Torta de abacaxi II. 246

Torta de ameixas. 246

Torta de ameixas com creme de leite 247

Torta de coco 247

Torta de coco com creme. 248

Torta de coco com geleia de damasco 249

Torta de coco queimado. 250

Torta de damasco 250

Torta de farinha láctea 252

Torta de leite Moça 252

Torta de limão I. 253

Torta de limão II 253

Torta de limão III 254

Torta de maçã. 255

Torta de maçã gelada 256

Torta de nata. 257

Torta de Páscoa. 257

Torta de suspiro de limão. 258

Torta de uvas moscatel. 260

Torta finíssima de chocolate. 261

Torta folhada recheada. 262

Torta mil folhas. 263

Torta rápida de coco 263

Torta Sacher 263

Torta vienense gelada 264

Tortinhas 265

Tortinha de Viena 265

8.3 Mousses 266

Como dissolver gelatinas 266

Mousse de abacaxi 266

Mousse de chocolate I. 266

Mousse de chocolate II 267

Mousse de chocolate – Luciana 267

Mousse de coco 268

Mousse de maracujá. 269

Mousse de morango 269

Mousse de Nescau 270

Mousse de rum 270

Mousse de tangerina 271

Mousse salgada de abacate 271

8.4 Sorvetes 272

Calda de chocolate 272

Creme de baunilha 272

Creme de caramelo crocante 272

Creme gelado colorido 273

Creme gelado negrinha. 274

Rocambole com sorvete e molho de chocolate 274

Sorvete combinado 275

Sorvete de abacaxi. 275

Sorvete de café 276

Sorvete de castanhas ou amêndoas 277

Sorvete de chocolate. 277

Sorvete de creme I 278

Sorvete de creme II. 278

Sorvete de goiaba 278

Sorvete Dusty Miller 279

Sorvete marmorizado 280

Torta de sorvete. 280

8.5 Pudins 281

Pudim canário. 281

Pudim de coco I 281

Pudim de coco II. 282

Pudim de laranja 282

Pudim de queijo 283

Pudim de uva. 283

Pudim francês 283

Pudim miscelânea. 284

Pudim Paris 285

8.6 Sobremesas diversas 285

Abacaxi fresco flambado 285

Ameixas de caju. 286

Baba de moça 286
Banana frita com creme 286
Beijos de coco 287
Beijos de leite Moça 287
Biscoitos creginetes (salgadinhos) 288
Biscoitos de nata de leite (salgadinhos) 288
Bombas 288
Bons-bocados 289
Bom-bocado de forma 290
Bons-bocados simples 290
Bons-bocados de queijo 290
Calda em ponto de espelho 291
Calda vermelha 291
Camafeu 291
Canudos de chantili 292
Caramelo para docinhos 293
Carré de chocolate 293
Cartuchos dourados 294
Cerejas com bacon 295
Chocolate de figos 295
Chocolate preto e branco 296
Churros 296
Chuvisco campista 297
Cobertura de chocolate 297
Cocada 298
Coquetel de frutas 298
Creme Chantili 298
Creme chinês 299
Creme Merengue de Coco 299
Creme com salada de frutas 300
Creme flutuante 300
Cucas deliciosas 301
Dedais de limão 301
Delícia de abacaxi 302
Delícias de queijo 303
Doce de ameixas 303
Doce de coco "delicioso" 303
Doce de leite "delicioso" 304

Docinhos "ouriços" 304
Docinhos de abacaxi 304
Docinhos com baba de moça 305
Docinhos de gelatina com purê de maçã 305
Enroladinho com amendoim e chocolate 306
Esquecidos de castanhas 306
Filhós 307
Fondue de chocolate 308
Glacê de leite Moça 308
Glacê Royal 308
Maçãs gelatinadas 309
Mãe Benta 309
Merengue com creme 309
Nozes fingidas 310
Olho de sogra 310
Os sonhos de Fanny 311
Pastel de creme 311
Pastel de nata 312
Pavê de castanhas e ameixas 313
Pavê de nozes ou amêndoas 313
Pavê Maria 314
Pavê Ruth 314
Queijadinhas I 315
Queijadinhas II 315
Quindão 316
Requeijão delicioso 316
Rocambole de ameixas e creme 317
Rocambole tentação 317
Rosca de Natal 318
Rosquinhas de cerveja 319
Salame de chocolate 319
Salsichas de chocolate 320
Sobremesa deliciosa 320
Strudel de maçã 321
Suspiro I 321
Suspiro II 322
Suspiros recheados 322
Uvas com chocolate 323
Uvas glacês 323

Capítulo 9
PETISCOS E CANAPÉS **325**

Ameixas recheadas com queijo 327

Aperitivo...327

Aperitivo salgado I 327

Aperitivo salgado II..328

Biscoitos 1, 2, 3..328

Biscoitos argolinhas..328

Biscoitos bicolores...328

Biscoitos brincadeira...329

Biscoitos casadinhos...329

Biscoitos de cerveja..330

Biscoitos de fécula de batatas 330

Biscoitos decorativos 330

Biscoitos deliciosos 331

Biscoitos estrela de Portugal 331

Biscoitos sablé...332

Biscoitos segredo..332

Biscoitos salgados de cebola 332

Bolinhos quero mais..333

Bolinhos de bacalhau...333

Bolinhos de goma 334

Bombinhas de camarão 334

Brigadeiro 335

Caju à Joana 336

Camarões recheados..336

Canapé 337

Canapé de queijo provolone 337

Creme de aspargos 337

Creme de queijo I...337

Creme de queijo II 338

Creme de queijo III 338

Empadinhas de cenoura...338

Empadinhas de presunto 339

Empadinhas de queijo (massa para empadas)..........................340

Enroladinhos de salsichas 340

Fofinhos de salsichas 340

Margaridas de queijo 341

Massa de pastel 341
Massa folhada com iogurte 342
Massa folhada húngara 342
Massa folhada simples.. 343
Massa para pastel de Natal (pastel de festa) 343
Massa podre para empadas... 344
Pãezinhos... 344
Pãezinhos salgados 345
Palitos de queijo 345
Papo de anjo 346
Pastel de massa folhada... 346
Pastel de queijo 347
Pastel de queijo com camarão 347
Pastelzinho de ricota 347
Presuntinho... 348
Pufes com creme de queijo 348
Queijo Catupiry.. 349
Recheio de creme de queijo 349
Rolinhos de fiambre 350
Rolinhos de queijo e nozes ou castanhas............................. 350
Rosquinhas 350
Rosquinhas de São João 351
Salgadinhos: bolinhos de camarão.................................... 351
Salgadinhos com aspargos 351
Salgadinhos: croquetes de queijo...................................... 352
Salgadinhos de amendoim... 353
Salgadinhos de queijo 353
Salgadinhos de queijo e presunto...................................... 354
Salgadinhos deliciosos 354
Salgadinhos: empadinhas de festa..................................... 354
Salgadinhos: flor de massa 355
Salgadinhos para aperitivos 355
Salgadinhos: tortinhas de palmito 356
Sequilhos 356
Serpentinas de presunto 357
Tortinhas de queijo.. 358

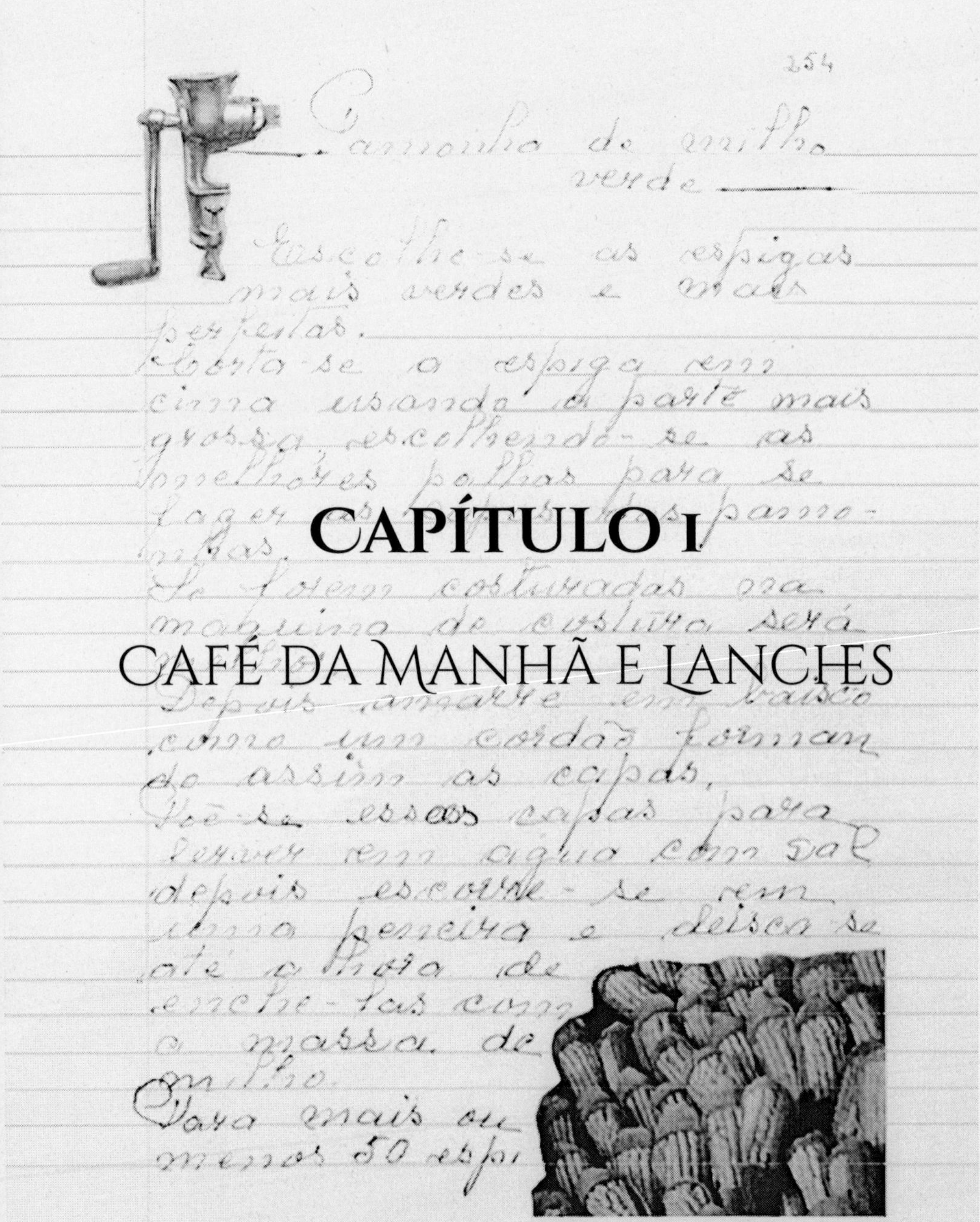
Pamonha de milho verde
Escolhe-se as espigas mais verdes e mais perfeitas.
Corta-se a espiga em cima usando a parte mais grossa, escolhendo-se as melhores palhas para se fazer as capas das pamonhas.
Se forem costuradas na maquina de costura será melhor.
Depois amarre em baixo com um cordão formando assim as capas.
Põe-se essas capas para ferver em agua com sal depois escorre-se em uma peneira e deixa-se até a hora de enche-las com a massa de milho.
Para mais ou menos 50 espi

CAPÍTULO 1

CAFÉ DA MANHÃ E LANCHES

O café da manhã vem se constituindo ultimamente em oportunidade de reunião, seja de família, de lazer ou de trabalho. Da presidência da república ao Galo da Madrugada[4], reuniões são iniciadas com o café da manhã, o qual pode se constituir de uma simples fatia de pão a um verdadeiro banquete.

Neste capítulo, além de receitas corriqueiras, são enfocados pratos tradicionais nordestinos, como canjica, pamonha, cuscuz, tapioca e grude. Por outro lado, os lanches podem, como o café da manhã, transformar-se em ocasiões especiais. Diversas receitas de sanduíches e recheios são apresentadas neste capítulo.

---

[4] Consagrado como o "maior bloco carnavalesco do mundo" em 1994, pelo *Guinness Book*, desfila pelas ruas do Recife no sábado de Zé Pereira (nota da organizadora).

Bolo pão de ló

6 ovos
6 colheres de sopa de açúcar
6 colheres de sopa de farinha de trigo
1 colher de sobremesa de pó Royal
1 casca de ovo cheia d'água

Batem-se bem as claras em neve com uma pitada de sal. Depois juntam-se as gemas uma a uma, batendo-se sempre, até ficarem bem batidas. Junta-se o açúcar peneirado, e continua-se batendo bem. Adicionam-se a água e a farinha de trigo peneirada com o pó Royal, misturando-se com uma colher de pau. Leva-se ao forno quente em forma bem untada com margarina e polvilhada com farinha de trigo. A farinha de trigo é posta às colheradas, espalhando-se suavemente com a massa.

Cachorro-quente

2 latas de quitute de boi
2 latas de quitute de porco

Machuca-se com um garfo e reserva-se. Faz-se refogado com seis tomates, 50 gramas de margarina, uma cebola grande, um pimentão e sal. Estando tudo bem cozido, passa-se no liquidificador adicionando-se uma colher de sopa de ketchup e junta-se aos quitutes machucados. Leva-se ao fogo novamente deixando ferver um pouco. Depois põe-se em pãezinhos cortados ao meio, colocando-se também rodelas cruas de cebola, de tomate e de pimentão.

Café cappuccino

1 lata de leite Ninho pequena
A mesma medida da lata menos 4 dedos, de açúcar refinado
4 colheres de sopa de Nescau
1 vidro médio de Nescafé

Passa-se o Nescafé ou café cappuccino em pó em liquidificador, depois juntam-se o leite Ninho em pó, o açúcar e o Nescau, e mexe-se bem com uma colher de pau. Guarda-se a mistura em pó em lata ou em vidro tampado. Ao servir põe-se uma colher de sopa dessa mistura em uma xícara de chá de água quente e mexe-se bem. Serve-se quente.

Canjica de milho-verde

12 espigas de milho-verde

1 coco grande ou 2 pequenos (raspados)

Açúcar suficiente para adoçar a gosto

2 colheres de sopa de manteiga derretida

2 colheres de café bem cheias de sal

Descasque o milho, retire todos os fios e lave as espigas. Depois tire os caroços com uma faca bem afiada, retirando-os da espiga, e passe-os no liquidificador duas vezes, juntando o leite ralo de coco. Para preparar o leite ralo, rale o coco e tire o leite grosso espremendo-o em um pano. Logo em seguida ponha água quente – meio litro mais ou menos – no bagaço do coco e tire o leite ralo. Junte o leite ralo à massa de milho e passe no liquidificador, duas vezes, e depois em peneira bem fina, também duas vezes. Junte à massa o açúcar, o leite puro de coco e o sal e leve ao fogo mexendo sempre, até ferver. Junte a manteiga e deixe sempre no fogo, até cozinhar bem. Se engrossar demais, junte um pouco mais de leite ralo. Leva mais ou menos uma hora e 40 minutos no fogo. Quando está bem cozida, sente-se pelo cheiro.

Cuscuz de milharina (do papai)

Rale um coco e reserve umas duas colheres de sopa. Junte um pouco d'água no resto, passe no liquidificador, tire o leite e tempere com açúcar e sal ao paladar e reserve. Misture mais ou menos uma xícara de chá de milharina com um pouco de leite de vaca com sal, as duas colheres do coco ralado que foram reservadas e uma colher de sopa de manteiga. Misture tudo bem, ponha essa mistura em um pirex (não apertando muito), envolva com um guardanapo umedecido com água, coloque a seguir sobre a cuscuzeira já com água fervente e deixe cozinhar durante mais ou menos uns 30 minutos. Estando cozido, retira-se o guardanapo, e coloca-se o cuscuz em um prato fundo. Pode ser servido seco, com manteiga ou molhado com o leite de coco que foi reservado.

Cuscuz de milho

Rale um coco e junte um pouco de água para retirar o leite grosso. Divida o bagaço do coco em duas partes. Na primeira adiciona-se um copo d'água, para retirar o leite ralo, e na outra tira-se o leite grosso.

1 xícara de chá, mais ou menos, de milharina

Um terço de xícara de chá de água com sal

2 xícaras de leite de coco grosso

Açúcar e sal ao paladar

Misture bem a milharina com um pouco de água salgada. Na parte inferior da cuscuzeira, ponha água até a metade e deixe ferver. Na parte superior da cuscuzeira, ponha a milharina já umedecida com água salgada e envolva em um guardanapo umedecido. Coloque a seguir sobre a cuscuzeira, já com a água fervendo, e deixe cozinhar durante uns 20 a 30 minutos. Depois de cozido o cuscuz, retira-se da cuscuzeira e vira-se sobre um prato fundo, tirando-se do guardanapo. Molha-se com o leite de coco temperado com açúcar e sal, pondo-se aos poucos, até o cuscuz ficar bem amolecido.

Cuscuz paulista

4 colheres de sopa de azeite de oliva

400 gramas de farinha de milho milharina

Meia xícara de chá de farinha de mandioca torrada ou crua

200 gramas de camarão temperado com todos os temperos

2 latas de sardinhas de 250 gramas cada lata

2 ovos cozidos duros

1 pimentão picado

Meia xícara de ervilhas

4 ramos de coentro

1 cebola grande picada

Sal e pimenta

6 azeitonas

1 lata de molho de tomate

1 lata (vazia de molho de tomate) de água

Coloque o azeite numa panela. Junte os temperos picados. Deixe fritar por dois minutos. Junte o molho de tomate e a lata de água. Deixe cozinhar. Enquanto isto, misture numa panela e farinha de milho com a farinha de mandioca, adicione um copo de água e mexa com as mãos. Junte ao molho as sardinhas amassadas de uma lata. Cozinhe, mexendo sem parar, até que solte dos lados da panela. Decore o fundo e os lados de uma forma redonda com rodelas de tomate, ovos cozidos duros, as sardinhas da segunda lata e os camarões refogados, assim como as ervilhas. Ponha por cima dessa arrumação a mistura das farinhas e aperte bem. Desenforme sobre um prato para servir.

Grude de coco com leite Moça

1 lata de leite Moça

1 coco e meio ralado

2 ovos

Meia xícara de chá de leite de vaca

1 xícara de chá e meia de açúcar refinado

4 colheres de sopa de margarina

2 colheres de sopa de farinha de trigo

Bate-se tudo em liquidificador ou em batedeira. Leva-se para assar em forma untada com margarina e polvilhada com farinha de trigo.

Grude de goma

5 xícaras de chá de goma peneirada como para tapioca
5 xícaras de chá de coco raspado
1 xícara de chá e meia de leite de vaca
Sal ao paladar
1 colher de sopa rasa de manteiga
Mistura-se tudo, põe-se em uma forma untada e molhada e leva-se ao forno quente para assar.

Grude de macaxeira

1 prato fundo de macaxeira ralada crua
1 prato fundo de coco ralado
1 prato fundo e meio de açúcar feito mel
1 copo de leite de vaca
1 colher de sopa de margarina
1 pitada de sal
Mistura-se tudo e põe-se numa forma de pudim untada com margarina e polvilhada com farinha de trigo. Leva-se ao forno quente para assar.

Iogurte

Põem-se um litro e mais um copo de leite de vaca para ferver. Quando o leite estiver morno, divide-se em seis copinhos da iogurteira. Põem-se em cada copinho já com o leite uma colherinha de iogurte natural e uma de leite Ninho. Tapam-se os copinhos, colocando-os na iogurteira, e liga-se a iogurteira durante seis horas. Depois de frios, colocam-se na geladeira.

Maionese simples e gostosa

Misturam-se bem uma lata de creme de leite com duas ou três colheres de sopa de suco de limão e uma colher de sopa de mostarda.

Ovos à granjeira

6 ovos

6 colheres de sopa de creme de leite

2 colheres de sopa de queijo parmesão ralado

Um pouquinho de condimento

Quebre os ovos com cuidado para separar claras e gemas. Misture o creme de leite com as claras e mexa ligeiramente com um garfo. Despeje essa mistura num prato redondo bem untado com manteiga. Leve ao fogo durante três minutos, separando o prato da chama do gás com uma chapa. Retire do fogo e adicione as gemas separadas, uma a uma, cuidadosamente. Adicione sal, polvilhe com queijo parmesão e leve ao forno quente por cinco minutos.

Ovos deliciosos

2 latas de ervilhas

6 ovos

2 colheres de sopa de margarina

1 colher de sopa de molho inglês

2 tomates sem as peles e as sementes

1 colher de sopa de salsa bem picadinha

1 cebola ralada

2 dentes de alho amassados com sal

1 xícara de leite

1 xícara de maçã ácida bem picadinha

1 colher de sopa de pimentão verde picadinho

Leve uma caçarola ao fogo com a margarina e a cebola ralada. Quando dourar, junte os tomates, sem as peles e as sementes, a salsa e a maçã ralada. Deixe refogar até que se desmanchem. Junte, então, as ervilhas escorridas, o alho amassado com sal, o molho inglês e o pimentão. Deixe cozinhar durante cinco minutos, retire do fogo, junte o leite e despeje esta mistura num pirex untado com bastante margarina. Quebre os ovos inteiros sobre a mistura. Salpique com pedacinhos de manteiga, cubra e leve ao fogo médio até que os ovos fiquem cozidos. Sirva com arroz branco.

Ovos para o café

1 colher de sopa de manteiga derretida em fogo brando

1 colher de sopa de leite

2 ovos (claras e gemas)

1 colher de farinha de trigo

Fatias de presunto

Quebram-se os ovos, mistura-se com o leite, e adiciona-se o sal. Bate-se um pouco para misturar bem, e fazem-se as panquecas bem finas. Fritam-se as fatias de presunto na manteiga, coloca-se uma fatia em cada panqueca formando um rolinho e prende-se com um palito. Serve-se com um pouco de queijo ralado e uma fatia de pão torrado.

Pãezinhos (*biscuits*)

2 xícaras de chá de farinha de trigo

4 colheres de chá de pó Royal

2 colheres de sopa de banha

Meia colher de chá de sal

Três quartos de xícara de leite

Peneiram-se juntos o pó Royal, a farinha de trigo e o sal. Adiciona-se a banha e amassa-se ligeiramente, adicionando o leite aos poucos e tornando a amassar. Depois põe-se a massa numa tábua polvilhada com farinha de trigo e abre-se a massa com um rolo, devendo ficar com meia polegada de espessura. Mexe-se o mínimo possível com as mãos. Cortam-se os pãezinhos redondos, e assa-se em tabuleiro untado com banha, em forno.

Pãezinhos de batata

Um quarto de quilo de batata inglesa

1 copo de leite

50 gramas de fermento Fleischmann

4 colheres de sopa de açúcar

8 colheres de sopa de margarina

250 gramas de farinha de trigo

Cozinham-se as batatas e passam-se no espremedor enquanto quentes. Juntam-se o leite, o fermento, o açúcar e a farinha de trigo, e deixa-se crescer, abafando a mistura. Depois põem-se quatro ovos inteiros (clara e gema), seis colheres de sopa de açúcar e oito colheres de sopa de margarina, um copo de leite e uma colherinha de sal. Amassa-se bem com a farinha de trigo, até desprender das mãos. A margarina depois de medida é derretida. Fazem-se os pãezinhos pequenos, põem-se em assadeira e deixam-se crescer abafados. Quando estiverem bem crescidos, passa-se gema de ovo por cima e leva-se ao forno quente. Servem-se quentinhos com manteiga.

Pãezinhos fofinhos

2 ovos

1 xícara de chá e meia de leite

1 xícara de chá de manteiga

4 xícaras de farinha de trigo

3 colheres de sopa de açúcar

Meia colher de sopa de sal

2 colheres de sopa bem cheias de fermento de pão

Bata bem no liquidificador os ovos, a manteiga derretida (já fria), o fermento e uma xícara de farinha de trigo e mexa bem com uma colher de pau, até formar uma massa bem lisa. Mexa bastante. Cubra com um pano abafando bem e deixe crescer até dobrar de volume. Ponha depois em forminhas de empada untadas com margarina e deixe crescer durante 40 minutos. Asse em forno pré-aquecido. Dá mais ou menos 40 pãezinhos. Pode-se juntar um envelope de queijo parmesão ralado no preparo da massa.

Pamonha de milho-verde

Escolhem-se as espigas de milho-verde mais perfeitas. Corta-se a espiga na parte de cima do milho, usando uma faca bem afiada. Escolhem-se as melhores palhas para se fazer as capas das pamonhas. Costuram-se as folhas na máquina fechando-as de um lado e amarrando-as com cordão na parte de baixo, formando-se, assim, as capas. Põem-se essas capas para cozinhar em água fervente com sal, em um caldeirão. Depois escorrem-se em uma peneira e deixam-se reservadas até a hora de enchê-las com a massa de milho.

Para mais ou menos 25 espigas de milho usem-se dois cocos. O milho é retirado das espigas com uma faca. Depois passa-se essa massa no liquidificador por duas vezes. Na massa põe-se mais ou menos o leite ralo de dois cocos, para ser liquidificado. Depois passa-se na peneira grossa. Não deve ficar muito fina. Depois põem-se o leite puro de coco, açúcar e sal ao paladar e uma colher de manteiga derretida. Deve ficar chegadinha ao sal.

Estando bem temperada, enchem-se as capas que foram reservadas, já cozidas. Amarra-se na parte de cima da capa, leva-se ao fogo em um caldeirão, no qual foram cozinhadas as mesmas capas, e deixa-se cozinhar durante uma hora. Ao retirar do fogo, escorre-se bem toda a água colocando-as sobre uma peneira.

N.B.[5]: a pamonha assada é muito saborosa. Depois de cozida, coloca-se sobre uma grelha em fogo forte e assa-se bem. Depois retira-se a capa, e passa-se manteiga. Serve-se quente.

---

[5] A sigla "N.B." significa "Note Bem". A expressão usada pela autora ao longo do livro chama atenção para detalhes e oferece dicas preciosas (nota da organizadora).

Pão americano

500 gramas de farinha de trigo

2 xícaras de chá de leite

2 colheres de sopa de açúcar

2 colheres de sopa de margarina

4 ovos

1 tablete de fermento Fleischmann (equivale a 2 colheres de sopa de fermento para pão)

Desmancha-se bem o fermento com o leite morno, juntam-se os ovos batidos e os outros ingredientes. Bate-se bem, como bolo, até abrir dobras. Põe-se em formas e abafa-se. Quando inchar bem e encher as formas, leva-se ao forno.

Pudim de milho-verde

4 espigas de milho-verde

1 lata de leite Moça

4 ovos grandes inteiros

1 colher de chá de baunilha

Rale o milho e coe em uma peneira bem fina. Junte o leite do milho até obter a mesma medida da lata de leite Moça. Coloque todos os ingredientes no liquidificador e bata bem. Despeje numa forma de pudim caramelizada. Asse em banho-maria por uns 50 minutos. Sirva gelado.

Recheio para sanduíches

Leve ao fogo uma colher de sopa de manteiga e uma colher de sopa de cebola bem picada. Deixe a cebola alourar bem, depois junte uma colher de sopa de farinha de trigo e mexa bem. Em seguida ponha um copo de leite aos poucos, mexendo sempre, um pacote de queijo parmesão ralado e sal, misturando bem. Tire do fogo, ponha três tomates bem picadinhos e um pimentão também picado. Corte fatias de pão e passe esse recheio.

Recheio para sanduíches – patê de pimentão

1 pimentão verde
1 xícara de queijo de coalho em pedacinhos
1 xícara de refogado de tomate bem grosso
1 colher de sopa de ketchup
Sal

Coloca-se por primeiro no liquidificador o refogado de tomate, junta-se tudo e liquidifica-se em seguida. Passa-se sobre as fatias de pão e ornamenta-se a gosto.

Sanduíche enrolado

Cortam-se fatias de pão (sem cascas) horizontalmente. Molha-se em um pouco de leite e arruma-se em camadas, colocando sobre cada uma um recheio diferente.

1.ª camada: maionese

2.ª camada: fiambre

3.ª camada: verduras diversas passadas na máquina, como cachorro-quente

4.ª camada: molho de tomate como para pizza, juntando-se orégano

Depois enrolam-se todas as camadas, apertando bem, como um bolo de rolo. Envolve-se em papel impermeável e leva-se à geladeira. Na hora de servir, corta-se em fatias.

Tapioca de manteiga

Põe-se a goma em uma vasilha com água bastante. Quando se quer fazer as tapiocas, retira-se da água uma quantidade suficiente de goma e enrola-se em um pano, durante várias horas. Ao fazer as tapiocas, a goma deve estar quase enxuta, porém, úmida. Peneira-se a goma pondo-se sal a gosto. As tapiocas são feitas da seguinte maneira:

Leva-se a massa ao fogo lento – um assador pequeno – e, logo que este esquente, vai-se colocando a goma aos poucos, cobrindo todo o fundo do assador, devendo ficar uma camada bem fina de goma espalhada. Logo que a goma esteja durinha, ela é levantada com o auxílio de uma faca e despejada em um prato, passando manteiga em seguida em toda a tapioca (de um só lado). Depois enrola-se ou dobra-se ao meio, assim se fazendo uma a uma, até terminar a goma.

Tapioca de coco

Para se fazer tapioca de coco, o processo é o mesmo, porém, em vez de passar manteiga nas tapiocas, põe-se coco ralado dentro da tapioca pronta e dobra-se ao meio. Põe-se no coco ralado um pouco de sal e açúcar.

Tapioca ensopada com leite de coco

Para fazer a tapioca ensopada, o processo é o mesmo, com a diferença de que, depois das tapiocas prontas, coloca-se em um pirex fundo uma tapioca sobre outra, e despeja-se por cima delas, uma a uma, leite ralo de coco com açúcar e sal, molhando-as bem. Depois de todas molhadas, uma sobre a outra, põe-se por cima canela em pó.

Tarteletes de ovos com espinafre

Massa

10 colheres de sopa de trigo
1 colher de café de sal
2 colheres de sopa de manteiga
Água gelada (quanto baste)

Recheio

8 ovos
2 xícaras de espinafre depois de cozido e cortado
100 gramas de presunto picado
1 colher de sopa de manteiga
1 colher de sopa de cebola
1 dente de alho amassado
Sal

Prepare a massa juntando todos os ingredientes numa tigela, amasse com as pontas dos dedos até formar uma massa que solte das mãos. Deixe descansar durante meia hora, enquanto isso leve ao fogo uma caçarola com a manteiga, a cebola e o alho amassado e deixe dourar. Quando estiver dourado, junte o espinafre já aferventado e picado. Ligue o espinafre como creme de leite e duas gemas de ovos. Acrescente o sal, a pimenta e o presunto picado. Reserve. Forre forminhas de tarteletes (não muito pequenas) e leve ao forno para assar. Quando prontas, recheie com o creme. Enquanto prepara os ovos *pochés*, conserve as tarteletes num tabuleiro em banho-maria para que não esfriem, coloque sobre cada uma um ovo e sirva imediatamente.

CAPÍTULO 2

SOPAS E SALADAS

As sopas quentes são excelentes alternativas para iniciar uma refeição. Elas podem agradar pelo aroma e pelo sabor. As saladas constituem também excelente complemento às refeições.

Caldo verde

500 gramas de batatas descascadas e cortadas

2 colheres de sopa de azeite de oliva

1 olho de couve bem verde, cortado em tirinhas bem finas

Com água temperada de sal, ponha as batatas descascadas para cozinhar. Tempere com azeite de oliva e cozinhe bastante. Dez minutos antes de servir, passe tudo no liquidificador e ponha a couve para cozer durante 10 minutos. O caldo fica verde e é servido como sopa.

Canja de galinha

Depois da galinha bem tratada e bem lavada, passa-se limão, corta-se em pedaços pequenos, tempera-se com sal, bastante coentro, cebola, tomates e um pouco de extrato de tomate e refoga-se bem. Põe-se água aos poucos, deixando a galinha cozinhar bastante. Estando bem cozida, põem-se mais ou menos duas colheres de sopa de arroz já lavado, e deixa-se no fogo até cozinhar tudo muito bem. A canja estará pronta quando a galinha e o arroz estiverem bem cozidos e o caldo for suficiente.

Espinafre delicioso

Cozinha-se o espinafre na água com sal, depois escorre-se. Juntam-se em seguida ao espinafre:

1 xícara de chá de farinha de trigo

1 colher de sopa de margarina derretida

1 clara de ovo batida em neve

Queijo parmesão ralado

Junta-se tudo bem ligado. Fazem-se bolas achatadas e fritam-se em óleo quente.

Molho para qualquer salada

Meio dente de alho

Meia xícara de maionese

1 colher de sopa de creme de leite

1 colher de sopa de pimentão bem picado

Meia xícara de azeitonas bem picadas

1 ovo cozido bem picado

Sal e pimenta a gosto

Esfregue o alho dentro de um recipiente de vidro. Neste mesmo recipiente junte a maionese com os outros ingredientes. Leve à geladeira até o momento de servir com qualquer salada.

Molho para salada (ótimo)

Batem-se bem umas três gemas cozidas com azeite e vinagre e um pouco de açúcar. Depois juntam-se um pouco de molho inglês, picles picado e caldo de limão. Mistura-se tudo bem e põe-se sobre as verduras já cozidas e cortadas.

Repolho cheio

Oca-se um repolho de tamanho regular e cozinha-se com água e sal. Depois faz-se um picadinho de carne bem temperada, e enche-se a cavidade feita no repolho. Cobre-se todo o repolho com molho branco, pondo por cima queijo parmesão ralado. Pode-se também encher o repolho com outros recheios, como camarão, peixe ou galinha.

Salada de batatas com frios

1 quilo de batatas cozidas com água e sal, passadas no espremedor

Meio quilo de frios sortidos

200 gramas de salaminho

200 gramas de picles

1 garrafa pequena de ketchup

100 gramas de cenouras raspadas e cozidas inteira em água e sal 2 colheres de sopa de azeite de oliva

Meia xícara de vinagre

200 gramas de azeitonas sem os caroços

1 lata de ervilhas

1 colher de chá de mostarda

Depois de passadas as batatas no espremedor, ponha-as em uma tigela com os picles picados, os frios picados, as azeitonas, as ervilhas, a mostarda, o vinagre e o azeite, misture bem, ponha numa forma alta forrada com papel impermeável. Leve à geladeira até o dia seguinte. À parte, misture a maionese com o ketchup. Desenforme a salada de batatas em prato grande, tire o papel, cubra com a maionese já misturada com ketchup, arrume o resto dos frios em volta do prato, enfeite com flores de rabanete e tirinhas de cenouras e pepino em conserva. Sirva bem gelada.

Salada de galinha

Guisa-se uma galinha com todos os temperos, retiram-se os ossos, e corta-se a carne em pequenos pedaços. Junta-se meio quilo de batatas cozidas e cortadas em pedacinhos ao molho que já deve estar pronto. Coloca-se tudo em um prato grande, cobrindo com purê de batatas, e enfeita-se com cachos de uvas feitos com bolinhas de chuchu.

Salada de verduras com carne

1 olho de alface

4 tomates em rodelas

1 cebola em rodelas

1 pimentão em rodelas

2 chuchus cozidos em pedacinhos

150 gramas de vagens em pedacinhos

3 ovos cozidos cortados em rodelas

Sobra de carne assada e desfiada

Cozinham-se as verduras em água e sal, juntando cenouras e batatas. Depois põem-se essas verduras em uma peneira para escorrer toda a água. Lavam-se bem as folhas de alface, assim como os tomates, a cebola e o pimentão, em seguida cortam-se em rode-las finas e misturam-se com molho. Forra-se uma travessa grande com folhas de alface, e colocam-se em volta as diversas verduras, no centro a carne assada desfiada, e por cima de tudo as rodelas de ovos cozidos. Numa xícara reúnem-se o azeite, o vinagre e o sal, misturam-se bem e botam-se sobre a salada.

Salada de verduras com uvas

Faz-se uma salada com todas as verduras cortadas e cozidas em água e sal. Depois escorre-se pondo-as sobre uma peneira. Tempera--se em seguida com azeite, vinagre, sal e picles picados. Colocam-se as verduras em um prato grande, e cobre-se tudo com maionese. No centro do prato, sobre as verduras, fazem-se dois cachos de uva, uma verde, feita com chuchu cozido, e outra roxa, feita com beterraba cozida inteira. As bolinhas (uvas) são feitas com cortador próprio (que corta em bolinhas). As folhas são feitas com folhas de alface. Em volta do prato ornamenta-se com rodelas de ovos cozidos.

N.B.: uma salada ficará bem temperada se levar dente de alho bem amassado acrescido ao molho.

Salada Napoleão

Corte em quadrinhos:
4 xícaras de batatas cozidas
100 gramas de queijo prato
3 xícaras de carne de frango assado
2 pepinos em conserva
Misture uma xícara e meia de maionese com cebolinho e salsa picada, sal e caldo de limão. Guarneça uma taça grande de vidro com tiras de alface, rodelas de tomate, intercalando com azeitonas pretas. Salpique com salsa picada e decore com azeitonas grandes no topo da taça.

Sopa de batatas

Meio quilo de batatas

1 xícara de leite

1 colher de sopa de manteiga

Cozinham-se as batatas descascadas com sal e água suficiente para o caldo. Depois de cozidas, passam-se no liquidificador com a água do cozimento, e depois peneira-se. Juntam-se a esse caldo a manteiga, o leite e um pouco de queijo parmesão ralado. Serve-se com pedacinhos de pão torrado.

Sopa de caldo de cozido

Depois do cozido pronto, retira-se uma quantidade de caldo suficiente para a sopa. Juntam-se a esse caldo chuchu, batata, maxixe, cenoura, jerimum (abóbora), repolho, couve, milho, todas as verduras bem picadas, retiradas também do cozido. Cozinha-se mais um pouco e serve-se quente.

Sopa de cenoura

Faz-se um bom caldo com alguns ossos de carne, tomate, cebola cortada bem miúda, coentro, cebolinho e sal. Depois de bem refogado, adiciona-se água aos poucos, até se obter a quantidade desejada de caldo. Juntam-se a esse caldo mais ou menos umas quatro cenouras descascadas e inteiras, e continua-se o cozimento. As cenouras estando bem cozidas, retiram-se os ossos do caldo, e passa-se o caldo com as cenouras no liquidificador e, em seguida, na peneira. Volta-se ao fogo adicionando um copo de leite e uma colher de sopa rasa de manteiga. Deixa-se ferver mais um pouco, mexendo sempre, até formar um creme. Serve-se em seguida com pedacinhos de pão torrado.

Sopa de creme de aspargo

2 colheres de sopa de manteiga

2 cebolas pequenas picadas

Pedaços de frango

Meio litro de água

2 colheres de sopa de maisena

3 gemas

pedaços de aspargos

2 xícaras de leite

Leve ao fogo a manteiga para refogar com a cebola. Não deixe escurecer. Ponha no mesmo recipiente os pedaços de frango e deixe refogar, em seguida ponha água aos poucos. Depois de o frango estar bem cozido, passe o caldo na peneira. Leve o caldo novamente ao fogo, adicionando o leite no qual se dissolveu a maisena, mexendo sempre. Quando estiver bem cozido, adicione as gemas desmanchadas em um pouco do caldo frio e deixe no fogo apenas o tempo necessário para cozinhar as gemas. Coloque em seguida os pedaços de aspargos já cozidos. Prove para verificar se o sal foi suficiente. Sirva em seguida.

Sopa de creme de galinha

Faça um caldo com alguns pedaços de galinha. Ponha um tomate, uma cebola, coentro picado, extrato de tomate, um pouco de margarina, sal e os pedaços de galinha. Deixe refogar bem e em seguida vá pondo água aos poucos, até obter quantidade suficiente de caldo. Depois do caldo pronto, coe e junte um copo de leite e uma colher de sopa de maisena dissolvida no leite. Leve ao fogo mexendo sempre. Junte a esse caldo, ou seja, a esse creme, pedacinhos de palmito cozidos separadamente em água com pingos de caldo de limão. Adicione uma colher de sopa de manteiga e sirva bem quente, pondo pedacinhos de galinha bem desfiados.

Sopa de feijão

A sopa de feijão pode ser feita a partir de um pouco do caldo e do feijão da feijoada pronta. Passa-se em liquidificador, pondo um pouco de água, e depois peneira-se. Põe-se em uma panela, e adicionam-se temperos verdes, um pouco de margarina e arroz (ou macarrão bem picadinho). Deixa-se cozinhar bastante, até o caldo ficar grosso e o arroz bem cozido.

Sopa de maçã e creme de leite

Faz-se um caldo de carne como para qualquer sopa. Depois juntam-se umas quatro cenouras e três pimentões (de preferência vermelho). Leva-se novamente ao fogo, até cozinhar bem as cenouras e os pimentões. Passa-se em seguida no liquidificador e na peneira. Na hora de servir, junta-se ao caldo uma lata de creme de leite (sem soro) e leva-se ao fogo mexendo até esquentar. Ao servir, acrescentam-se pedacinhos de duas a três maçãs.

N.B.: depois de descascadas, partem-se as maçãs em pedacinhos e colocam-se em água com caldo de limão até a hora de serem usadas.

Sopa de milho-verde

Faz-se um bom caldo com ossos de carne, refogando-se bem com tomate, cebola, coentro, cebolinho, sal e extrato de tomate. Estando tudo bem refogado, põe-se água aos poucos. Ralam-se algumas espigas de milho-verde, cortam-se em rodelinhas e adicionam-se ao caldo, assim como o pó de duas espigas de milho que foram raladas. Deixa-se no fogo até o milho ficar bem cozido, pondo-se água aos poucos. Serve-se a sopa com pedacinhos de milho no caldo.

Sopa de palmito

A coisa mais importante na sopa é o preparo do caldo:
Meio litro de caldo de carne ou de galinha
2 gemas
1 colher de sopa de manteiga
1 lata pequena de palmito
Leva-se ao fogo o caldo já preparado e coado. Juntam-se as gemas e uma colher de sopa de maisena – desfeita separadamente em um pouco do caldo frio –, mexendo até engrossar. Passa-se em seguida em uma peneira. Depois põem-se a manteiga e o palmito cortado em pedacinhos.

N.B.: o palmito deve ser fervido antes de ser cortado.

Sopa de tomate

Picam-se os tomates e se refogam com manteiga e cebola ralada. Tempera-se com sal e um pouco de pimenta, e põe-se água aos poucos. Quando levantar fervura, passa-se tudo na peneira. Torna-se a pôr no fogo, engrossa-se com um pouco de maisena, e deixa-se ferver durante uns 10 minutos. Serve-se com pedacinhos de pão torrados.

CAPÍTULO 3

ACOMPANHAMENTOS

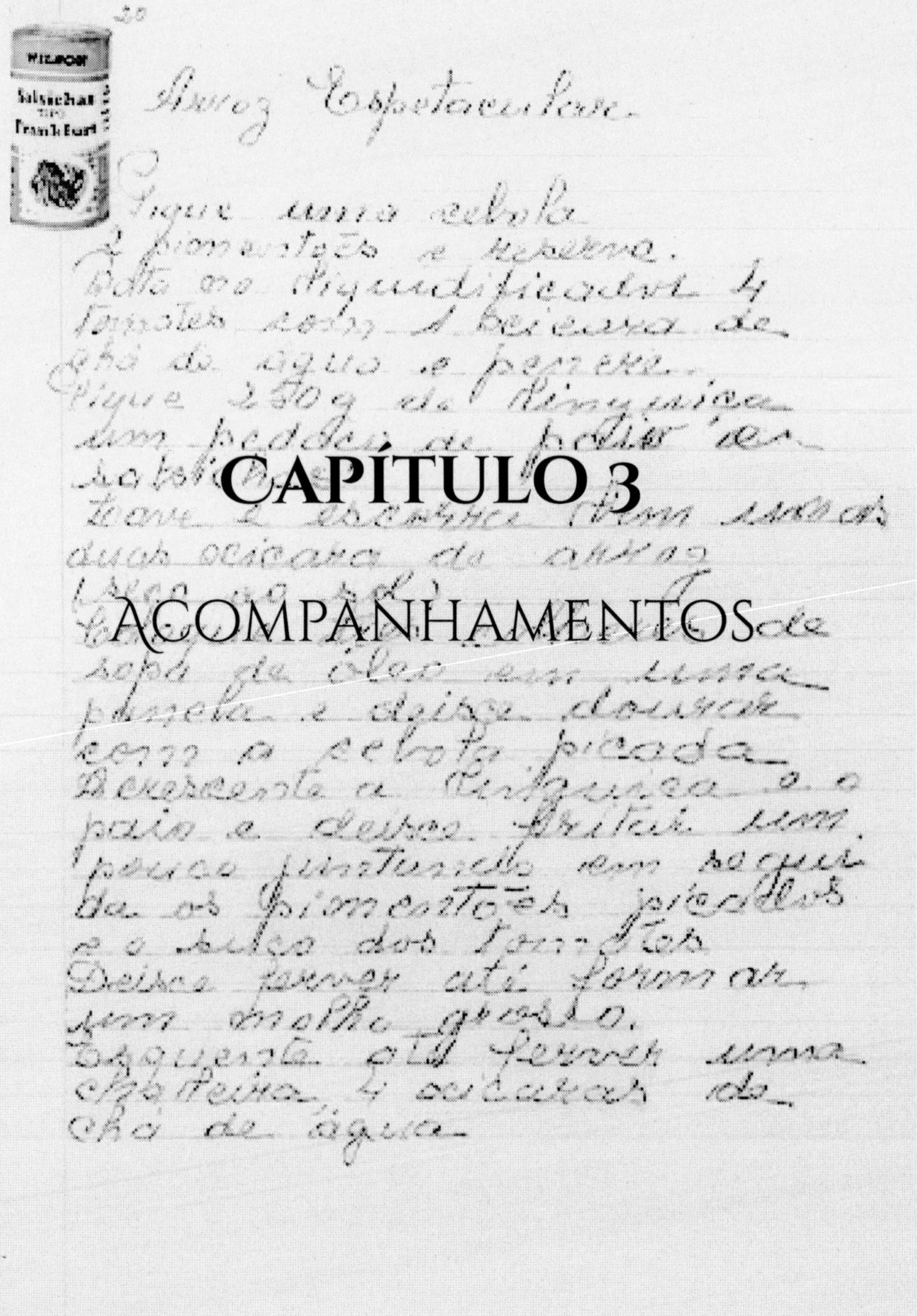

Os acompanhamentos são em grande número de casos responsáveis pelo sucesso de um prato. Com os diversos tipos de molho, de arroz, de farofa, de batatas, cada um adequando-se a um paladar, os pratos tornam-se mais saborosos. O arroz, por sua riqueza, pelos sais minerais e iodo e por seu elevado teor energético, é um dos alimentos mais importantes da dieta humana.

Arroz de Braga

1 quilo de camarão cozido

Meio quilo de arroz

1 cebola grande picada

3 tomates picados

1 pimentão picado

2 dentes de alho amassados

1 colher de margarina

Meia colher de extrato de tomate

1 lata de salsichas

1 paio

100 gramas de toucinho de fumeiro

150 gramas de fiambre picado

1 repolho médio cozido e cortado em tirinhas

Lave bem o arroz e ponha ao sol para secar. Frite a cebola bem picada na margarina, junte em seguida o alho amassado com o sal e o óleo e mexa bem com um garfo, não deixando corar demais. Adicione o arroz já seco e deixe ir refogando, acrescentando o paio em pedaços e o toucinho picado, mexendo sempre com o garfo. Deixe refogar bem e junte em seguida o pimentão e o extrato de tomate diluído em um pouco d'água, mexendo sempre para evitar que pegue na caçarola. Acrescente aos poucos água fervendo, até cobrir o arroz. Junte em seguida os camarões já cozidos e limpos. Deixe ferver por cinco minutos em fogo forte com a caçarola tampada. Depois retire do fogo e junte as salsichas cortadas em rodelinhas e o fiambre picado. Tampe novamente a caçarola, embrulhe em jornais e conserve sempre tampada. Antes de servir, revolva o arroz com o garfo, juntando o repolho cozido em água e sal e cortado em tirinha. Prove o sal.

Arroz de forno com creme

Meio quilo de arroz

1 frango assado

100 gramas de presunto

1 caixa de passas

100 gramas de queijo parmesão ralado

1 colher de sopa de farinha de trigo

1 copo e meio de leite

1 vidro de aspargos

Sal e pimenta a gosto

Prepara-se o arroz bem solto. Picam-se a carne do frango assado e o presunto. Mistura-se o arroz com a carne do frango, as passas, o presunto e duas terças partes de queijo ralado. Coloca-se tudo em forma refratária. Escorrem-se os aspargos em um vidro, reservando a água e arrumando-os por cima. Com a água dos aspargos, o leite, a manteiga, as gemas e a farinha de trigo prepara-se um creme. Tempera-se com sal, um pouco de pimenta e creme de leite. Cobrem-se os aspargos com esse creme, polvilha-se com queijo ralado, e leva-se ao forno para gratinar. Deve-se arrumar em um pirex grande. Ornamenta-se a gosto.

Arroz de frango Regina

Corte 150 gramas de presunto em pedacinhos e frite em uma colher de sopa de margarina. Acrescente 500 gramas de arroz lavado e seco e água fervendo, junte sal e uma folha de louro. Cozinhe até que a água seja absorvida. Misture ao arroz uma lata de ervilha e pedaços de um frango guisado (separadamente) com todos os temperos e desossado. Faça um molho branco e junte metade ao arroz. Ponha o arroz em uma forma de pudim com cone. Aperte bem e vire em um prato. Cubra com o resto do molho branco e bastante queijo parmesão ralado. Sirva bem quente, ornamentando com azeitonas e flores feitas com tomates.

Arroz de galinha de forno

Refogam-se de dois a três peitos de galinha com todos os temperos, devendo ficar com bastante molho. Estando pronto, separa-se a galinha do molho, desfia-se toda a carne e reserva-se. Ao molho juntam-se tomates, pimentão e cebola, tudo picado, azeitonas em pedaços, uma cebola ralada, uma colher de sopa de margarina, passas sem sementes, ameixas e um pouco de vinho branco. Leva-se para cozinhar bem. Faz-se separadamente um molho de tomates como para macarrão e reserva-se. Cozinham-se na água com sal duas xícaras de arroz, devendo ficar solto e escorrido.

Arrumação

Coloca-se em um pirex retangular uma camada de arroz, e sobre o arroz põe-se uma camada de galinha desfiada, seguida de uma camada de molho de galinha e uma camada do molho de tomates, assim formando as camadas até terminar tudo. Cobre-se tudo com queijo parmesão ralado. Leva-se em seguida ao forno quente para corar um pouco.

N.B.: as azeitonas só devem ser colocadas por último no recheio, pois, se ferverem muito, deixam sabor amargo.

Arroz de galinha paulista

Leva-se ao fogo uma galinha bem temperada, partida em pedaços, com paio picado, para cozinhar bem com todos os temperos, pondo-se água suficiente para amolecer a carne e ficar com bastante caldo. Quando a galinha estiver bem cozida, retira-se do molho e reserva-se. Junta-se água quente o bastante ao molho para cozinhar o arroz, ou seja, na proporção de uma xícara de arroz para duas xícaras de molho. No molho põe-se o arroz, que já foi lavado e secado ao sol e frito na manteiga, com uma cebola ralada e dois dentes de alho amassados. Deixa-se cozinhar em fogo lento e abafado, devendo ficar um arroz solto. Depois de o arroz estar cozido, põem-se uma colher de sopa de manteiga, duas colheres de sopa de queijo parmesão ralado, duas maçãs em pedaços, tomates e pimentão picados, ameixas também picadas, uma caixa de passas sem sementes e bananas, comprida ou prata, fritas em rodelinhas. A galinha, toda desossada, junta-se também ao arroz. Mistura-se tudo e arruma-se num prato. Separa-se um pouco das verduras picadas, algumas rodelinhas de bananas fritas e pedaços de maçã para a ornamentação do prato.

Arroz espetacular

Pique uma cebola e dois pimentões. Bata no liquidificador quatro tomates com uma xícara de chá de água e peneire. Pique 250 gramas de linguiça, um pedaço de paio e salsichas. Lave e escorra bem duas xícaras de arroz (seco ao sol). Coloque três colheres de sopa de óleo em uma panela e deixe dourar com a cebola bem picada. Acrescente a linguiça, o paio e as salsichas e deixe fritar um pouco, juntado em seguida os pimentões picados e o suco dos tomates. Deixe ferver até formar um molho grosso. Esquente quatro xícaras de chá de água, acrescente o arroz já lavado e seco ao molho da panela. Acrescente uma xícara de caldo de carne, uma lata de ervilhas e azeitonas picadas. Em seguida, é só acrescentar as quatro xícaras de água fervendo, tampar bem a panela e deixar o arroz cozinhar por cinco minutos mais ou menos. Depois retira-se a panela do fogo e deixa-se tampada até a hora de servir.

Arroz simples

Por primeiro, lave bem o arroz. Leve uma panela com bastante água com sal ao fogo. Calcule da seguinte maneira: para 250 gramas de arroz, três litros de água e duas colheres de chá de sal. Lembre--se de que o arroz precisa de lugar para expandir, pois triplica de volume no cozimento. Use sempre uma panela grande. Deixe a água levantar fervura. Logo que ferva, acrescente o arroz já bem lavado. Deixe cozinhar sem tampar por mais ou menos 12 minutos, experimentando para ver se o arroz está cozido. Se ainda estiver duro, deixe cozinhar um pouco. Depois despeje o arroz em uma peneira, passe água fria (da torneira) e deixe na peneira para escorrer bem. Se quiser um arroz bem branco, junte um pouco de caldo de limão à panela ao cozinhar. Na hora de servir, ponha o arroz numa panela e deixe no fogo por alguns minutos, acrescentando um pouco de manteiga e mexendo com um garfo.

Arroz solto temperado

2 xícaras de arroz
Meia cebola média picada

1 tomate

1 dente de alho bem amassado com sal

1 colher de sopa de óleo

1 colher de margarina

Lave bem o arroz em várias águas e ponha ao sol, espalhando em uma peneira, para secar bem. Ponha em uma panela grande uma colher de sopa de óleo, a margarina e a cebola bem picada e vá refogando sem tostar. Junte em seguida o arroz já seco, o alho amassado com o sal e o tomate. Deixe fritar bastante sem escurecer muito, mexendo sempre com um garfo para evitar que pegue na panela. Despeje a massa de tomate desfeita em um pouco de água. Cubra o arroz com água fervendo e deixe ferver por cinco minutos com a panela tampada. Depois retire a panela do fogo, conservando-a sempre tampada, e embrulhe-a bem em jornais. Antes de servir, revolva o arroz com um garfo.

Arroz temperado com verduras

Faz-se o arroz temperado e reserva-se. Cortam-se chuchu e cenouras bem miudinhos. Cozinha-se na água com sal, depois escorre-se. Refoga-se cebola picada na margarina até alourar. Juntam-se o chuchu, as cenouras e ervilhas a esse refogado, cozinhando mais um pouco. Depois acrescentam-se essas verduras ao arroz reservado. Mexe-se bem com um garfo misturando tudo e serve-se quente.

Batata com creme

1 quilo e meio de batatas

3 copos de leite

2 colheres de sopa e meia de farinha de trigo

3 colheres de sopa de queijo ralado

Sal a gosto

Cozinham-se as batatas, depois cortam-se em pedacinhos não muito pequenos. Faz-se um molho branco com dois copos de leite, duas colheres de sopa de farinha de trigo, sal, três colheres de sopa de queijo parmesão ralado e uma colher de sopa de manteiga. Mistura-se tudo e leva-se ao fogo, mexendo sempre, até formar um creme. Ao sair do fogo, junta-se o creme às batatas já cozidas e partidas. Arruma-se em um pirex, cobre-se com queijo parmesão ralado e leva-se ao forno para tostar.

Batatas fritas

Meio quilo de batata inglesa

Sal fino

Óleo para fritar

Farinha de trigo

Descasque as batatas, corte em tiras finas e ponha-as em água com sal. Um pouco antes da hora de servi-las, retire as tiras de batatas da água, enxugue-as em um pano, passe na farinha de trigo e coloque-as em óleo fervendo, deixando-as dourar até ficarem bem secas. Forre uma peneira com um papel pardo, vá retirando as batatas, já fritas, com uma escumadeira, colocando-as sobre o papel da peneira, a fim de que ele absorva toda a gordura em excesso, deixando-as bem secas para serem servidas quentes, como acompanhamento de qualquer prato de carne ou como salgadinhos para acompanhar bebidas.

Bolinhas de batatas I

2 xícaras de chá de batatas cozidas e passadas no espremedor

1 gema

2 colheres de sopa de margarina

1 colher de café de sal

Um pouquinho de pimenta

Mistura-se tudo, fazem-se bolinhas regulares e passam-se na clara levemente batida e diluída com duas colheres de sopa de água e em seguida na farinha de pão. Fritam-se as bolinhas em óleo quente, pondo-as em seguida numa peneira. Servem para acompanhar assados.

Bolinhas de batatas II

Meio quilo de batata

2 colheres de sopa de maisena

Sal e pimenta a gosto

Muçarela e presunto

Cozinhe as batatas, escorra-as bem e passe no espremedor, junte a maisena e tempere com sal e pimenta. Misture bem, forme bolinhas pequenas e recheie com um pedacinho de muçarela e um pedacinho de presunto. Depois que todas as bolinhas estiverem prontas, coloque-as numa assadeira e leve à geladeira por aproximadamente seis horas. Um pouco antes de servir, frite em bastante óleo.

Bolinhas de arroz (sobras de arroz)

1 xícara de arroz cozido

1 colher de sopa de farinha de trigo

1 colher de sopa de queijo parmesão ralado

Salsa picadinha e sal

Passe o arroz na máquina de moer. Junte os ingredientes e um ovo (clara e gema). Faça bolinhas e frite em óleo bem quente, depois passe em queijo parmesão ralado.

Bolinhos de legumes

2 xícaras de chá de legumes cozidos e esmagados com um garfo

1 xícara de miolo de pão

1 xícara de leite

2 ovos

2 colheres de sopa de queijo ralado

1 colher de sopa de trigo

Ponha o miolo de pão de molho no leite durante uns minutos. Passe-o depois em uma peneira. Junte aos legumes já amassados, misture com a margarina e a farinha de trigo e leve ao fogo mexendo sempre, até soltar da panela. Deixe esfriar, junte em seguida o queijo parmesão e os ovos, ligue tudo muito bem. Faça bolinhos e frite em óleo quente.

Bolo de batata

Meio quilo de batata
1 xícara de chá de leite
3 ovos
1 colher de sopa de manteiga
2 colheres de sopa de queijo parmesão ralado
Sal
Depois de cozinhar as batatas, passe-as, quentes, no espremedor e misture com o leite (já misturado com as gemas), o queijo ralado e a manteiga. Por último ponha as claras batidas em neve e misture tudo. Bote numa forma de pudim bem untada e leve ao forno para assar. Depois desenforme.

Delícia de batatas e cebolas

Unta-se um pirex fundo com margarina, e arrumam-se camadas de batatas cruas, cortadas bem finas. Sobre a primeira camada de batatas, põem-se pedacinhos de margarina gelada, intercala-se uma nova camada, de rodelas de cebolas cruas cortadas bem finas e pedacinhos de margarina, assim sucessivamente, até encher todo o pirex. Cobre-se com um copo de leite, e polvilha-se com queijo parmesão ralado. Leva-se ao forno por mais ou menos 20 minutos. Serve-se quente.

Empada de batatas

Cozinham-se mais ou menos 500 gramas de batatas. Depois passam-se as batatas ainda quentes no espremedor, e juntam-se uma colher de sopa de margarina, uma colher de sopa de trigo, três colheres de sopa de queijo parmesão ralado, duas gemas e três colheres de sopa de nata de leite. As claras batidas em neve são postas por último, e depois adiciona-se sal suficiente. Mistura-se tudo e leva-se ao forno em forminhas de empada bem untadas. Dá mais ou menos 20 empadinhas.

Farofa de abacaxi

2 colheres de sopa de margarina
2 cebolas picadas
1 xícara de chá de abacaxi fresco ou de calda picado
Sal
Salsa e cebolinho verde picados
Farinha de mandioca
Azeitonas verdes

Põem-se as cebolas para fritar na margarina, depois junta-se o abacaxi picado e mexe-se bem, sempre no fogo, até secar todo o caldo do abacaxi. Juntam-se a farinha de mandioca, o sal e a salsa e o cebolinho picados, misturando tudo, até a farinha amarelar. Por último põem-se as azeitonas verdes. Serve-se quente.

Farofa de castanhas

1 quilo de farinha de mandioca peneirada
3 colheres de sopa de margarina
1 cebola grande ralada
Sal a gosto
500 gramas de castanhas-de-caju torradas e moídas

Ponha em uma assadeira a margarina com a cebola, para derreter a margarina e alourar a cebola. Em seguida junte a farinha e o sal e mexa bem com um garfo, até dourar. Retire do fogo, junte as castanhas e mexa bem.

Farofinha carioca

Leva-se ao fogo um assador com três colheres de sopa de margarina e uma cebola ralada. Quando a margarina derreter e a cebola estiver dourada, juntam-se farinha de mandioca peneirada e sal. Mistura-se bem com um garfo, até alourar, depois adicionam-se dois ovos cozidos, machucando-os com o garfo e mexendo sempre, misturando tudo com a farofinha.

Fritada de coco ralado com chuchu

Rala-se um coco. Cozinham-se uns quatro chuchus em água com sal. Depois refogam-se bem uma cebola grande picada, três tomates, um pimentão, uma colher de sopa de extrato de tomate, um pouco de condimento, óleo e sal. Estando tudo refogado, juntam-se o coco ralado e os chuchus cortados em pedacinhos, e deixa-se no fogo até cozinhar bem, sem secar. Depois põe-se em um pirex redondo, cobre-se com uns três ovos batidos, adicionando uma colher de sopa de farinha de trigo, e leva-se ao forno para assar.

Maionese de liquidificador

2 ovos

2 colheres de sopa de caldo de limão

Óleo até cobrir as lâminas do liquidificador

1 colher de chá de sal

Liga-se e desliga-se o liquidificador sete vezes seguidas. Depois liga-se direto juntando o óleo até a maionese engrossar.

Molho branco

1 colher de sopa de manteiga

1 colher de sopa de cebola ralada

2 copos de leite

2 colheres de sopa de maisena

2 colheres de sopa de queijo parmesão ralado

Sal a gosto

Levam-se ao fogo a manteiga e a cebola, mexendo com um garfo até sair toda a água da cebola e alourar sem escurecer. Depois juntam-se o leite, a maisena e o sal, mexe-se bem e leva-se ao fogo até formar um creme. Ao sair do fogo, acrescenta-se o queijo parmesão ralado.

Molho de alho e pepinos em conserva

1 copo de maionese
1 colher de sopa de estragão
1 colher de sopa de salsa picadinha e socada
1 dente de alho socado
1 colher de chá de mostarda em pó
2 pepinos pequenos em conserva picados
Misture muito bem todos os ingredientes e sirva.

Molho de mostarda

3 colheres de sopa de mostarda
1 pitada de sal
1 pitada de pimenta-do-reino
1 colher de café de suco de limão
Três quartos de um copo de creme de leite
Coloque numa tigela os quatro primeiros ingredientes, misture-os e adicione pouco a pouco o creme de leite bem batido. Sirva em seguida.

Molho de passas

Para ser servido com assados e rosbife.

Faz-se o molho do rosbife com bastante cebola, tomates, pimentão, alho amassado, tempero seco, coentro, extrato de tomate, sal, margarina e óleo. Depois passa-se o molho pronto no liquidificador e na peneira. Separadamente põe-se mais ou menos uma caixa de uvas-passas sem sementes para cozinhar com umas três colheres de sopa de margarina. Quando as passas estiveram moles (cozidas), junta-se tudo ao molho. Por fim, põe-se um cálice de vinho branco. Junta-se tudo, e serve-se separadamente, em molheira.

Molho de pimentão

2 pimentões vermelhos
6 cebolinhas em conserva
3 colheres de sopa de óleo
6 colheres de sopa de purê de tomate
1 colher de chá de páprica
Sal

Frite no óleo as cebolinhas e os pimentões picadinhos. Acrescente o purê de tomate e a páprica, tempere com sal a gosto e cozinhe em fogo brando por 20 minutos. Sirva quente, depois de ter passado em uma peneira.

Molho Hosana

Coentro e cebola bem picados
1 colher de sopa de vinagre
1 colher de sopa de maionese
1 colher de sopa de azeite
Sal

Misture tudo e sirva separadamente, em molheira.

Molho para ser servido com carne

Frita-se cebola picada na margarina. A cebola deve ficar amarelinha. Depois juntam-se coentro bem picado, uma colher de sopa de maionese e sal a gosto. Mistura-se tudo, e serve-se separadamente, em molheira.

Molho rosado

Mistura-se bem a mesma quantidade de ketchup e de maionese e serve-se com carne juntamente com o molho do rosbife passado em peneira ou serve-se separadamente, em molheira.

Molho russo

1 xícara de chá de maionese

2 colheres de sopa de ketchup picante

1 colher de chá de cebolinho verde picado

Um quarto de xícara de azeitonas picadas

Um quarto de colher de chá de molho inglês

1 ovo cozido (duro) picado

Coloque todos os ingredientes numa tigela, junte os temperos e o ovo, misture tudo muito bem. Sirva como aperitivo, com torradinhas ou bolachas salgadas.

Molho tártaro I

4 gemas cozidas

Sal e pimenta-do-reino

Meio litro de azeite de oliva

1 colher de sopa de vinagre

1 colher de sopa de cebolinha picadinha

1 colher de sopa bem cheia de maionese

Amasse bem as gemas, até obter um purê. Tempere com sal e pimenta-do-reino a gosto. Adicione o azeite e o vinagre, batendo até obter uma mistura cremosa. Junte a cebolinha verde bem picada, misturada com a maionese e passada pela peneira.

Molho tártaro II

Prepara-se um molho de maionese, e juntam-se os seguintes ingredientes: uma colher pequena de mostarda, algumas cebolinhas verdes picadas, cebolinhas em conserva picadas e pepino em conserva picado. Mistura-se tudo ao molho de maionese e serve-se em molheira.

Molho vinagrete

3 colheres de sopa de azeite de oliva
2 colheres de sopa de vinagre
1 colher de sopa de salsa picada
1 colher de sopa de estragão
2 colheres de sopa de cebola ralada
2 colheres de sopa de cebolinha verde bem picada
Sal e pimenta-do-reino a gosto
Misture bem todos os ingredientes e sirva.

Omelete

Batem-se no liquidificador três ovos (claras e gemas), uma colher de sopa de leite, uma colher de sopa de farinha de trigo e sal. Depois de bem batido, junta-se um pouco de coentro, ou salsa, picado. Despeja-se em uma assadeira já com óleo quente, e, à medida que os ovos vão endurecendo, vai-se virando e colocando dentro o recheio, que pode ser de carne picadinha, ervilhas ou batatas cozidas, devendo ficar como um rolinho. Serve-se logo.

Patê I

1 lata de creme de leite
1 lata de salsichas moídas
Ketchup
Mistura-se tudo e serve-se com bolachas de sal ou com torradinhas.

Patê II

1 lata de presuntada
3 tomates
1 pimentão
1 cebola

Meio copo de leite

1 colher de sopa de óleo

Passe todos os ingredientes no liquidificador e leve ao fogo até engrossar. Sirva com torradinhas ou bolachas de sal.

Patê de atum

1 lata de atum

1 colher de sopa de creme de leite

2 colheres de sopa de ketchup

1 colher de sopa e meia de mostarda

Gotas de molho inglês

Um pouco de manteiga

Esmague o atum, junte com todos os ingredientes e sirva com torradas de pão de caixa ou bolachas salgadas.

Patê de azeitonas

500 gramas de azeitonas

2 colheres de sopa de azeite de oliva

1 colher de sopa de orégano

1 colher de sopa de pimenta seca

1 colher de sopa de maionese

Coloque as azeitonas no prato que vão ser servidas. Junte todos os ingredientes, mexa bem e sirva sobre as azeitonas.

Patê de fígado

300 gramas de fígado fresco

6 colheres de sopa de banha derretida

3 ovos batidos (as claras em neve)

1 colher de sopa de sal

1 xícara de chá não cheia de leite

Meia noz-moscada ralada

2 pimentões picados

1 colher de chá de condimento

Limpa-se o fígado e passa-se cru com um pouco de leite no liquidificador e na peneira. Em seguida juntam-se a banha derretida, os ovos batidos, uma colher de sopa de farinha de trigo desfeita no leite, o sal e os demais ingredientes. Mistura-se tudo, bota-se em uma forma de pudim untada com manteiga e leva-se ao fogo para assar em banho-maria. Depois de assado, desenforma-se e põe-se na geladeira, podendo ser guardado por vários dias. Serve-se cortado em fatias finas.

Patê de picles e azeitonas

Meia xícara de chá de maionese

2 colheres de sopa de picles picados

1 colher de sopa de azeitonas verdes picadas

2 gotas de molho de pimenta

1 colher de chá e meia de cebola ralada

Coloque todos os ingredientes numa tigela e mexa bem. Leve à geladeira de um dia para o outro.

Patê de queijo provolone

Coloque numa assadeira uma fatia de três centímetros de largura de queijo provolone (mais ou menos um quilo). Regue com bastante azeite português, polvilhe com pimenta-do-reino em pó (Palheta) e leve ao forno para derreter. Quando estiver fervendo, retire do forno e sirva sobre um *réchaud* (fogareiro). As pessoas, ao se servir, retiram o queijo com uma faca e passam sobre torradas ou bolachas salgadas.

Purê de batatas

Cozinha-se um quilo de batatas (descascadas) em água com sal. Quando cozidas, escorre-se bem toda a água, e em seguida passam-se as batatas no espremedor. Para cada duas xícaras de purê, adiciona-se meia colher de sopa de manteiga e meia xícara de leite quente. Bate-se bem, até ficar macio, não sendo necessário levar ao fogo. Depois junta-se uma colher de sopa de queijo ralado. Serve-se logo, enfeitando a gosto.

Purê de batatas com presunto

Faz-se um purê com 500 gramas de batatas cozidas e passadas quentes no espremedor. Juntam-se três claras batidas em neve, e coloca-se o purê em um pirex, formando a primeira camada. Para a segunda camada, acrescentam-se presunto em pedaços, molho branco e fatias de queijo muçarela, cobrindo tudo com o resto do purê. Leva-se ao forno até dourar.

N.B.: o presunto pode ser substituído por salsichas cortadas em rodelas.

Rocambole de batatas

500 gramas de batatas cozidas na água com sal

2 gemas

1 colher de sopa de margarina

1 xícara de chá de leite

1 colher de sopa de farinha de trigo

2 claras batidas em neve

Passam-se as batatas quentes no espremedor, depois juntam-se os outros ingredientes, mistura-se tudo bem e leva-se para assar em assadeira média bem untada com margarina. Depois de assado, recheia-se ou com carne picada, galinha ou camarão. Enrola-se como rocambole e, ao servir, cobre-se com molho de tomates e queijo parmesão ralado.

Sonhos de batatas

1 xícara e meia de farinha de trigo

3 colheres de chá de pó Royal

1 colher de sopa de açúcar

Meia xícara de chá de batatas cozidas e espremidas

Meia xícara de leite

Sal

Peneire junto a farinha de trigo, o pó Royal, o sal e o açúcar. Acrescente duas colheres de sopa de margarina e amasse juntando tudo. Faça uma cavidade no centro da massa, junte o leite e mexa bem de leve. Acrescente um pouco mais de leite, se for necessário. A mistura deve ficar macia. Coloque em uma superfície enfarinhada e trabalhe até ficar bem macia. Abra a massa em rodelas com a boca de um copo. Frite em abundante quantidade de óleo quente e deixe dourar dos dois lados. Sirva com queijo ralado ou com açúcar e canela.

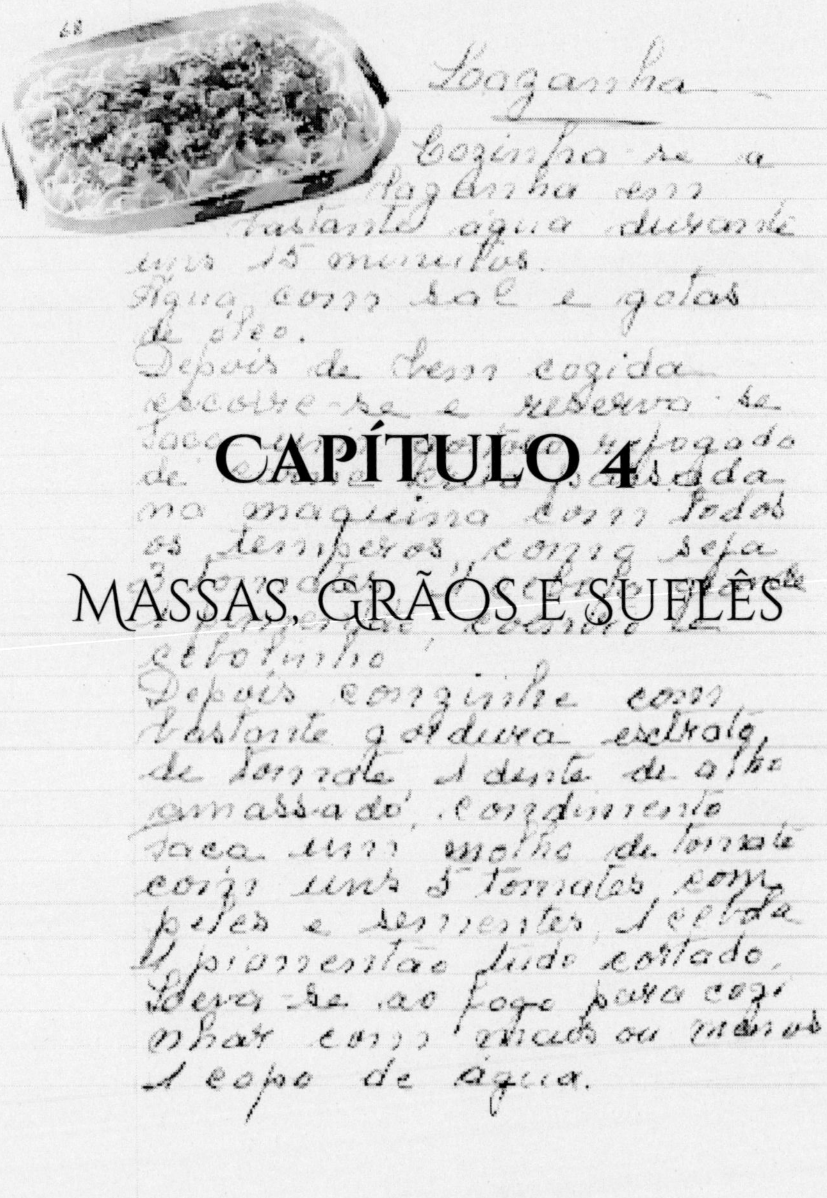

CAPÍTULO 4

MASSAS, GRÃOS E SUFLÊS

As massas são receitas, em sua maioria, rápidas, fáceis de fazer e pouco dispendiosas. As pizzas, lasanhas, raviólis, suflês e variados pratos de macarrão estão detalhados neste capítulo. Por outro lado, no título grãos estão enquadradas diversas receitas de feijão, o prato mais popular da cozinha regional, desde a feijoada completa até o feijão-verde, o feijão-branco e o feijão americano.

Almôndegas ao molho

1 xícara de farinha de rosca
Três quartos de xícara de farinha de castanha moída
1 cebola média ralada
1 dente de alho amassado
Três quartos de xícara de queijo ralado
3 colheres de sopa de salsa picadinha
4 ovos

Misture todos os ingredientes e forme almôndegas pequenas. Deixe no congelador durante uma noite. No dia seguinte prepare meio litro de molho de tomate temperado. Coloque as almôndegas numa forma refratária bem untada, despeje o molho por cima e leve ao forno para assar. Sirva quente.

Almôndegas ao molho de tomate

Meio quilo de carne moída
Meio copo de leite
2 colheres de chá rasas de sal
1 ovo
2 pães pequenos
Salsa, cebolinho e coentro picados

Molho

6 tomates
1 cebola
1 pimentão
Coentro
1 xícara de água

Desmanche os pães no leite, bata ligeiramente o ovo, junte todos os ingredientes numa tigela e amasse até ficar tudo bem ligado. Faça bolinhas regulares. Cozinhe os tomates com a cebola em um pouco de água e passe em seguida numa peneira. Leve esse molho novamente ao fogo, adicionando o pimentão e o coentro. Depois coloque as bolinhas cruas nesse molho com cuidado para não desmancharem, tampe a panela e deixe cozinhar com o fogo brando.

Empadão carioca

3 xícaras de chá de farinha de trigo

2 colheres de sopa de margarina

2 gemas

Sal

Amassa-se tudo com óleo de cozinha, até a massa ficar uniforme para espalhar. Forra-se uma forma com a massa, e põe-se um recheio de sua preferência, por exemplo, de camarão, de peixe ou de carne. Cobre-se com a mesma massa. Pincela-se com gema e leva-se ao forno.

Empadas de maionese

500 gramas de maionese

1 quilo mais ou menos de farinha de trigo

Sal

Mistura-se tudo amassando bem, e forram-se forminhas de empadas. Coloca-se o recheio desejado, e leva-se ao forno para assar.

Feijão americano

1 quilo de feijão-manteiga

1 lata média de extrato de tomate

1 vidro de ketchup

1 lata de melado

1 prato de bacon em fatias

Cozinha-se o feijão. Depois de cozido, misturam-se os ingredientes, o melado e o bacon (toucinho de fumeiro) em pedacinhos. Após estar tudo misturado, deixa-se mais um pouco no fogo e retira-se em seguida. Serve-se com pernil de porco assado.

N.B.: não leva sal. Este feijão é servido em panela de barro. O melado é medido na lata vazia de extrato de tomate.

Feijão-branco

1 quilo de feijão-branco

2 litros de água fria

2 dentes de alho amassados com sal

1 folha de louro

1 colher de sobremesa de condimento

100 gramas de toucinho de fumeiro

1 paio cortado em pedaços

1 lata de salsichas

250 gramas de linguiça

3 colheres de sopa de óleo

2 cebolas picadas

4 tomates picados

1 pimentão picado

2 colheres de sopa de extrato de tomate

Coentro e cebolinho picados

Mistura-se o feijão na água e deixa-se de molho durante uma noite. No dia seguinte, retira-se a água, põe-se outra, e leva-se o feijão ao fogo em uma panela grande, até cozinhar bastante, retirando com uma escumadeira a espuma que se forma em cima. Separadamente refogam-se os outros ingredientes com o alho amassado com sal, o condimento, a cebola, os tomates, o coentro e os cebolinhos picados, o pimentão em rodelas, o óleo e o extrato de tomate. Estando tudo bem refogado e com um molho escuro e grosso, junta-se ao feijão quase cozido e deixa-se cozinhar bastante, acrescentando água aos poucos. Deve ficar bem grosso. Serve-se com arroz branco e farinha carioca.

Feijão-branco com galinha

Meio quilo de feijão-branco

1 galinha

1 paio picado

150 gramas de toucinho de fumeiro picado

1 lata de salsichas em rodelinhas

Põe-se o feijão de molho durante uma noite. No dia seguinte, retira-se a água, e põe-se outra em quantidade suficiente para cozinhar o feijão. Leva-se ao fogo para cozinhar. Depois de bem cozido, escorre-se todo o caldo, e reserva-se o feijão. Limpa-se bem a galinha e parte-se em pedaços regulares. Tempera-se com os seguintes ingredientes: dois dentes de alho amassados com sal, uma folha de louro, uma colher de sopa de extrato de tomate, condimento, uma cebola grande picada, quatro tomates picados, um pimentão picado, coentro e cebolinho. Junta-se tudo ao paio e ao toucinho partidinhos, aos pedaços da galinha e às salsichas e leva-se ao fogo para refogar bem, acrescentando água aos poucos, até a galinha ficar bem cozida e com bastante caldo. Estando pronta, retira-se a galinha do caldo, a fim de retirar os ossos (desossar). Parte-se a carne da galinha em pedaços grandes. Junta-se tudo (galinha e caldo) ao feijão reservado e deixa-se no fogo até ferver bem. Serve-se com farofinha carioca.

Feijão de coco

Meio quilo de feijão-mulatinho

1 coco grande

1 colher de sopa de azeite e temperos

Escolha, lave e ponha de molho em água de véspera o feijão. No dia seguinte, troque a água e leve o feijão ao fogo para cozinhar bem. Estando bem cozido, retire todo o caldo do feijão e passe no liquidificador sem o caldo. Raspe o coco, tire o leite quase puro e junte ao feijão, passando em seguida no liquidificador e na peneira. Ponha o feijão novamente no fogo mexendo sempre, até ferver bem. Junte, então, cebola picada, tomate picado, coentro, condimento, alho amassado com sal e azeite. Deixe no fogo até cozinhar bem todos os temperos e em seguida sirva.

Feijão-verde

Cozinha-se bem o feijão na água com sal. Depois de cozido, escorre-se todo o caldo, e reserva-se o feijão. Faz-se separadamente um molho com tomate, cebola, pimentão, alho amassado, coentro, tempero seco, extrato de tomate e margarina e leva-se ao fogo para cozinhar bem. Quando o molho está pronto, junta-se ao feijão, e leva-se novamente tudo ao fogo para ferver bem. Faz-se separadamente uma farofa carioca com farinha de mandioca, sal e margarina, levando ao fogo e mexendo bem, até ficar torradinha. Depois de pronta, na hora de servir, junta-se a farofa ao feijão misturando bem e serve-se com pedaços de ovos cozidos duros.

Feijoada completa

1 quilo de feijão

200 gramas de lombinho de porco

200 gramas de costelas de porco defumadas

250 gramas de linguiça

100 gramas de paio

200 gramas de toucinho de fumeiro

250 gramas de carne de sol

250 gramas de lombo ou agulha

Meio quilo de charque

Meio quilo de carne de porco temperada

Meio quilo de carne de boi

1 lata de salsichas

De 3 a 5 dentes de alho

3 folhas de louro

1 colher de sopa de condimento

Sal

1 cebola grande picada

4 tomates picados

Coentro e cebolinhos picados

Limpe o feijão removendo as impurezas e ponha em bastante água durante uma noite. No dia seguinte lave bem o feijão em três águas e deite-o em um caldeirão grande com dois terços de água, leve ao fogo forte e deixe-o cozinhar por várias horas. De véspera, ponha em uma vasilha grande de molho as carnes defumadas. Separadamente, ponha as carnes de porco e de boi em vinha-d'alho. Ferva em água o paio, a charque e a linguiça, depois escorra toda a água e reserve. Em uma outra panela, faça um refogado com todos os temperos, quais sejam, alho amassado com sal, louro, cebola, tomates, coentro e cebolinhos picados, condimento e óleo. A esse refogado junte todas as carnes e deixe refogar bem, até ficar tudo cozido e com um molho bem escuro e grosso. Ponha água aos poucos, mexendo sempre com uma colher de pau. Depois junte todo esse refogado ao feijão quase cozido. Deixe cozinhar mais um pouco. Em seguida ponha as verduras cruas e lavadas, acrescentando por primeiro as que devem cozinhar por mais tempo, como repolho e batata doce, e na sequência as demais, como chuchu, maxixe, banana-comprida, quiabo, jerimum etc. Logo que as verduras estejam bem cozidas, ponha as salsichas inteiras, mantendo no fogo até que o feijão esteja bem cozido.

N.B.: ao cozinhar o feijão, vai-se pondo água fria aos poucos, até ficar bem cozido e com um caldo grosso. Como aperitivo, pode-se usar aguardente. Serve-se também com laranjas cortadas.

Lasanha I

Cozinhe a lasanha em bastante água com sal durante uns 15 minutos. Depois de bem cozida, escorra a massa e reserve. Faça um gostoso refogado de carne crua passada na máquina com todos os temperos: três tomates, uma cebola, um pimentão, coentro, cebolinho, um dente de alho amassado, extrato de tomate, condimento e óleo. Cozinhe bastante a carne, devendo ficar com bastante molho.

Molho de tomates

5 tomates sem pele e sem sementes
1 cebola

1 pimentão

Sal

1 colher de sopa de extrato de tomate

1 copo de água

Cozinhe bastante o molho. Depois de bem cozido, passe no liquidificador e peneire. Leve novamente ao fogo para engrossar, juntando uma colher de sopa de margarina e orégano. Arrume a lasanha em um pirex grande, pondo uma camada de massa, uma camada de carne, fatias de queijo muçarela, molho e queijo ralado até terminar tudo. A última camada deve ser de queijo muçarela, molho e queijo ralado. Leve ao forno para derreter o queijo e tostar um pouco. Sirva imediatamente.

Lasanha II

1.ª camada: molho grosso de tomate com pedacinhos de toucinho de fumeiro frito, ketchup e extrato de tomate.

2.ª camada: lasanha cozida na água com sal e escorrida.

3.ª camada: molho branco espesso, feito com um litro de leite, quatro colheres de sopa de maisena, margarina, sal e queijo parmesão ralado.

4.ª camada: bastante queijo parmesão ralado.

O toucinho de fumeiro é cortado em pedacinhos e frito separadamente, depois junta-se ao molho de tomate. Pode-se por um pouquinho de noz-moscada ralada no molho de tomate. Depois de arrumada, leva-se a lasanha ao forno minutos antes de ser servida.

Macarrão

1 pacote de macarrão

Água

Sal

Pingos de óleo

Ponha a água no fogo em uma panela e junte mais ou menos uma colher de sopa rasa de sal e pingos de óleo. Quando a água estiver fervendo, ponha o macarrão. Deixe cozinhar bastante, mexendo vez por outra com um garfo, puxando o macarrão para cima. Depois de cozido, escorra toda a água e lave o macarrão em água fria para ficar bem solto. Deixe-o espalhado sobre uma peneira grande. Faça um molho e misture um pouco com o macarrão, ponha por cima o resto do molho e cubra tudo com queijo ralado.

Macarrão à italiana

Molho

250 gramas de carne na vinha-d'alho

1 pimentão bem picado

3 cebolas bem picadas

Meio quilo de tomates picados

1 dente de alho amassado

1 colher de sopa de margarina

1 colher de extrato de tomate

Orégano

Meia xícara de água quente e sal

100 gramas de paio picado

100 gramas de toucinho de fumeiro picado

Põe-se uma panela grande no fogo com a margarina, o toucinho, o paio e a carne, tudo partido em pedacinhos. Junta-se a cebola, e deixa-se refogar bem, fritando tudo. Passam-se no liquidificador os tomates cortados com peles e sementes, o pimentão e a água quente, depois junta-se esse molho à carne já bem refogada. Adiciona-se em seguida o extrato de tomate, e deixa-se no fogo para cozinhar bem, acrescentando na sequência uma colher de sopa de margarina, uma colher de sopa bem cheia de ketchup e pedaços de queijo muçarela. Quando o molho estiver bem grosso, retira-se do fogo e junta-se oré-gano. Cozinha-se um pacote de macarrão em água com sal e pingos de óleo. Depois de cozido, retira-se do fogo, escorre-se toda a água, e acrescenta-se ao macarrão uma colher de sopa de margarina. Neste macarrão não se passa água. Arruma-se logo o macarrão em uma tra-vessa ou em um pirex da seguinte maneira: uma camada de macarrão, uma de molho e uma de queijo ralado, assim sucessivamente, até terminar o macarrão. Ornamenta-se com rosas feitas com tomates. Este macarrão deve ser servido logo que esteja pronto.

Macarrão com camarão

Cozinhe um pacote de macarrão Fidelinho em água e sal (não lave depois de cozido), escorra toda a água e junte uma colher de sopa de manteiga. Ao cozinhar o macarrão, ponha umas gotas de óleo na água para evitar pegar.

Molho

1 quilo de camarão cozido e bem limpo

5 tomates

1 pimentão

1 xícara de azeite de oliva

1 cebola grande picada

1 dente de alho amassado

1 copo e meio de leite de vaca

Leite de um coco

1 colher de sopa de maisena

Sal e pimenta a gosto

Refoga-se a cebola no azeite, depois juntam-se os tomates, o coentro, o cebolinho, uma colher de sopa de extrato de tomate e o leite puro de coco. Desmancha-se a maisena em um pouco de leite e adiciona-se ao refogado mexendo. Em seguida acrescentam-se os camarões, o pimentão, o sal, a pimenta (ou condimento) e o leite de vaca. Leva-se ao fogo, mexendo até formar um creme ralo. Arruma-se, em um pirex grande, uma camada de macarrão, cobrindo essa camada com o creme de camarão e o queijo parmesão ralado. Segue-se outra camada de macarrão e queijo parmesão ralado, repetindo a operação até terminar o camarão e o queijo ralado. Ornamenta-se com flores feitas com cebolas grandes.

Macarrão de forno

250 gramas de macarrão
100 gramas de presunto cortado
100 gramas de queijo muçarela
2 colheres de sopa de margarina
2 copos de leite
4 colheres de farinha de trigo
2 gemas
Queijo parmesão ralado
Sal

Molho branco

1 cebola ralada
1 colher de sopa de margarina
Leva-se ao fogo e mexe-se até sair toda a água da cebola fritando. Fora do fogo, juntam-se as quatros colheres de farinha de trigo, mexendo bem, e vai-se acrescentando dois copos de leite aos poucos. Depois leva-se ao fogo mexendo até formar um creme. Ao sair do fogo, acrescentam-se duas gemas, mexe-se bem, e põe-se o queijo ralado. Cozinha-se o macarrão, que não deve ficar muito cozido. Tira-se do fogo e escorre-se (não passar água). Põe-se o macarrão em uma tigela, e misturam-se com um garfo uma colher de sopa de manteiga, o presunto cortado em pedacinhos e o queijo muçarela picado, acrescentando na sequência o molho branco. Mistura-se tudo e põe-se em um pirex bem untado com manteiga. Cobre-se com queijo ralado e leva-se ao forno para derreter o queijo e tostar.

Macarrão delicioso

1 pacote de macarrão fino
250 gramas de queijo muçarela em fatias
150 gramas de queijo parmesão ralado
2 colheres de sopa de manteiga
1 lata de creme de leite

Cozinha-se o macarrão em água e sal e alguns pingos de óleo (para não pegar) em cozimento normal. Quando o macarrão estiver cozido, escorre-se toda a água, e junta-se uma colher de sopa de manteiga. Em um recipiente misturam-se o creme de leite, a manteiga e o queijo muçarela em pedacinhos, juntam-se em seguida ao macarrão bem quente, e revolve-se tudo com um garfo, misturando bem. Põe-se em uma travessa e cobre-se com bastante queijo parmesão ralado. Serve-se em seguida.

N.B.: o macarrão deve ser cozido poucos minutos antes de ser servido.

Macarrão recheado com queijo e fiambre

Cozinha-se o macarrão (goela de pato) em bastante água e sal e gotas de óleo. Depois de cozido, escorre-se a água, e recheia-se cada pedaço de macarrão, um a um, com tirinhas de queijo muçarela e fiambre. Coloca-se em um pirex, pondo sobre cada camada, até terminar, um creme feito com os seguintes ingredientes: uma lata de creme de leite, uma colher de sopa de extrato de tomate e bastante queijo parmesão ralado. Por cima, põem-se rodelas de tomates e queijo ralado, e leva-se ao forno quente até derreter o queijo muçarela. Serve-se em seguida.

Macarronada com camarão

1 quilo de camarão

Meio quilo de macarrão

5 ovos batidos

3 colheres de sopa de farinha de trigo

3 colheres de manteiga

3 colheres de queijo ralado

2 colheres de azeite

2 xícaras de chá de leite de coco

Meio quilo de tomates

2 cebolas grandes

4 ovos cozidos

2 colheres de extrato de tomate

Sal, coentro, cebolinho verde, pimentão, ervilhas e azeitonas

Cozinhe o macarrão e escorra a água. Coloque-o em uma panela com o queijo, os ovos batidos, uma xícara de leite de coco e um pouco de sal. Em outra panela refogue o camarão com os tomates sem peles, a cebola, o coentro, o pimentão e o cebolinho verde, tudo picado, o leite de coco, o extrato de tomate, o azeite e a manteiga. Unte uma forma refratária e arrume o macarrão e o camarão em camadas. As camadas de camarão são cobertas com rodelas de ovos cozidos, ervilhas, azeitonas e queijo parmesão ralado. As camadas de macarrão contêm queijo ralado, ovos batidos e sal. A última camada deve ser com o molho.

Molho

1 lata ou vidro pequeno de creme de tomate

150 gramas de margarina

1 cebola grande ralada

Derreta a margarina e frite a cebola ligeiramente. Acrescente o creme de tomate diluído em um pouco de água. Leve ao fogo e deixe engrossar.

Molho para macarrão

4 tomates com peles e sementes partidos

1 cebola

1 dente de alho amassado com sal

1 pedaço de qualquer carne de boi (aproximadamente 200 gramas) partido em pedacinhos

1 pedacinho de toucinho de fumeiro picado

Meio paio picado

1 colher de sopa de extrato de tomate

Meia folha de louro

1 colher de margarina

Levam-se ao fogo todos os ingredientes, e deixa-se cozinhar bem, pondo água aos poucos. Depois de bem cozido, passa-se o molho em peneira, põe-se mais uma colher de sopa de margarina, e volta-se ao fogo para engrossar. Serve-se com o macarrão.

Nhoque

10 colheres de sopa de massa de batatas cozidas
3 colheres de sopa de farinha de trigo
1 colher de sopa de margarina
1 ovo
Sal a gosto

Misture tudo até ficar bem ligado. Passe farinha de trigo em uma mesa, enrole a massa na grossura de um dedo e corte em pedacinhos de três centímetros mais ou menos. Ponha água com sal em uma panelinha, deixe ferver e vá deitando aos poucos dentro da panela os pedacinhos da massa. Ao cozinhar, eles sobem à tona d'água. Vá retirando com uma escumadeira, arrumando em camadas em um pirex, e cubra-os com molho de tomate e queijo parmesão ralado. Sirva quente.

Panquecas leves

2 copos de leite
1 copo de farinha de trigo
2 gemas
Sal

Misture tudo, passe no liquidificador e deixe descansar um pouco. Pincele com óleo uma frigideira pequena, leve ao fogo moderado e coloque de cada vez meia xícara de massa. Vire bem a frigideira de todos os lados, até a massa se estender em toda a superfície, ficando bem fina. Frite com cuidado, sem mexer, até a massa começar a soltar-se das bordas da frigideira. Vire a panqueca com o auxílio de uma escumadeira e frite do outro lado até dourar. Retire do fogo, coloque em uma peneira e depois recheie. Pode-se rechear com carne picadinha ou com qualquer outro recheio. Sirva com molho de tomate e queijo parmesão ralado.

Pastelzinho de massa cozida (rissole)

1 xícara de chá e meia de farinha de trigo
Meia xícara de leite
1 xícara de água
Meia colher de sopa de margarina
2 ovos batidos
Sal
Óleo para fritar

Fervem-se numa panela a água, o leite, o sal e a margarina. Quando abrir fervura, junta-se a farinha de trigo de uma só vez e bate-se energicamente (no fogo) com uma colher de pau, até incorporar bem sem deixar encaroçar. Deixa-se esfriar um pouco e abre-se a massa com um rolo. Cortam-se discos da massa. Põe-se um montinho de recheio no centro do disco, e apertam-se bem as beiradas, formando um pastelzinho. Passa-se na farinha de pão, nos ovos batidos e de novo na farinha de pão. Frita-se em óleo quente em fogo moderado. Depois passa-se em queijo parmesão ralado.

N.B.: pode-se recheá-los com carne picadinha, com camarão ou com galinha.

Pastelzinho de ricota

Massa

250 gramas de farinha de trigo
125 gramas de manteiga
Um quarto de colher de chá de sal
Água fria para amassar

Recheio

1 ricota
1 cebola
1 gema

1 pacotinho de queijo ralado

Coentro picado

Sal a gosto

Misture a farinha com a manteiga. Junte o sal e acrescente água suficiente até obter uma massa maleável. Deixe descansar durante meia hora. Escorra toda a água da ricota e amasse numa tigela, pique a cebola e o coentro ou a salsa bem finos. Junte o queijo ralado, a gema e o sal. Misture tudo muito bem, abra a massa, recorte rodelas, coloque o recheio e aperte bem as bordas para não abrir. Frite em óleo bem quente. Antes de levar o óleo ao fogo, junte uma colher de sopa de álcool para que os pastéis fiquem bem sequinhos.

Pizza de cream-cracker

Refogam-se:

2 colheres de óleo

1 cebola grande ralada

1 dente de alho amassado

5 tomates cortados em rodelas finas com as peles e sementes

Sal

1 pimentão

Ao retirar do fogo, quando estiver bem cozido, põe-se mais uma colher de sopa de óleo. Arruma-se em um pirex untado com óleo uma camada de bolachas cream-cracker, põem-se por cima um pouco de molho e fatias de queijo muçarela. Por fim, colocam-se novamente o molho e o queijo ralado, e polvilha-se com um pouco de orégano. Leva-se ligeiramente ao forno bem quente durante mais ou menos uns 10 minutos. Serve-se quente.

Pizza de pão

Fatias de pão de forma cortadas horizontalmente e sem as cascas

1 xícara de chá de caldo de carne tirado da sopa

4 ovos

Leite de vaca

1 lata de creme de leite gelado e sem soro

250 gramas de queijo muçarela em fatias

Molho de tomate

Queijo parmesão ralado

Umedeça ligeiramente as fatias de pão no leite. As fatias de pão são colocadas em camadas num pirex grande e fundo. Sobre a primeira camada de fatias já umedecidas, ponha um pouco de molho de tomate, caldo de carne, creme de leite e fatias de queijo muçarela. Arrume tudo nessa sequência até terminar. Ao concluir, bata os ovos e cubra todo o pão já arrumado com os ingredientes, finalizando com o queijo parmesão ralado. Leve ao forno já bem quente para tostar, sirva quente.

Pizza de pão, fiambre e bananas

Meio pão de forma em fatias

250 gramas de fiambre

250 gramas de queijo muçarela em fatias

12 bananas-pratas ou bananas-d'água

Queijo parmesão ralado

Molho de tomate

Leite

Passa-se manteiga em um pirex grande e quadrado e arruma-se uma camada de fatias de pão de forma (sem as cascas) umedecidas com leite. Por cima dessa camada colocam-se fatias de fiambre, banana-prata, queijo muçarela, molho de tomate e queijo parmesão ralado. Vão se arrumando as camadas alternadamente até terminar. Sobre a última camada põem-se fatias de muçarela, molho de tomate e queijo parmesão ralado. Leva-se ao forno. Serve-se quente.

Pizza italiana

Desmanche em uma tigela meio tablete de fermento Fleischmann, duas colheres de sopa de açúcar, uma xícara de leite e um pouco de farinha de trigo. Misture tudo e abafe até fermentar (crescer). Junte aos poucos farinha de trigo (mais ou menos um quilo), óleo, leite e sal. Deve ficar uma massa macia e um tanto mole. Amasse até ficar bem ligada. Ponha novamente para crescer em lugar quente e abafado. Estando bem crescida, coloque em assadeira ou forma de pizza, devendo a massa ficar bem fina. Deixe novamente abafada por alguns minutos, depois ponha para assar. Ao sair do forno, ponha por cima queijo ralado e sirva imediatamente.

Pizza napolitana

2 xícaras de farinha de trigo

1 xícara mal cheia de leite

2 colheres de sopa de azeite de oliva

2 colheres de sopa de pó Royal

1 colher de chá de sal

300 gramas de queijo muçarela cortado em fatias finas

Peneire juntos a farinha de trigo, o pó Royal e o sal. Junte aos ingredientes secos o azeite. Adicione o leite amassando bem. Cubra a massa com rolo enfarinhado, em mesa também enfarinhada. Caso goste da massa fina, vá abrindo a massa num tabuleiro untado com azeite. Depois de estender a massa no tabuleiro, ponha fatias de queijo muçarela de modo a cobrir toda a massa. Por cima ponha rodelas de tomate, cubra tudo com o molho e leve ao forno para assar por mais ou menos 25 minutos. Quando retirar do forno coloque por cima queijo parmesão ralado. Sirva imediatamente.

Molho

6 tomates com peles e sementes

1 pimentão

1 cebola

Cozinhe o tomate, o pimentão e a cebola, depois ponha mais ou menos um copo de água e cozinhe bem. Em seguida passe no liquidificador e na peneira. Volte ao fogo para engrossar, colocando uma colher de sopa de margarina, uma colher de sopa de extrato de tomate ou de ketchup e um pouquinho de orégano.

Pizza rápida

1 copo de farinha de trigo

1 copo de leite

2 ovos

4 colheres de sopa de óleo

2 colheres de sopa de pó Royal

Põe-se tudo no liquidificador e bate-se bem. Coloca-se em um tabuleiro bem untado com margarina e deixa-se descansar por meia hora. Depois põem-se fatias de queijo muçarela por cima, e leva-se ao forno por alguns minutos. Em seguida acrescentam-se o molho de tomates e o orégano, e leva-se novamente ao forno para assar.

Pudim de macarrão

1 quilo de macarrão fita

3 ovos inteiros

3 colheres de sopa de farinha de trigo

3 colheres de queijo ralado

1 colher de manteiga

150 gramas de presunto em fatias

Meio quilo de tomates

1 xícara de leite

Molho de tomate peneirado

Cozinha-se o macarrão e escorre-se. Misturam-se os ingredientes, menos o presunto. Põe-se em forma untada e polvilhada com farinha de trigo. Forra-se a forma com as fatias de presunto. Passa-se o resto do presunto na máquina e junta-se ao molho. Leva-se ao forno quente. Depois desenforma-se, e põem-se por cima do pudim o resto do molho e bastante queijo ralado. Ornamenta-se a gosto.

Ravióli

Massa

Meio quilo de farinha de trigo

2 ovos inteiros

4 xícaras de café de água

1 colher de café de sal

Junte tudo e amasse bem, sovando um pouco. Deixe descansar por 10 minutos. Depois abra a massa com um rolo até ficar fina. Corte quadradinhos regulares e recheie, apertando-os bem. Leve para cozinhar em uma panela funda com água fervente e sal. Quando o pastelzinho subir, retire com uma escumadeira e coloque em um pirex fundo, formando camadas de raviólis, molho de tomate e queijo parmesão ralado.

Recheio

200 gramas de carne de boi (ou carne de galinha, ou de porco) em vinha-d'alho

Refogue bem a carne com alho amassado, sal, tomate, cebola, pimentão, óleo, coentro, cebolinho e extrato de tomate. Quando a carne estiver bem refogada e cozida, passe na máquina e recheie com ela os raviólis.

Molho

1 cebola grande ralada

1 dente de alho amassado

3 tomates sem peles e sem sementes

Orégano

1 colher de sopa de extrato de tomate

1 colher de sopa de margarina

Leve tudo ao fogo até cozinhar bem, depois junte o molho que refogou à carne.

Ravióli ao Catupiry

600 gramas de raviólis já cozidos

Meio litro de leite

2 xícaras pequenas de queijo cremoso (Catupiry)

1 vidro grande de requeijão

Queijo parmesão ralado

Derreta o queijo de caixa Catupiry e o requeijão lentamente em fogo brando. Acrescente o queijo parmesão e junte o leite aos poucos, até obter um molho cremoso. Sirva o molho sobre os raviólis.

Suflê de aspargos

3 colheres de sopa de margarina

3 colheres de sopa de farinha de trigo

Sal a gosto

1 xícara de leite

3 ovos separados

3 colheres de sopa de queijo parmesão ralado

1 vidro ou lata de aspargos escorridos e bem picados

Derreta a margarina, junte a farinha de trigo e o sal e mexa bem. Aos poucos junte o leite e cozinhe, mexendo até que engrosse. Acrescente as gemas batidas aos poucos e bata tudo. Retire do fogo e adicione o queijo e o aspargo picado. Deixe esfriar um pouco, coloque numa forma de suflê bem untada e asse por uns 45 minutos. Rende de quatro a seis porções.

Suflê de bacalhau

Meio de quilo de bacalhau

1 gema

Uma colher de chá de maisena

1 copo e meio de leite

2 colheres de sopa de azeite

Passa-se o bacalhau na máquina de moer, depois refoga-se com uma cebola picada, uma colher de chá de extrato de tomate e um pouco de vinagre. Faz-se um molho com tomates, pimentão, cebolas, coentro e cebolinho, uma colher de sopa de azeite e uma colher de margarina. Bate-se a gema com a maisena, depois põe-se o leite, e leva-se ao fogo mexendo sempre, até formar um creme. Em seguida misturam-se o molho e o creme com o bacalhau e por último a clara batida em neve. Põe-se em um pirex e leva-se ao forno para assar.

Suflê de batatas

500 gramas de batatas cozidas

200 gramas de margarina

5 ovos (as claras em neve)

Meia xícara de creme de leite

Tempere a gosto. Reduza as batatas a um purê. Junte o creme de leite aos poucos, mexendo sempre, e em seguida junte a margarina derretida e as gemas. Ligue tudo muito bem e por último junte as claras batidas em neve. Unte um pirex, ponha a massa e leve ao forno para assar.

Suflê de castanhas ou nozes

1 litro de leite

4 colheres de sopa de maisena

5 gemas

1 xícara de açúcar

Meia xícara de nozes ou de castanhas-de-caju torradas e liquidificadas

2 colheres de sopa de manteiga

Sal

Misture o leite com a maisena, as gemas, o açúcar, a manteiga, o sal e as castanhas e leve ao fogo, mexendo até engrossar. Retire do fogo, ponha uma colherinha de baunilha e deixe esfriar. Depois bata as claras em neve bem firmes e misture tudo delicadamente. Despeje numa forma untada com manteiga. Polvilhe com açúcar peneirado e leve ao forno quente durante meia hora. Sirva com o molho.

Molho

1 xícara de chá de água

2 xícaras de açúcar

1 colher de sopa de chocolate em pó até o ponto de calda grossa

Ferva todos os ingredientes. Retire do fogo, ponha uma colherinha de baunilha e sirva quente com o suflê.

N.B.: para um suflê ser feito com rapidez e perfeição, observe as seguintes regras:

aqueça o forno antes de começar a fazer o suflê;

deixe amornar ou esfriar a massa antes de adicionar as claras em neve;

misture as claras batidas em neve com a massa delicadamente, sem bater;

asse o suflê sem abrir o forno durante o cozimento;

depois de pronto, sirva imediatamente para não murchar.

Suflê de chuchu

2 copos de leite

6 colheres de sopa de farinha de trigo

2 colheres de sopa de queijo parmesão ralado

Sal a gosto

1 cebola média ralada

2 claras batidas em neve

2 chuchus cozidos

2 cenouras cozidas

200 gramas de batatas cozidas

1 lata de ervilha

Faz-se um mingau grosso com o leite, a margarina e a farinha de trigo. Ao sair do fogo juntam-se o queijo ralado, as claras em neve e as verduras, já cozidas e passadas no liquidificador. Mistura-se tudo, põe-se em um pirex untado com margarina e leva-se ao forno para assar.

N.B.: também pode ser feito somente com chuchu, aumentando a quantidade desse ingrediente.

Suflê de couve-flor

Cozinha-se uma couve-flor grande em água com sal e caldo de limão. Retira-se do fogo e amassa-se toda a couve com um garfo. À parte mistura-se meio litro de leite com duas colheres de sopa de maisena dissolvidas previamente no leite e duas colheres de queijo parmesão ralado e leva-se ao fogo mexendo até engrossar. Junta-se ao creme o purê obtido com a couve-flor, acrescentam-se três ovos, as claras batidas em neve, e mistura-se cuidadosamente. Tempera-se a gosto. Despeja-se em um pirex untado de margarina e polvilhado de queijo e leva-se ao forno para assar.

Suflê de espinafre

3 ovos

2 xícaras de chá de espinafre cozido e batido

1 dente de alho amassado com sal

2 copos de leite

3 colheres de sopa de farinha de trigo

1 cebola grande ralada

100 gramas de queijo parmesão ralado

1 colher de sopa de margarina

Leve uma panela ao fogo com a margarina e a cebola ralada. Deixe dourar e acrescente o espinafre e o leite. Quando estiver fervendo, adicione a farinha de trigo dissolvida em um pouco de leite, mexendo sempre para não pegar no fundo da panela. Retire do fogo, junte as gemas e o queijo ralado. Deixe esfriar um pouco, junte as claras batidas em neve, vire em pirex ou em forma de pudim, untada com margarina e polvilhada com farinha de trigo, e leve ao forno para assar. Depois de frio, tire da forma virando em um prato redondo de vidro. Enfeite a gosto.

Suflê de galinha

Frite uma cebola e dois dentes de alho picadinhos com duas colheres de sopa de margarina e uma colher de óleo. Junte um frango pequeno cortado pelas juntas, previamente temperado com sal, suco de limão e um pouco de condimento. Frite até a carne dourar. Adicione dois tomates e bastante coentro. Cubra o frango com água quente e cozinhe em fogo brando, até a carne ficar bem macia. Coe o molho e reserve. Desosse o frango e corte a carne em pedacinhos. Misture ao caldo leite suficiente para inteirar um litro de líquido. Acrescente quatro colheres de sopa de maisena e cinco gemas. Leve ao fogo moderado, mexendo até engrossar. Adicione o frango picado, sal e pimenta a gosto. Deixe amornar. Misture delicadamente com cinco claras batidas em neve bem firmes. Despeje em um pirex untado, polvilhe queijo parmesão ralado e leve ao forno moderado durante 20 minutos mais ou menos. Sirva imediatamente.

Suflê de galinha com milho

Ponha um peito ou pedaços de galinha em vinha-d'alho, juntando temperos verdes, óleo, sal, margarina e extrato de tomate. Refogue e guise bem juntando água aos poucos, para cozinhar a carne da galinha e conseguir um copo de caldo. À parte refogue uma cebola ralada em duas colheres de sopa de margarina. Junte quatro colheres de sopa de farinha de trigo, um copo de leite, caldo de galinha e quatro gemas dissolvidas. Acrescente a carne da galinha desfiada, uma lata de milho-verde e três colheres de sopa de queijo parmesão ralado. Junte as claras batidas em neve. Mexa suavemente e leve para assar em um pirex untado com margarina.

Suflê de milho

1 lata de milho-verde

Meia lata de caldo de milho

2 ovos

1 copo de leite

3 colheres de sopa de farinha de trigo

1 pires de queijo de minas ralado

Levam-se ao fogo mexendo sempre o leite, o caldo da lata do milho, a farinha de trigo e as gemas, até formar uma papa. Depois juntam-se o milho, o queijo ralado, as claras batidas em neve e uma pitada de sal, e leva-se ao forno para assar em um pirex.

Suflê de peixe

1 copo e meio de leite
2 colheres de sopa de farinha de trigo
1 colher de margarina
3 gemas
1 pires de xícara de chá de queijo muçarela em pedaços
1 pires de queijo parmesão ralado
3 claras batidas em neve

Misture o leite com a farinha de trigo e leve ao fogo, mexendo sempre, até obter um mingau grosso. Tire do fogo, junte a manteiga, os queijos e uma colher de chá de pó Royal. Misture e deixe esfriar um pouco. Depois junte as gemas, as claras batidas em neve e o recheio de peixe. Misture tudo muito bem e leve ao forno para assar em um pirex fundo.

Recheio

Fritam-se duas postas de peixe, partem-se em pedaços regulares e reservam-se. Faz-se um molho com dois tomates, uma cebola, um pimentão e coentro, tudo bem cortadinho. Juntam-se uma colher de sopa de extrato de tomate, três colheres de óleo, sal e um pouquinho de condimento. Quando o molho estiver bem refogado, põe-se o peixe no molho, e deixa-se cozinhar mais um pouco. Estando pronto, junta-se esse refogado à massa do suflê.

N.B.: o recheio pode também ser de camarão ou de milho-verde.

Suflê de verduras

3 chuchus
2 cenouras
2 gemas
3 colheres de sopa de farinha de trigo
1 colher de sopa de manteiga

1 copo de leite

3 colheres de sopa de queijo parmesão ralado

As verduras, depois de cozidas na água com sal, são passadas em uma peneira. Por último põem-se as claras batidas em neve. Mistura-se tudo e leva-se ao forno em pirex fundo, bem untado com margarina.

Torta de cebola

Recheio

700 gramas de cebolas picadas e refogadas com 150 gramas de toucinho de fumeiro

1 lata de creme de leite

2 ovos mal batidos

Massa folhada

1 xícara e meia de maisena

1 xícara de chá de trigo

1 colher de chá de pó Royal

200 gramas de margarina diluída em 1 xícara de café de água morna

Sal

Junte todos os ingredientes e amasse bem. Forre com essa massa um pirex redondo raso, coloque o recheio de cebola e leve ao forno. Por cima ponha tiras da massa e pinceladas com ovos.

Torta de cebola (deliciosa)

Massa

Peneire:

1 xícara de chá e meia de maisena

1 xícara e meia de trigo

1 pitada de sal

Junte e amasse com a ponta dos dedos dois terços de xícara de margarina e duas gemas. Faça uma bola e deixe descansar por 10 minutos. Forre, então, uma forma refratária e coloque o recheio.

Recheio

Doure um quilo de cebolas cortadas em rodelas finas em três colheres de sopa de margarina. Tempere com sal e deixe esfriar. À parte, bata quatro ovos inteiros com uma xícara e meia de salsa bem picadinha e despeje tudo sobre a massa. Polvilhe com queijo parmesão ralado e asse em forno moderado durante 25 minutos mais ou menos.

N.B.: pode-se juntar uma lata de creme de leite ao recheio.

Tutu de feijão

500 gramas de feijão posto de molho na véspera

150 gramas de toucinho fresco

100 gramas de toucinho de fumeiro

Meio quilo de linguiça

1 lombinho

Meio quilo de costeletas de porco

Couve

Farinha de mandioca

Leva-se o feijão ao fogo com pouca água, depois de ter sido bem lavado e de terem sido retiradas as impurezas. Em seguida faz-se um bom refogado com o toucinho de fumeiro em pedaços, a linguiça, o lombinho e as costeletas, fritando tudo, porém, tendo antes fervido os ingredientes. Derrete-se o toucinho fresco em pedacinhos, fazendo torresmo, e reserva-se. Estando o feijão bem cozido, junta-se o refogado que foi feito com o lombinho, o toucinho de fumeiro, a linguiça e as costeletas e deixa-se cozinhar mais um pouco. Depois de estar pronto o feijão, engrossa-se com farinha de mandioca mexendo bem no fogo, até ficar como um pirão. Dá-se uma fervura na couve, depois corta-se em tirinhas. Põe-se a couve ao redor, e o torresmo (que foi reservado) por cima do pirão. Serve-se acompanhado com fatias de laranja.

CAPÍTULO 5

PEIXES E FRUTOS DO MAR

Rápido de cozinhar e fácil de digerir, o peixe é um alimento saudável e muito utilizado tanto no dia a dia como em ocasiões especiais. Grelhados, fritos ou assados, oferecem os benefícios das proteínas sem o excesso de gordura. Receitas requintadas e saborosas de bacalhau e de frutos do mar, como lagostas e camarões, serão vistas neste capítulo.

Acarajé da Bahia

Meio quilo de feijão-fradinho

1 cebola grande ralada

Sal a gosto

Azeite de dendê

Deixe o feijão de molho em água de um dia para o outro, até que a semente fique inchada. Descasque grão por grão, retirando o olho preto. Depois passe na máquina de moer juntamente com a cebola. Tempere com sal a gosto. Bata bem com uma colher de sopa, jogue montinhos da massa em azeite de dendê bem quente em panela pequena. Deixe fritar bem e sirva com molho.

Molho

4 pimentas-malaguetas

Meia xícara de camarão seco moído

1 cebola picada

Meia colher de chá de sal

2 colheres de sopa de azeite de dendê

Misture as pimentas, o camarão seco, a cebola e o sal. Passe pela máquina de moer. Junte o azeite de dendê e leve ao fogo por alguns minutos. Corte os acarajés ao meio e coloque o molho neste corte.

Bacalhau à Irene

1 litro de leite de vaca ou de coco

5 colheres de sopa de farinha de trigo

6 gemas

Meio quilo de bacalhau

Cozinha-se o bacalhau, depois desfia-se a carne, tempera-se com uma cebola, três tomates, um pimentão, alho amassado e azeite de oliva. Refoga-se bem, juntam-se a farinha de trigo no leite e as gemas, e leva-se ao fogo mexendo até formar um creme consistente. Deita-se em uma forma refratária, cobre-se com farinha de pão e queijo parmesão ralado e leva-se ao forno para dourar.

Bacalhau à portuguesa

1 quilo de bacalhau

500 gramas de batatas cozidas

2 olhos de couve (verde)

3 cebolas cortadas em rodelas

6 tomates cortados em rodelas

2 pimentões em rodelas

3 dentes de alho amassado

Meia xícara de chá de azeite de oliva

4 ovos cozidos

Azeitonas

Coentro e cebolinhos

Põe-se o bacalhau de molho de véspera. Depois limpa-se retirando todas as espinhas e peles e parte-se em pedaços grandes. Faz-se um refogado com azeite de oliva, cebolas em rodelas, alho amassado, tomates em rodelas, pimentão, coentro e cebolinhos picados e uma colher de sopa de extrato de tomates. Deixa-se tudo refogar bem sem água. Depois acrescentam-se o bacalhau, as batatas cozidas cortadas em rodelas e a couve bem partidinha. Abafa-se a panela, e deixa-se cozinhar a couve somente no vapor. Para servir, põe-se em um pirex, acrescentando por cima azeite de oliva, as rodelas de ovos cozidos e as azeitonas. Serve-se bem quente.

Bacalhau assado no forno à Maria

Põe-se o bacalhau de molho por várias horas. Em seguida corta-se em pedaços grandes, dos quais são retirados todas as peles e espinhas. Enxuga-se o bacalhau com um pano e coloca-se em uma assadeira. A seguir acrescentam-se batatas descascadas e cozidas, cebolas e tomates – tudo cortado em rodelas –, uma folha de louro, duas colheres de sopa de salsa picada, três dentes de alho amassados, sal e condimento. Rega-se tudo com bastante azeite de oliva. Juntam-se uma colher de banha e um cálice de água. Leva-se ao forno até assar bem e serve-se imediatamente.

Bacalhau de coco

1 quilo de bacalhau

2 cocos raspados

1 colher de sopa de óleo

1 cebola grande picada

1 pimentão picado

2 dentes de alho amassados

2 tomates em rodelas

Bastante coentro e cebolinho

1 colherinha de condimento

Ponha o bacalhau de molho em água fria de véspera. No dia seguinte, dê uma fervura no bacalhau, depois limpe-o retirando as espinhas e peles e deixe-o em pedaços grandes. Raspe os cocos e tire o leite puro e o leite com água (pouca). Ponha todos os temperos para refogar bem no leite puro de coco. Deixe no fogo, mexendo sempre, até engrossar o molho. Cozinhe três chuchus partidos ao meio, depois junte ao bacalhau e ferva um pouco.

Bacalhau hamburguês

Depois de aferventar o bacalhau, limpe-o bem, retirando todas as peles e espinhas, abra-o em lascas finas e arrume em camadas em um pirex grande. A primeira camada é de bacalhau, a segunda de rodelas de cebolas cruas, tomates, pimentão e ovos cozidos, e a terceira de molho branco; proceda assim até terminar. Depois regue tudo com meia xícara de chá de azeite de oliva quente contendo três dentes de alho amassados (leve o azeite ao fogo para ferver juntamente com o alho amassado e depois derrame-o por cima do bacalhau arrumado no pirex). Faz-se um purê com um quilo de batatas, leite, sal, queijo parmesão ralado e uma colher de sopa de manteiga. Ponha esse purê por cima de tudo e leve ao forno para tostar. Sirva quente.

Bolo de bacalhau

300 gramas de bacalhau aferventado e refogado com cebolas, tomates, pimentão, alho e azeite
2 colheres de sopa de farinha de trigo
2 colheres de sopa de margarina
100 gramas de queijo parmesão ralado
100 gramas de azeitonas sem caroços
5 gemas
5 claras batidas em neve
Misturam-se o bacalhau, a farinha e a margarina, e adicionam--se o queijo, as azeitonas, as gemas e as claras. Junta-se tudo e leva-se ao forno em forma de pudim bem untada com margarina e polvilhada com farinha de trigo. Depois de assado desenforma-se, e põem-se por cima manteiga derretida e queijo parmesão ralado.

Bolo de bacalhau com molho de camarão

Meio quilo de bacalhau desfiado, posto em molho de véspera
2 colheres de sopa de manteiga
5 colheres de sopa rasas de farinha de trigo
2 copos de leite
4 ovos
100 gramas de passas

Molho

meio quilo de camarão
1 copo de leite
1 colher de sopa de maisena
2 colheres de sopa de ketchup
Refogue o bacalhau com azeite de oliva e manteiga. Deixe cozinhar lentamente em panela tampada. À parte faça um molho branco com o leite, a manteiga e a farinha de trigo. Retire o bacalhau do fogo e junte as gemas uma a uma, misturando bem, as claras batidas

em neve e o molho branco. Tempere a gosto e coloque numa forma untada. Leve ao forno quente. Refogue os camarões com manteiga e bastante cebola picada. Desmanche a maisena no leite e junte aos camarões. Cozinhe mexendo até engrossar, junte o ketchup e deixe cozinhar mais alguns minutos. Desenforme o bolo e despeje nele o molho de camarão. Decore a gosto e sirva bem quente.

Bolo de batata com bacalhau

Meio quilo de bacalhau

Meia xícara de chá de azeite de oliva

2 cebolas picadas

4 dentes de alho amassados

5 tomates cortados

1 pimentão cortado

1 colher de sopa de extrato de tomate

Coentro e cebolinho

Leite puro de 1 coco

Deixe o bacalhau de molho por 24 horas em bastante água. Afervente-o e desfie a carne. Leve o azeite de oliva ao fogo e nele doure a cebola e o alho. Depois junte os tomates batidos no liquidificador, o pimentão, o coentro, o cebolinho e o extrato de tomate, deixe refogar bem e acrescente o leite de coco. Leve novamente ao fogo, mexendo durante cinco minutos, junte o bacalhau e reserve.

Massa

1 quilo de batatas

2 colheres de sopa de margarina

Meia xícara de chá de leite

4 ovos

5 colheres de sopa de farinha de trigo

1 colher de chá de pó Royal

2 colheres de sopa de queijo parmesão ralado

Sal e pimenta a gosto

Cozinhe as batatas sem sal e sem cascas e passe quentes no espremedor. Junte em seguida a margarina, os ovos, a farinha de trigo, o leite, o queijo ralado e sal e pimenta ao paladar. Bata bem com uma colher de pau e leve ao forno em uma forma de pudim bem untada com margarina e polvilhada com farinha de trigo. Asse em forno quente, depois deixe amornar. Retire da forma, cubra com o creme de bacalhau, salpique com ovos cozidos picados e queijo ralado e leve ao forno por alguns minutos.

Bolo de peixe I

1 xícara de arroz cozido

1 xícara de leite

1 xícara de queijo ralado

2 ovos batidos

Sal

2 postas de peixe frito

Parte-se o peixe em pedaços. Prepara-se um molho com azeite, tomate, cebola, pimentão em rodelas, coentro, cebolinho, sal e extrato de tomate e deixa-se refogar bem. Junta-se o peixe e deixa-se cozinhar bem. Retira-se do fogo, acrescentam-se o arroz já cozido, o leite, os ovos e o queijo, e mistura-se tudo. Leva-se ao forno em um pirex untado, pondo-se por cima queijo ralado.

Bolo de peixe II

Meio quilo de peixe frito

3 ovos

1 colher de sopa de manteiga

1 colher de sopa de farinha de trigo

3 batatas grandes cozidas

2 colheres de sopa de creme de leite

Sal

Meia xícara de salsa picada

Molho

1 colher de sopa de manteiga

1 colher de sopa de farinha de trigo

2 colheres de sopa de ketchup

Meio litro de leite

Sal

Passe as batatas cozidas e ainda quentes no espremedor. Junte a manteiga, o peixe em pedaços, os ovos inteiros (claras e gemas), sal, creme de leite e a farinha de trigo e misture bem. Unte uma forma com margarina, ponha a massa e leve ao forno para assar em banho-maria até ficar dourado. À parte prepare o molho dourando a farinha de trigo na manteiga e adicionando o leite aos poucos, mexendo sempre. Junte o sal e deixe tomar consistência. Acrescente o ketchup, ferva e reserve. Desenforme o bolo, derrame em volta o molho e enfeite com azeitonas e camarões grandes cozidos. Sirva bem quente.

Canapé imperial

2 quilos de lagostas

Leite de 1 coco (retirado com água)

100 gramas de azeitonas

100 gramas de queijo parmesão ralado

1 pão de forma em fatias

3 tomates

1 pimentão

1 cebola

1 colher de sopa de extrato de tomate

Coentro

Sal

Manteiga e azeite

Cozinham-se as lagostas depois de tratadas, e parte-se a carne em rodelinhas. Faz-se um molho com três tomates, uma cebola ralada, um pimentão, uma colher de sopa de extrato de tomate, azeite de oliva e sal. Depois de bem refogado o molho, põem-se o leite de coco e os pedaços de lagosta. Refoga-se bem, devendo ficar com o molho grosso e abundante. Arrumam-se, em um pirex grande, fatias de pão de forma(sem cascas)com manteiga. Sobre as fatias põe-se parte do molho com lagostas. Cobrem-se com fatias de pão com manteiga novamente, queijo ralado e molho. Deve-se terminar com fatias de pão, manteiga, molho e bastante queijo ralado. Leva-se ao forno até tostar o pão. Enfeita-se a gosto.

Cascata de lagosta

12 lagostas pequenas

2 quilos de camarão

Meio quilo de cenouras

2 cebolas grandes

6 gemas para a maionese

12 tomates grandes

12 ovos cozidos

Corte em pedaços as cenouras e as cebolas e coloque em uma panela grande para ferver com bastante água e sal. Assim que levantar fervura, coloque duas colheres de sopa de azeite, meia xícara de vinho branco, caldo de meio limão grande e as lagostas limpas e deixe ferver por espaços de 45 minutos. Retire a panela do fogo e deixe esfriar na própria água. Escorra então as carnes das lagostas, conservando as cascas e as cabeças. Prepare os camarões, deixe um pouco em caldo de limão e cozinhe em seguida. Faça a maionese com seis gemas. Corte ao meio os ovos cozidos, fazendo o mesmo com os tomates. Corte em pedacinhos a carne das lagostas, misture com a maionese e recheie os ovos e os tomates.

Arrumação

Coloque no centro de uma bandeja um pão de forma recheado com maionese com camarão. Cubra todo o pão com uma ligeira camada de maionese e arrume intermediando camadas de camarão e cascas das lagostas para formar a decoração. Ornamente em volta com folhas de alface. Arremate com as cabeças das lagostas, formando uma coroa em volta. Sobre a alface coloque os ovos partidos e os tomates recheados com a maionese. Arremate com galhos de salsa na parte de cima.

N.B.: ao descascar as lagostas, tenha cuidado para deixar as cascas inteiras. Retire a carne de lagosta dando um corte na parte de baixo da lagosta.

Casquinhos de lagosta

Cozinham-se as lagostas sem as cabeças, de 15 a 20 minutos. Depois de frias retira-se toda a carne pela parte inferior, e deixam-se os cascos inteiros. Parte-se a carne da lagosta em pedaços pequenos, e os cascos são bem lavados, raspados com uma faca e postos ao sol. Faz-se um molho com tomates, cebola, pimentão, coentro e cebolinho (tudo picadinho), uma colher de sopa de extrato de tomate, óleo e sal. Leva-se ao fogo para cozinhar bem, depois juntam-se leite puro de coco e uma colher de sopa de maisena desfeita em um pouco de água, e mexe-se bem. Acrescentam-se em seguida os pedacinhos de lagosta. Deixa-se no fogo até formar um creme. Retira-se, põem-se uma colher de sopa de ketchup, uma colher de chá de mostarda e pimentão, se gostar. Coloca-se esse creme nos casquinhos, um a um. Cobre-se com ovo batido e polvilha-se com queijo parmesão ralado. Leva-se ao forno por alguns minutos. Serve-se quente sobre folhas de alface.

Ensopado de caranguejo

Limpa-se bem a carne dos caranguejos e reserva-se. Separadamente faz-se um refogado com cebola, tomates, pimentão, coentro, cebolinho verde, tempero seco, extrato de tomate, sal, margarina, óleo e um pouquinho de molho de pimenta. Leva-se tudo ao fogo; estando bem cozido, passa-se no liquidificador, e junta-se em seguida a carne dos caranguejos que foi reservada. Leva-se novamente ao fogo para cozinhar até ficar espesso.

Entradas de lagosta

4 lagostas grandes

Maionese

6 ovos
3 colheres de sopa de mostarda
1 colher de sobremesa de sal
2 colheres de café de pimenta-do-reino
Óleo
2 envelopes de gelatina em pó sem sabor
1 litro de caldo de carne
Alface, tomates e salsa
Ovos cozidos
Meio quilo de camarão pequeno

Lave bem as lagostas. Mergulhe por cerca de cinco minutos em água fervendo com sal. Retire a tripa e escorra. Quando estiverem frias, corte a parte baixa da carcaça dos dois lados com uma tesoura, procurando retirar a carne inteira. Reserve as carcaças. Tire a tripa grossa e escura que a carne tem em todo o comprimento, lava bem e corte em fatias, que não devem ficar muito grossas. Essas fatias são chamadas de medalhões.

Prepare a maionese: coloque no liquidificador os ovos, o vinagre, a mostarda, o sal e a pimenta; ligue e desligue sete vezes seguidas para misturar bem; deixe, então, na velocidade máxima, despejando o óleo em forma de fio, até obter uma maionese bem firme. Mergulhe os medalhões um a um na maionese, colocando-os depois sobre uma grelha. Decore a seguir com folhas de alface e salsa picada.

Deixe a gelatina de molho em um pouco de água fria até amolecer. Dissolva no caldo de carne fervendo. Passe por um guardando úmido. Leve à geladeira até começar a endurecer (deve ficar com consistência de clara de ovo). Retire e passe uma camada fina sobre cada medalhão. Leve à geladeira até a gelatina endurecer completamente.

Reserve alguns camarões inteiros. Pique os restantes e misture a metade da maionese. Decore o prato com tomate recheados com essa mistura e por cima coloque os camarões inteiros. Disponha no centro da travessa os medalhões, intercalando com meio ovo e pondo em volta alface bem picadinha.

Filé de peixe

Fazem-se os filés abrindo o peixe inteiro e retirando a carne como para bifes. Bate-se um pouco com um batedor e põe-se em sal, leite, alho ou caldo de limão. Deixa-se nesses temperos por alguns minutos na geladeira. Depois enxugam-se os filés, um a um, e passa-se em farinha de pão e no ovo batido. Frita-se um a um em óleo quente, em fogo moderado. Serve-se com rodelas de limão e purê de batatas.

Filé de peixe com molho de camarão

1 quilo de filé de peixe

1 quilo de camarão moído

Sal, suco de limão e pimenta

1 cebola ralada

2 colheres de sopa de manteiga

6 tomates passados pelo liquidificador

Farinha de trigo para empanar os filés

Queijo parmesão ralado

Tempere os filés e os camarões com sal, suco de limão e pimenta e deixe tomar gosto por alguns minutos. Enquanto isso, refogue a cebola na manteiga, junte os tomates e deixe levantar fervura. Junte os camarões e deixe ferver por 10 minutos para cozinhá-los e engrossar o molho.

Creme

2 xícaras de chá de leite

2 colherinhas de sal

1 colher de sopa de maisena

1 colher de sopa de manteiga

1 lata de creme de leite

Misture os quatro primeiros ingredientes mexendo sempre no fogo, até engrossar. Retire e junte o creme de leite.

Passe os filés em farinha de trigo e frite-os com óleo quente. Coloque um ao lado do outro num pirex untado. Despeje por cima dos filés o molho de camarão e cubra tudo com o creme. Polvilhe com queijo ralado e leve ao forno quente para dourar por 10 minutos.

Fritada de bacalhau

Escalda-se e limpa-se o bacalhau, tirando todas as espinhas e peles. A seguir mistura-se com três dentes de alho amassados, uma cebola grande picada, leite de coco e azeite de oliva e leva-se ao fogo para refogar bem. Depois juntam-se ao refogado batatas cozidas e pimentão em rodelas. Estando tudo bem refogado, passa-se na máquina de moer. Batem-se uns quatro ovos, e põe-se um pouco em um pirex, dispondo por cima o bacalhau. Cobre-se com o resto dos ovos batidos, finalizando com os ovos e as rodelas de tomates e de pimentão, e leva-se ao forno por alguns minutos. Põem-se também passas.

Fritada de falso siri

Corta-se um repolho cru em tirinhas bem finas e põe-se para cozinhar na água com sal. Depois de bem cozido, escorre-se toda a água, e reserva-se. Faz-se um refogado com tomates, cebola, alho amassado, pimentão, coentro, extrato de tomate, sal, condimento, margarina e azeite de oliva. Estando o refogado bem cozido, juntam-se o repolho que foi reservado e um coco ralado bem fino. Cozinha-se mais um pouco. Depois coloca-se em um pirex retangular untado com margarina, e cobre-se tudo com ovos bem batidos. Enfeita-se com azeitonas e rodelas de tomate e leva-se ao forno para dourar.

Lagosta à francesa

4 lagostas grandes

1 lata de cogumelos

2 colheres de sopa de queijo Catupiry

1 copo de molho branco

Meia xícara de sopa de queijo Claybom amassado

Sal

Farinha de pão torrado

Queijo parmesão ralado

Meio copo de vinho branco seco

Cozinhe as lagostas na água com sal, cebolinha e salsa. Deixe esfriar, tire a carne cuidadosamente dos cascos e reserve os cascos. Corte a carne em pedaços. Refogue os pedaços da carne com os cogumelos e uma colher de sopa bem cheia de queijo Catupiry. Junte o molho branco, o queijo Claybom (ou de copo) e o vinho branco. Misture tudo e prove o sal. Recheie os cascos das lagostas com essa mistura. Alise bem e passe por cima uma colher de Claybom derretido. Polvilhe com queijo parmesão ralado e farinha de pão torrado. Leve ao forno quente para dourar. Sirva quente.

Lagosta à Rita

1 lagosta grande

1 colher de sopa de maisena

1 xícara de chá de leite

2 ovos cozidos

Sal e pimenta

2 colheres de sopa de manteiga

Compre lagosta viva. Tire o líquido e cozinhe em água fervendo com sal de 20 a 30 minutos. Limpe-a muito be

m e pique a carne. Derreta a manteiga, junte o leite com a maisena diluída e deixe ferver até que engrosse um pouco. Pique as claras dos ovos o mais miúdo possível e passe as gemas na peneira. Junte salsa bem picada com a lagosta. Tempere-os com sal e pimenta e ponha numa forma untada com manteiga. Leve ao forno de 15 a 20 minutos. Adicione meio copo de vinho xerez, deixe um instante mais no forno e sirva bem quente.

Lagosta com molho picante

Escolha lagostas vivas, das quais se retiram as tripas, cortando-as no fim da cauda e pendurando-as para escorrer o líquido. Cozinhe-as em água e sal e um pouco de caldo de limão. Parta em pedaços regulares e misture com o molho. Depois arrume em um pirex e leve ligeiramente ao forno.

Molho picante

1 colher de sopa de manteiga

3 colheres de sopa de maisena

2 xícaras de chá e meia de leite

3 gemas

150 gramas de queijo parmesão ralado

Sal a gosto

Leve ao fogo lento até formar um creme. Ao sair do fogo, acrescente uma colher de sopa de conhaque, uma colher de sopa de molho inglês, uma lata de creme de leite ao natural e quatro colheres de sopa de ketchup. Pode-se juntar um pouco de pimenta ou usar molho de pimenta a gosto. Sirva quente.

Lagosta e camarão com azeite de dendê

1 quilo de lagostas médias

1 quilo de camarão

Sal a gosto e suco de limão

Meia xícara de chá de manteiga

1 cebola picada

Um quarto de xícara de conhaque

2 colheres de sopa de farinha de trigo

1 xícara de água do cozimento das cabeças e das cascas dos camarões

1 xícara de leite de coco

1 colher de sopa de azeite de dendê

1 colher de sopa de extrato de tomate

1 colher de sopa de coco ralado

Páprica picante a gosto

1 limão

1 xícara de abacaxi picado

2 xícaras de creme de leite

Limpe bem as lagostas e os camarões. Corte as lagostas em rodelas. Tempere as rodelas e os camarões com sal e suco de limão. Cozinhe as cabeças das lagostas e as cascas dos camarões em água. Coe a água do cozimento. Leve uma panela ao fogo com a manteiga e a cebola picada. Junte em seguida as rodelas das lagostas e os camarões. Refogue durante 10 minutos. Depois coloque as lagostas e os camarões escorridos em uma panela pequena. Flambe com o conhaque. Coloque novamente na panela e acrescente a farinha de trigo. Mexa bem. Adicione a água quente do cozimento das cabeças e cascas, o leite de coco, o dendê, o extrato de tomate, o ketchup, o abacaxi e o creme de leite. Deixe ferver em fogo brando por 10 minutos. Coloque o refogado em uma travessa e salpique com coco ralado e páprica a gosto. Sirva quente com arroz branco.

Lagosta frita com leite de coco

Fervem-se as lagostas em água e sal durante uns 10 minutos. Depois de frias, retiram-se as cascas e a tripa escura, e frita-se na manteiga a carne da lagosta inteira. Põem-se na manteiga uma cebola bem cortadinha, um tomate também picadinho e coentro. Depois deita-se leite puro de coco, mexendo sempre, até ficar um molho grosso. Serve-se quente com arroz branco.

Lagosta grelhada

Abrem-se as lagostas no meio, retiram-se as vísceras e as cabeças, lava-se bem a carne e deixa-se mergulhada em azeite de oliva por algum tempo. Na hora de servir põem-se as lagostas sobre uma grelha em fogo bem forte. Logo que estejam bem douradas de um lado e do outro, dá-se um banho em bastante manteiga derretida. Serve-se imediatamente sobre as folhas de alface e salada de verduras.

Lagosta para coquetel

Escolha lagostas vivas. Retire a tripa e deixe escorrer bem o líquido com as lagostas penduradas. Para retirar a tripa, dê um corte profundo no fim da cauda ou no meio dos olhos e puxe a tripa. Depois de cozidas as lagostas, retire a carne, parta em pedaços pequenos e coloque um palito em cada pedaço. Sirva com o molho.

Molho

Meio vidro de ketchup
1 colher de sopa de limão
1 lata de creme de leite
Gotas de molho inglês
Sal

Misture tudo e ponha uma colher pequena de mostarda. Esse molho pode ser guardado na geladeira por vários dias, servindo-se quando chegar a hora. Também pode ser servido com camarão.

Molho para peixe

1 colher de sobremesa de mostarda
1 ovo inteiro
1 colher de sobremesa de açúcar
1 tomate grande sem peles e sem sementes
1 pitada de sal

Azeite e vinagre

Colocam-se no liquidificador, por primeiro, o azeite e, em seguida, os demais ingredientes; com a metade de uma casca de ovo mede-se a quantidade de vinagre que se vai juntando aos poucos. Bate-se bem como para maionese. Serve-se gelado em molheira.

Moqueca de peixe

Tomam-se postas de peixe de carne dura (como camurim ou cavala), lavam-se em água com suco de limão e depois colocam-se em suco de limão e sal, e reserva-se. A preparação do peixe deve ser feita em panela comum ou em panela de barro apropriada. Arrumam-se as postas do peixe, põem-se por cima bastante azeite de oliva e rodelas de cebola, de pimentão e de tomates, e leva-se ao fogo para cozinhar. Depois junta-se um pouco de extrato de tomate dissolvido com um pouco de água, e ferve-se mais um pouco. Em seguida junta-se leite de coco, e continua a fervura. Na hora de servir, esquenta-se bem e serve-se na própria panela, se for panela de barro.

Panquecas de bacalhau

Massa

Meio litro de leite

3 ovos

1 xícara de chá de farinha de trigo

100 gramas de creme de leite

1 pitada de sal

Meio copo de cerveja

Bata tudo muito bem durante uns 10 minutos com uma colher de pau, para a qual a massa fique boa. Aqueça uma minifrigideira e unte com um pouco de óleo, previamente quente. Retire do fogo e coloque um pouco da massa, que cubra ligeiramente o fundo da frigideira em fina camada, deixando dois minutos no fogo de um lado e do outro. Estando prontas, coloque-as em uma urupema. Depois recheie.

Recheio

Coloque 200 gramas de bacalhau de molho durante seis horas. Depois retire-o, dê uma fervura e desfie. Faça um refogado com coentro, cebolinho, cebola, pimentão, duas colheres de sopa de azeite de oliva, um cálice de vinho branco, dois ovos cozidos (batidinhos), um tomate sem sementes, uma colher de sopa de extrato de tomate e sal a gosto. Leve à panela esse refogado, junte o bacalhau e ferva durante 10 minutos. Em seguida retire do fogo e recheie as panquecas, uma por uma. Arrume em uma travessa e cubra com o molho.

Molho

1 copo de requeijão

100 gramas de creme de leite

2 colheres de sopa de ketchup

50 gramas de manteiga

Leve ao fogo durante cinco minutos até dissolver. Cubra as panquecas com esse molho e depois com queijo parmesão ralado.

Peixe ao molho

Corta-se um quilo de peixe em postas e lava-se bem. Põe-se em molho de caldo de limão, alho, sal e um pouco de condimento. Passam-se as postas nesses temperos, e deixa-se por algumas horas. Depois enxugam-se as postas com um pano, passa-se em farinha de trigo ou de mandioca peneirada, frita-se em óleo bem quente e coloca-se sobre papel absorvente para eliminar o excesso de gordura. A seguir coloca-se no molho.

Molho

2 xícaras de chá de azeite de oliva

4 cebolas cortadas em rodelas

1 folha de louro

2 dentes de alho amassados

1 colher de sopa de extrato de tomate

1 colher de sopa de ketchup

Meia xícara de vinagre (bom)

Meia xícara de água

1 pimentão em rodelas

Meio quilo de batatas cozidas

6 ovos cozidos

Esquenta-se o azeite, e juntam-se as cebolas. Assim que começarem a dourar, acrescentam-se o vinagre, a água e os demais ingredientes, e deixa-se em fogo brando. Cozinham-se as batatas, partem-se em rodelas e juntam-se ao molho, assim como o peixe. Deixa-se no fogo até ferver. Depois arruma-se em uma travessa grande, juntando rodelas de ovos cozidos, azeitonas e cenouras cortadas em rodelas, e faz-se uma ornamentação com flores de cebola.

Peixe ao molho Mornay

3 colheres de sopa de manteiga

2 colheres de sopa e meia de farinha de trigo

2 copos e meio de leite

Pimenta-do-reino ou condimento

2 colheres de sopa de azeite

4 colheres de sopa de queijo parmesão ralado

4 gemas

1 copo de vinho branco seco

1 cebola ralada

Lave bem o peixe, corte em postas, tempere com sal, caldo de limão e alho amassado e deixe por alguns minutos. Depois enxugue cada posta com o pano e passe em farinha de trigo. Frite a cebola no azeite e junte em seguida o peixe, fritando-o bem. Depois doure a farinha de trigo na manteiga e mexa bem, adicionando o leite aos poucos. Quando começar a tomar consistência, junte as gemas, o queijo ralado e o vinho. Quando ferver, estará no ponto. Coloque o peixe em um pirex e cubra com o molho.

Peixe assado com creme de queijo

Assa-se um peixe de tamanho regular. Ao assar vai-se regando o peixe com azeite de oliva. Estando bem assado de ambos os lados, cobre-se todo o peixe com o molho feito à parte.

Molho

Colocam-se em um assador rodelas de três tomates, de uma cebola e de um pimentão, uma colher de sopa de extrato de tomate, sal, coentro e azeite. Leva-se ao fogo para refogar bem. Estando bem cozido, despeja-se esse molho sobre o peixe. Depois retira-se do forno e prepara-se o creme de queijo.

Creme de queijo

Meio litro de leite
1 colher de sopa bem cheia de maisena
3 colheres de sopa de queijo parmesão ralado
Sal a gosto
Leva-se ao fogo mexendo sempre, até engrossar. Ao sair do fogo põe-se uma colher de sopa de manteiga e mexe-se bem. Depois de o peixe estar assado, coloca-se em uma travessa grande, e cobre-se todo o peixe com o creme de queijo. De um dos lados do peixe, sobre folhas de alface, arruma-se um purê rosa de batatas; do outro, um purê verde. Enfeita-se a gosto. O molho do peixe é servido separadamente, em molheira.

N.B.: o purê de batatas verde é preparado pondo-se suco de espinafre. E o purê rosa é preparado com suco de beterrabas cozidas.

Peixe com molho picante

Esta receita pode ser preparada com filés de peixe fresco ou congelado, ao natural ou à milanesa. Enquanto o peixe frita, prepara-se o molho.

Molho picante

1 lata de creme de leite
3 colheres de sopa de suco de limão
Sal e pimenta a gosto
1 colher de sopa de mostarda
Meia xícara de picles picados
Mistura-se tudo e serve-se com o peixe.

Peixe cozido

1 quilo de peixe fresco
2 tomates grandes
1 cebola grande
1 pimentão inteiro
Coentro e cebolinha
3 colheres de sopa de azeite de oliva
5 batatas cozidas
4 ovos cozidos
Sal, alho amassado e um pouco de condimento

Limpe bem o peixe e corte em postas não muito finas. Lave-o bem com água e caldo de limão. Ponha numa panela grande com todos os ingredientes, adicione água suficiente e leve ao fogo para cozinhar sem deixar o peixe amolecer demais. Depois junte as batatas cozidas, os ovos e duas ou três cebolas inteiras também cozidas. Do caldo faça um pirão com farinha de mandioca e sirva juntamente com o peixe.

Peixe de forno

O peixe deve ser de tamanho regular, devendo ficar inteiro. Antes de molhá-lo, tiram-se as escamas, as barbatanas e as vísceras com o auxílio de uma faca bem amolada. Lava-se bem a carne a fim de sair todo o sangue. Estando bem limpa, põe-se em caldo de limão com alho amassado com sal por algumas horas. Depois enxuga-se bem o peixe com um pano, e passa-se sobre ele farinha de trigo, esfregando bem com as mãos. Leva-se em seguida ao forno já quente para assar em um assador grande, contendo somente óleo. Ao assar vai-se regando o peixe com o óleo do assador e pondo por cima um pouco de azeite de oliva. Deve-se também levantar a carne com cuidado, despregando-a do assador com o auxílio de uma escumadeira, para evitar que grude. Estando o peixe assado de ambos os lados, cobre-se todo ele com o molho e deixa-se mais um pouco no forno.

Molho

Colocam-se em uma panela rodelas de uma cebola grande, rodelas de uns três tomates, de um pimentão, sal, bastante azeite de oliva, extrato de tomate, um dente de alho amassado e um pouquinho de condimento. Leva-se ao fogo para refogar bem todos os temperos. Estando o molho bem cozido, despeja-se sobre o peixe, e deixa-se mais um pouco no forno. Serve-se com ovos cozidos e purê de batatas.

Peixe escabeche

Corta-se o peixe em postas, lava-se bem, põe-se em caldo de limão, cebola ralada e alho amassado com sal e deixa-se por alguns minutos nesse molho. Depois enxáguam-se as postas, passam-se em farinha de trigo e fritam-se em óleo quente. Tira-se do óleo e coloca-se sobre papel absorvente para eliminar o excesso de gordura. A seguir coloca-se no molho de escabeche.

Molho

1 xícara de azeite de oliva

4 cebolas cortadas em rodelas

1 folha de louro

2 dentes de alho

1 colher de sopa de extrato de tomate dissolvido em colheres de sopa de água

Meia xícara de vinagre

Esquenta-se o azeite, juntam-se o vinagre com a água, o alho amassado, a cebola e os demais temperos e colocam-se no fogo até cozinhar. Tira-se do fogo, e colocam-se as postas de peixe nesse molho. Acrescentam-se rodelas de batatas cozidas e de ovos cozidos, e serve-se imediatamente.

Peixe frito

Corte o peixe em postas e lave bem com água, retirando todo o sangue e as escamas, e ponha em seguida em caldo com limão, sal e alho amassado. Deixe nesses temperos por algumas horas, pondo na geladeira. Pode-se guardar no congelador por vários dias. Caso seja para o mesmo dia, não ponha no congelador. Ao fritar o peixe, enxugue as postas uma a uma com um pano, passe em farinha de trigo misturada com farinha de mandioca peneirada e leve ao fogo para fritar. Coloque um assador em fogo brando com óleo e, estando o óleo bem quente, coloque a posta de peixe e vá fritando até ficar bem dourada de ambos os lados. Sirva com rodelas de limão e saladas de verduras.

Peixe recheado com camarão

1 bom peixe de tamanho adequado

1 quilo de camarão

1 vidro de palmitos

200 gramas de manteiga

100 gramas de farinha de pão

1 copo de vinho branco

1 xícara de chá de leite

1 cebola grande

Sal e pimenta

Limpe bem o peixe e, ao invés de abri-lo pela barriga, abra-o pelas costas, retirando as vísceras e espinhas, e ponha num molho de caldo de limão, alho amassado com sal, cebola ralada e pimenta durante mais ou menos três horas. À parte prepare o recheio. Limpe bem os camarões, pique o palmito, junte-os e tempere ambos com temperos comuns, como sal, tomates, cebola, pimentão, coentro, cebolinho, tudo picado, uma colher de sopa de extrato de tomate e azeite. Leve ao fogo para refogar bem. À parte, amoleça um pão no leite, em seguida esprema-o, esmigalhando bem com um garfo, e ponha numa caçarola. Acrescente os camarões já refogados e leve ao fogo para cozinhar mais um pouco. Retire do fogo e deixe esfriar. Encha o peixe com esse recheio. Costure a abertura com um fio grosso. Unte o peixe com margarina e um pouco de azeite de oliva, polvilhando com farinha de pão. Ponha em uma assadeira e leve ao forno já quente para assar. Depois de assado, despeje o vinho do assador, tempere com sal, mexa esfregando com uma colher de pau e leve ao forno. Quando começar a ferver, mexa bem com a colher. Depois coe e sirva por cima do peixe ou em uma molheira. O peixe deve ser colocado no centro de uma travessa grande e guarnecido a gosto.

Pudim de bacalhau

Meio quilo de bacalhau

Meio quilo de batatas cozidas

Meia colher de sopa de manteiga

1 xícara e meia de leite

3 ovos

1 caixa de passas

Cozinha-se o bacalhau. Tiram-se todas as peles e espinhas. Depois passa-se na máquina de moer. Refogam-se no azeite todos os temperos, cebola, pimentão, coentro e pimenta. Juntam-se as batatas já cozidas e passadas no espremedor, em seguida acrescentam-se o leite e a manteiga, e volta-se ao fogo mexendo bem. Deixa-se esfriar um pouco, e juntam-se as gemas, uma a uma, mexendo continuamente, e por último as claras em neve, as passas e o queijo parmesão ralado. Unta-se uma forma de pudim, polvilha-se com farinha de pão, põe-se o bacalhau e leva-se ao forno para assar. Serve-se desenformado, cobrindo-o com camarão.

Pudim de bacalhau com creme de camarão

Meio quilo de bacalhau
Meio quilo de batatas
4 ovos
2 colheres de sopa de óleo
4 dentes de alho amassados
1 cebola picada
4 tomates picados
1 pimentão picado
Coentro picado
Leite puro de 1 coco
Extrato de tomate
Tempero seco

Põe-se o bacalhau de molho, de véspera, em água fria. No dia seguinte, remova-se a água, põe-se nova água e leva-se ao fogo para ferver. Depois escorre-se toda a água, tiram-se as espinhas e peles do bacalhau, e desfia-se a carne. Douram-se a cebola e o alho no óleo, depois juntam-se o bacalhau, o condimento, os tomates, o pimentão, o cebolinho, o coentro, tudo picado, e o extrato de tomate, deixa-se refogar bem, em seguida junta-se o leite puro de coco e mexe-se. Cozinha-se bem, até que o bacalhau esteja bem cozido e sem molho. Retira-se do fogo, juntam-se as batatas, já cozidas em água com sal e partidas, e passa-se tudo na máquina de moer. A seguir acrescentam-se mais coentro picado, as gemas e as claras batidas em neve. Mistura-se tudo bem, põe-se em uma forma de pudim bem untada com margarina e polvilhada com farinha de trigo e leva-se ao forno para assar. Depois de assado, desenforma-se, põe-se em um prato e cobre-se com o creme de camarão.

Creme

2 quilos de camarão
4 tomates

1 cebola

1 pimentão

4 dentes de alho amassados

Coentro

Cebolinho

Tempero seco

1 copo de leite

1 copo de leite puro de coco

Óleo, sal e extrato de tomate

Cozinham-se os camarões com sal e caldo de limão. Depois descasca-se e reserva-se. Levam-se ao fogo as verduras com óleo, extrato de tomate, sal e condimento. Depois passa-se no liquidificador juntando o leite de coco. Leva-se novamente ao fogo, acrescentando os camarões, e deixa-se cozinhar um pouco. Adiciona-se em seguida o leite de vaca com duas colheres de sopa de maisena e mexe-se bem, até formar um creme.

Pudim de peixe I

4 copos de leite

6 colheres de sopa de farinha de trigo

6 ovos

3 colheres de sopa de queijo parmesão ralado

1 colher de sopa de manteiga

4 postas ou sobras de peixe

Frita-se o peixe, depois parte-se a carne em pedaços. Faz-se um refogado com dois tomates, uma cebola, um pimentão, coentro e cebolinho, tudo picado. Acrescentam-se duas colheres de sopa de óleo, uma colher de sopa de extrato de tomate, sal e condimento. Junta-se o peixe, e deixa-se refogar bem. Faz-se uma papa com o leite, a farinha de trigo e a manteiga. Ao sair do fogo juntam-se as gemas, o queijo, o refogado de peixe e, por último, as claras batidas em neve. Mistura-se tudo e leva-se ao forno em forma bem untada e polvilhada com farinha de rosca.

Pudim de peixe II

Meio quilo de peixe frito

2 colheres de sopa de manteiga

2 xícaras de chá de leite

1 xícara de chá de miolo de pão embebido em leite

100 gramas de farinha de trigo

6 ovos

Sal

Condimento

Molho de tomate

Derreta a manteiga, junte a farinha de trigo e vá mexendo no fogo até dissolver. Acrescente o leite, o sal e o condimento, mexendo sempre para não encaroçar. Junte a esse molho o peixe já frito e partido em pedaços pequenos. Passe o miolo de pão em uma peneira e acrescente também ao molho. Bata as claras em neve e misture as gemas. Junte tudo e mais três colheres de queijo parmesão ralado e leve ao forno em forma de pudim bem untada e polvilhada com farinha de rosca. Asse em banho-maria. Depois de assado, desenforme e cubra com molho de tomate e queijo parmesão ralado.

Pudim de peixe com molho de camarão

Tempere meio quilo de filé de peixe com sal, caldo de limão e alho. Depois de alguns minutos nesse tempero, enxugue a carne e frite. Refogue em quatro colheres de sopa de azeite de oliva uma cebola picada e três tomates batidos no liquidificador. Depois junte o peixe em pedaços e deixe cozinhar em panela tampada. À parte, cozinhe quatro batatas grandes e passe-as pelo espremedor, juntando em seguida uma lata de creme de leite (agite-a antes de abrir) – reserve duas colheres de sopa do creme de leite para o molho –, quatro gemas, duas colheres de sopa de queijo ralado, uma xícara de farinha de rosca, o peixe já refogado e, por último, as claras batidas em neve. Misture tudo bem, despeje em uma forma untada e polvilhada com farinha de trigo e leve ao forno para assar.

Molho

Refogue meio quilo de camarão cozido com uma colher de sopa de margarina, uma cebola picada, seis tomates batidos no liquidificador e coentro. Deixe ferver até tomar consistência. Por último junte uma lata de creme de leite e uma colher de sopa de ketchup e retire do fogo. Desenforme o pudim e sirva com molho em volta.

Sardinhas ao forno

1 lata grande de sardinhas ao óleo

Temperos a gosto

3 colheres de sopa de ketchup

Queijo ralado

Coloque as sardinhas com o óleo, os temperos e o ketchup numa forma refratária. Cubra com queijo ralado. Leve ao forno até que ferva e o queijo derreta.

Taça de lagosta

2 lagostas cozidas

6 colheres de sopa de maisena

1 colher de sopa de conhaque

3 colheres de sopa de ketchup

1 colher de sopa de molho inglês

6 colheres de sopa de creme de leite

1 vidro pequeno de maionese

Alface bem tenra picadinha

Limão em rodelas

Coloque numa vasilha maionese, creme de leite, ketchup, conhaque e molho inglês. Misture bem e junte a lagosta em peda-cinhos. Com essa mistura encha até um pouco acima da metade de cada taça alta. Termine de enchê-la com alface bem picada. Decore com pedaços de lagosta e meia rodela de limão.

Tigelinhas de peixe

1 quilo e meio de garoupa em postas
Cebola, coentro, cebolinho, pimentão e sal
2 xícaras de água
2 colheres de sopa de manteiga
2 copos de leite
Meio quilo de farinha de trigo

Refogue o peixe com todos os temperos em um pouco de azeite, durante cinco minutos, sem mexer para não desmanchar o peixe. Deixe esfriar. Misture a água, a manteiga, o leite e o sal. Leve ao fogo e deixe levantar fervura. Junte a farinha de trigo de uma só vez e mexa bem, até obter um angu grosso. Retire do fogo e deixe esfriar. Abra a massa com um rolo para que fique bem fina. Embrulhe os pedaços de peixe com a massa e coloque numa forma refratária grande.

Molho

3 colheres de sopa de coentro bem picado
1 cebola média ralada
2 copos de vinho branco
2 colheres de sopa de manteiga
1 vidro pequeno de ketchup

Derreta a manteiga e junte os temperos. Deixe refogar bem e acrescente o vinho e o ketchup. Despeje sobre o peixe já arrumado e leve ao forno moderado durante 20 minutos.

Torta de peixe

Peneire duas xícaras de chá de farinha de trigo, faça uma cova no centro e coloque quatro colheres de sopa de creme de leite (agite antes de usar) e uma colher de chá de pó Royal. Misture tudo até que a massa solte das mãos. Deixe descansar uma hora. Abra a massa, forre com ela uma forma de torta, fure o fundo com um garfo e asse em forno quente.

Recheio

Tempere meio quilo de postas de peixe com caldo de limão, alho e sal e deixe tomar gosto. Refogue, em uma colher de sopa de margarina, uma cebola e um pimentão picados. Junte cinco tomates liquidificados e, quando ferver, acrescente o peixe picado e já cozido e deixe a panela tampada. Adicione oito azeitonas picadas, uma lata de palmito picado, coentro a gosto, duas colheres de farinha de trigo e meia lata de creme de leite (ao natural). Recheie a massa e volte ao forno por mais uns 20 minutos. Ornamente com azeitonas e flores de tomates.

Torta de sardinha

Cortam-se cinco pães em fatias finas e colocam-se de molho no leite de vaca ou de coco com água (mais ou menos um litro de leite). Deixa-se amolecer bem. Depois passa-se no liquidificador, juntando dois ovos (claras e gemas). Faz-se à parte um molho com quatro tomates, duas cebolas, coentro e cebolinho, tudo picado, uma colher de sopa de azeite de oliva, uma colher de sopa de extrato de tomate e dois dentes de alho amassados. Leva-se ao fogo e deixa-se refogar bem. Depois adiciona-se uma xícara de água, e mantém-se no fogo até ferver bem. Põe-se sal a gosto. Nesse molho juntam-se o pão que foi liquidificado e uma lata de ervilhas, e leva-se novamente ao fogo, mexendo até formar um mingau grosso. Quando estiver bem cozido, retira-se do fogo e deixa-se esfriar um pouco. Esmaga-se com um garfo o conteúdo de uma lata grande de sardinhas, tiradas as espinhas e peles, e junta-se à massa de pão fora do fogo. Unta-se uma forma redonda com azeite e polvilha-se com farinha de pão, põe-se a massa e leva-se ao forno para assar. Quando estiver cheirando e começando a tostar, retira-se do forno. Depois de desenformada, cobre-se a torta com maionese. Enfeita-se com sardinhas inteiras, ovos cozidos, azeitonas e folhas de alface. Serve-se com arroz.

Vatapá do zorro

1 quilo de camarão
1 lata grande de sardinhas
6 pães tipo francês

Leite de um coco tirado com água

Pimenta (se gostar)

Passam-se no liquidificador as verduras (dois tomates, uma cebola, um pimentão, coentro e cebolinho), e refoga-se o camarão com óleo e extrato de tomate. Corta-se o pão e umedece-se no leite de coco, passado no liquidificador e levado ao fogo. Logo que esteja fervendo, juntam-se o camarão já refogado, o azeite de dendê e por último as sardinhas em pedaços, já limpas e sem peles e espinhas, e deixa-se ferver um pouco mais. Serve-se com arroz branco.

5.1 CAMARÕES

Bobó de camarão

Meia xícara de óleo

2 cebolas raladas

6 tomates descascados e picados

2 pimentões picados

2 colheres de sopa de salsa picada

1 quilo de macaxeira

3 xícaras de leite de coco

1 xícara de leite de vaca

1 quilo de camarão cozido, descascado e limpo

1 xícara de azeite de dendê

Coloque a metade do óleo numa panela e frite a metade da cebola, dos tomates, do pimentão e da salsa. Junte a macaxeira já cozida e cortada em pedaços pequenos. Cozinhe em panela tampada, mexendo frequentemente para evitar que queime. Junte o leite de vaca e uma xícara de leite de coco e cozinhe bem lentamente. Isso leva bastante tempo. Caso engrosse muito, junte um pouco de água. Quando a macaxeira estiver bem cozida, passe no liquidificador. Enquanto isso frite a outra metade dos legumes com o resto do óleo. Adicione o camarão cru e cozinhe lentamente durante cinco minutos. Junte duas xícaras de leite de coco e cozinhe até que o camarão esteja pronto. Una as duas misturas e tempere a gosto. Sirva em casca de coco colocando camarão em cima.

Bolo de camarão

Massa

5 colheres de sopa de margarina
4 gemas
Meia xícara de chá de maisena
1 xícara de chá de farinha de trigo
1 colher de sopa de pó Royal
1 copo de leite
3 claras batidas em neve

Bata a margarina até ficar cremosa. Adicione os ingredientes secos peneirados alternando com leite. Misture e acrescente delicadamente as claras batidas em neve e depois despeje em duas formas iguais, bem untadas com margarina e polvilhadas com farinha de trigo. Asse em forno moderado durante mais ou menos 20 minutos.

Recheio

1 cebola picada
3 dentes de alho amassados
1 colher de sopa de margarina
1 colher de sopa de óleo
4 tomates, salsa, cebolinha e pimentão
Sal
1 colher de sopa de extrato de tomate
Pimenta a gosto
1 lata de palmito em pedaços
1 lata de ervilhas
1 quilo de camarão limpo
2 xícaras de chá de leite de vaca ou de coco
2 colheres de sopa de maisena

Frite a cebola e o alho na margarina e no óleo. Junte em seguida os tomates, a cebolinha, a salsa e o pimentão, tudo picado, e refogue bem. Depois adicione o camarão, o palmito e as ervilhas e refogue bem. Acrescente a maisena diluída no leite e cozinhe mexendo até formar um creme. Sal a gosto.

Arrumação

Guarneça as camadas do bolo com metade do creme de camarão e despeje o resto sobre o bolo. Enfeite com azeitonas e camarões inteiros. Pode-se servir frio ou quente.

Camarão especial

1 quilo e meio de camarões médios

3 colheres de sopa de margarina

Sal, pimenta, cebolinho verde e salsa à vontade

1 caixa de passas

200 gramas de presunto em fatias

1 lata de creme de leite

1 cálice de conhaque

1 lata de ervilhas

1 caixa de queijo Catupiry

Leite de um coco

Refogue os camarões com os temperos e a margarina. Em seguida coloque o conhaque, as ervilhas e as passas. Deixe ferver mais um pouco e junte o creme de leite e o leite puro de coco. Deixe alguns minutos sobre o fogo. Retire do fogo e coloque a metade dessa mistura numa forma refratária. Por cima coloque fatias de presunto e de queijo muçarela. Cubra com o creme restante. Amasse o Catupiry com manteiga e cubra o creme de camarão. Leve ao forno quente por 10 minutos. Sirva com arroz.

N.B.: pode-se usar milho-verde em vez de ervilhas.

Camarões empanados

1 quilo de camarões grandes

Lavam-se bem os camarões e deixam-se em suco de limão, sal e azeite de oliva durante meia hora.

Massa

1 xícara de chá de farinha de trigo

1 colher de chá de sal

Meia xícara de chá de leite

Meia colher de chá de pimenta

Quando a massa está pronta, põem-se três colheres de chá de fermento. Passam-se os camarões nesta massa um a um, e vai-se fritando em azeite. Ao tirar as cascas dos camarões, deixa-se o rabinho.

Molho

1 xícara de chá de suco de abacaxi passado no liquidificador e peneirado

1 colher de sopa de manteiga

1 colher de café de açúcar

Pimenta-branca

Leva-se ao fogo, e depois de ferver colocam-se uma colher de sopa de maisena dissolvida em meia xícara de chá de água, sal e uma colher de sopa de ketchup. Esse molho é servido separadamente, no centro dos camarões.

Camarões recheados

1 quilo de camarões grandes

2 colheres de sopa de azeite

1 colher de sopa de margarina

1 xícara de chá de leite

1 cebola ralada

2 colheres de sopa de farinha de trigo

3 colheres de sopa de farinha de pão

Sal

Os camarões devem ser bem lavados, escorridos e levados ao fogo com sal. Depois de cozidos, descasca-se, limpa-se bem e refoga-se. Separam-se os camarões pequenos, passando-os na máquina, e a massa obtida junta-se numa panela com azeite, manteiga e cebola e leva-se ao fogo. Logo que começar a ferver, adicionam-se o leite, a farinha de trigo, a farinha de pão e a água. Tempera-se com sal a gosto, mistura-se bem e deixa-se engrossar até o ponto de massa consistente. Retira-se do fogo e, assim que esfriar, envolvem-se nessa massa os camarões grandes um a um. Depois são passados em farinha de pão, em ovo batido e novamente em farinha de pão e fritos em óleo quente.

N.B.: ao descascar os camarões grandes, deixam-se o rabo e as cabeças.

Camarões sintéticos

Meio quilo de tomates sem as peles e sem as sementes

2 cebolas grandes

1 pimentão

2 ovos inteiros

1 xícara de chá de leite de coco

1 colher de sopa de azeite

1 colher de sopa de extrato de tomate

2 colheres de sopa de ketchup

Refogam-se na manteiga os tomates, as cebolas picadas e o pimentão picado. À parte dissolvem-se os ovos no leite, juntando-os ao refogado, e passa-se tudo no liquidificador. Acrescentam-se então a maisena, o ketchup, o extrato de tomate, o azeite, o sal e um pouquinho de condimento. Leva-se ao fogo até ferver. Serve-se com sanduíches ou em recheio de empadas.

Catupiry com camarão

Tira-se o centro do queijo Catupiry. À parte faz-se um refogado com um quilo de camarão com todos os temperos. Põe-se o queijo Catupiry em um pirex fundo, e no centro, onde foi ocado, coloca-se o refogado de camarão, e leva-se ao forno para tostar. Estando pronto, serve-se no próprio pirex.

Coquetel de camarão

1 vidro de ketchup
1 colher de sopa de molho inglês
Gotas de limão
1 lata de creme de leite
Sal

Mistura-se tudo, e acrescentam-se camarões cozidos e picados. Serve-se bem gelado, em taças, pondo-se alguns camarões inteiros para ornamentar.

N.B.: põe-se também uma colher de café de mostarda na mistura.

Couve-flor com molho de camarão

1 couve-flor grande
1 quilo de camarão
1 cebola
2 dentes de alho amassados
Caldo de 1 limão
6 tomates sem peles e sem sementes
1 colher de sopa de farinha de trigo
Sal e pimenta
1 copo de leite
Coentro
1 colher de sopa de ketchup

Limpe bem os camarões, tempere-os com sal, caldo de limão e alho e leve ao fogo. Depois de cozidos, retire as cascas e deixe os camarões inteiros. Doure a cebola em uma colher de manteiga, junte em seguida bastante coentro picado e os tomates liquidificados e cozinhe um pouco. Junte também os camarões e o ketchup e cozinhe por cinco minutos. Doure a farinha de trigo com uma colher de sopa de margarina, depois junte o leite aos poucos, mexendo bem. Misture esse creme com os camarões e mexa bem para não encaroçar, até engrossar um pouco. Reserve. Lave bem a couve-flor e leve cozinhar em pedaços em bastante água fervendo, com sal e caldo de limão. Depois de cozinhar, escorra toda a água. Arrume em um pirex a couve e o molho de camarão e enfeite a gosto.

Creme de camarão

2 quilos de camarão

4 tomates

1 cebola

1 pimentão

4 dentes de alho amassados

Coentro

Cebolinho

Tempero seco

1 copo de leite

1 copo de leite puro de coco

Óleo

Sal

Extrato de tomate

Cozinham-se os camarões com sal e caldo de limão. Depois descasca-se e reserva-se. Levam-se ao fogo as verduras com óleo, extrato de tomate, sal e condimento. Depois passa-se no liquidificador juntando o leite de coco. Leva-se novamente ao fogo, acrescentando os camarões, e deixa-se cozinhar um pouco. Adiciona-se em seguida o leite de vaca com duas colheres de sopa de maisena e mexe-se bem, até formar um creme.

Creme de camarão com Catupiry

2 quilos de camarão
1 queijo Catupiry
1 colher de sopa de queijo parmesão ralado
2 copos de leite
1 gema
1 colher de sopa de farinha de trigo

Refogam-se os camarões com cebola picada, tomates sem peles e sem semente, óleo e sal. Faz-se um creme com o leite, a gema e a farinha de trigo, depois mistura-se com os camarões. Corta-se o queijo Catupiry em pedaços, acrescenta-se aos camarões e deixa-se ferver até que o queijo se desmanche. Serve-se em seguida, bem quente, em terrina.

Creme de camarão com milho-verde

1 quilo de camarão
1 lata de milho-verde
Meio pacote de creme de arroz Colombo
Leite puro de um coco
Leite de vaca

Faz-se um refogado com azeite, limão, pimenta, bastante condimento, sal, coentro e tomates. Em seguida juntam-se os camarões. Quando estiverem cozidos, junta-se uma lata de milho-verde com a água da lata. Com o leite de vaca e o creme de arroz, faz-se um creme bem grosso e, depois de bem cozido, junta-se aos camarões com uma colher de sopa de ketchup e mexe-se bem. Por último põe-se o leite puro de coco. Depois de acrescentar o leite de coco não se deve ferver. Serve-se com arroz branco.

Croquetes de camarão

1 quilo de camarão

Sal

Suco de limão

1 cebola ralada

2 tomates sem peles

2 ovos

4 colheres de sopa de farinha de trigo

1 lata de creme de leite gelado e sem soro

Salsa picada

Farinha de rosca

Tempere os camarões e deixe descansar durante uma hora. Refogue a cebola em uma colher de sopa de manteiga. Junte os camarões e frite bem. Junte os tomates e deixe cozinhar em fogo lento, em panela tampada, durante 10 minutos. Passe no liquidificador. Junte os ovos, a farinha de trigo e o creme de leite. Misture bem. Leve ao fogo uma panela com uma colher de manteiga. Acrescente a massa de camarão, mexendo até que a mistura se solte dos lados da panela. Retire do fogo, junte bastante salsa picada e faça os croquetes. Passe em farinha de rosca, em ovos batidos e em farinha de rosca novamente. Frite em bastante óleo quente.

Espetinhos de camarão

24 camarões grandes descascados e limpos

3 colheres de sopa de farinha de rosca misturada com farinha de trigo

Meia colher de sopa de óleo

1 ovo

Sal

Pimenta a gosto

100 gramas de manteiga

Tempere os camarões com sal, pimenta e suco de limão. Deixe descansar por uns 10 minutos. Enfie em cada espetinho quatro camarões. Bata o ovo com óleo. Passe os espetinhos com os camarões por primeiro na farinha, depois no ovo batido e, por fim, na farinha de rosca. Deixe fritar de dois a três minutos de cada lado na manteiga ou margarina derretida em fogo brando. Sirva com molho tártaro.

Estrogonofe de camarão

2 quilos de camarão

1 lata de creme de leite

Meio vidro de ketchup

1 cálice de conhaque

2 vidros de palmito

1 lata de cogumelos

Refoga-se o camarão no azeite, deixando secar o caldo e fritando ligeiramente. Adiciona-se o conhaque mexendo, e misturam-se todos os temperos cortados bem fininhos. Os tomates sem peles e sem sementes são refogados um pouco. Juntam-se os palmitos e um pouco de caldo, e deixa-se engrossar. Depois, quase na hora de servir, misturam-se uma colher de sopa de mostarda, o creme de leite misturado com ketchup e os cogumelos, e leva-se ao fogo brando, mexendo até ferver.

Fritada de camarão

Prepara-se um bom refogado com cebolas, tomates, alho, coentro, cebolinho, pimentão, tudo bem picado, óleo e sal. Estando bem refogado, junta-se mais ou menos um quilo de camarão devidamente descascado, após ter sido cozido ou torrado ao fogo com sal e caldo de limão. Tira-se o leite de um coco e junta-se ao refogado. Por primeiro põe-se o leite ralo de coco (com água), e cozinha-se por alguns minutos. Depois acrescentam-se uma colher de sopa de extrato de tomate e o leite de coco grosso ao refogado de camarão. Cozinham-se algumas batatas inglesas, parte-se em pedaços pequenos e junta-se ao refogado. Estando os camarões prontos, batem-se bem de quatro a cinco ovos (as claras em neve). Arruma-se o refogado em um pirex redondo untado da seguinte maneira: uma camada de batatas, uma camada de refogado de camarão e uma camada de ovos batidos, até terminar, devendo a última camada ser de ovos batidos. Enfeita-se com rodelas de tomates e leva-se ao forno para assar.

Luxo de camarão

1 quilo de camarão (fresco ou congelado)

1 colher de sopa de manteiga

3 colheres de sopa de azeite de dendê

2 colheres de azeite de oliva

3 tomates sem peles e sem sementes

Salsa e pimentão à vontade

1 folha de louro

1 colher de sopa de extrato de tomate

Leite de um coco

Queijo ralado a gosto

4 xícaras de arroz

2 claras em neve

Refogue os camarões com os temperos mencionados. Verifique o sal e leve ao fogo numa panela com uma colher de sopa de manteiga e uma colher de sopa de farinha de trigo. Logo que ferver, tire do fogo e junte duas xícaras de leite de coco. Misture bem e leve ao fogo novamente. Junte os camarões já refogados. Cozinhe o arroz como de costume, mas não deixe ficar muito solto. Prepare uma forma refratária da seguinte maneira: uma camada de queijo ralado, uma camada de arroz, uma camada de camarão e outra de queijo ralado. Repita as camadas, terminando com camarão. Cubra com as claras batidas em neve e polvilhe com bastante queijo ralado. Leve ao forno para dourar.

Molho de ketchup para servir com camarão

1 ou 2 xícaras de ketchup

1 colher de chá de molho inglês

30 gramas de manteiga

4 cebolas raladas

2 colheres de sopa de uísque

Aqueça a manteiga, frite a cebola até que fique transparente. Acrescente ao ketchup. Junte o molho inglês e o uísque misturando bem. Sirva a gosto.

Mousse de camarão

500 gramas de camarão

1 lata de creme de leite

4 folhas de gelatina branca

2 xícaras de água

1 colher de sopa de molho inglês

1 colher de sopa de mostarda

Sal e pimenta

1 colher de sopa de vinho do Porto

1 xícara de picles sortidos

Cheiro-verde picado

Meio copo de maionese

2 ovos cozidos, alface e rosas feitas com tomates para enfeitar

Quebre as folhas da gelatina e deixe de molho em meia xícara de água fria por uns cinco minutos. Aqueça a água restante (uma xícara e meia) e junte à gelatina. Deixe dissolver bem. Acrescente o camarão cozido limpo e refogado com todos os temperos bem picados. Misture bem. Tempere com molho inglês, mostarda, sal, pimenta e vinho do Porto e junte a maionese. Leve à geladeira. Quando começar a engrossar, retire da geladeira e adicione o creme de leite gelado, sem o soro. Junte o cheiro-verde e os picles. Misture bem. Coloque numa forma de buraco no meio e leve à geladeira. Para servir, desenforme sobre folhas de alface e enfeite com rodelas de ovos cozidos e rosas de tomates. Pode-se também fazer em forminhas individuais.

Pão de camarão

1 quilo de camarão

1 pão de caixa descascado e cortado horizontalmente

Maionese

3 ovos

1 colher de chá de mostarda

2 colheres de caldo de limão

Adiciona-se óleo até cobrir as lâminas do liquidificador, e acrescenta-se uma colher de chá de sal. Liga-se o liquidificador sete vezes, em seguida liga-se direto, pondo óleo até a mistura engrossar. Depois de pronta a maionese, juntam-se picles em pedaços bem pequenos, e reserva-se.

Recheio

3 tomates

Azeite

Manteiga

Alho

Coentro

Cebolinho

Cebola

1 folha de louro

Sal

Refogam-se bem o alho amassado, a cebola, os tomates e o pimentão bem picados, coentro, condimento, extrato de tomate e óleo. Em seguida, juntam-se os camarões, um copo de leite e uma colher de sopa de maisena, mexendo sempre, até formar um creme. Mistura-se um pouco de maionese aos camarões. Umedecem-se as fatias de pão ligeiramente em leite, e vai-se repondo o pão, alternando uma camada de pão e outra de camarão misturado com maionese até terminar todas as fatias de pão e todo o camarão. Cobre-se todo o pão já arrumado com o resto da maionese. Leva-se à geladeira. Ao servir, enfeita-se a gosto.

N.B.: pode-se substituir o camarão por palmito.

Pastelão de camarão

4 ovos bem batidos (as claras em neve)

8 batatas grandes cozidas

2 copos mais ou menos de leite, para dar consistência de mingau

1 colher de sopa bem cheia de margarina

1 colher rasa de banha

4 colheres de sopa de farinha de trigo

Meia xícara de chá de queijo parmesão ralado

Passam-se as batatas cozidas em um espremedor. Junta-se o leite, devendo ficar um purê mole. Mistura-se bem com os ovos batidos, a margarina, a farinha de trigo, a banha e o queijo. Leva-se ao forno para assar em um assador forrado com papel pardo aman-teigado. Estando assado, tira-se do assador e põe-se sobre outro papel. Recheia-se com recheio de camarão e enrola-se com um rolo. Ao servir, cobre-se com maionese e enfeita-se a gosto.

Pufes de camarão

Massa

6 ovos

2 copos de leite

100 gramas de margarina

1 colherinha de sal

1 colher de sopa de vinagre

200 gramas de farinha de trigo

1 colher de chá de pó Royal (último ingrediente acrescen-tado à massa)

Leva-se ao fogo o leite para ferver com a margarina e o sal. Ao ferver junta-se de uma só vez a farinha de trigo peneirada com o pó Royal. Faz-se um angu no fogo, mexendo sempre. Deixa-se esfriar, e vão-se botando as gemas uma a uma, batendo bem. Por último juntam-se as claras, e bate-se até abrir bolhas. Depois fazem-se os pufes retirando um pouco de massa e jogando em óleo bem quente. Eles crescem bastante. Depois recheiam-se os pufes com creme de camarão.

Rabanadas de camarão

Cortam-se fatias de pão de caixa (sem as cascas) e umede-cem-se com leite ligeiramente. Depois recheia-se cada fatia de pão com creme de camarão, passa-se em ovo batido e farinha de pão e frita-se em óleo quente. Põe-se por cima das fatias depois de fritas molho de tomate ou maionese. O creme de camarão é feito como recheio para empadas, porém, passa-se tudo no liquidificador.

Risoto de camarão ou de galinha

Faz-se um arroz de acordo com o número de pessoas a servir. O arroz é cozido como de costume, em água e sal. Põe-se alho amassado no arroz.

Os camarões são cozidos e descascados. Faz-se um molho bem refogado com cebolas, alho, tomate, pimentão, tempero seco, extrato de tomate, sal e óleo. Estando pronto, juntam-se esse molho e uma lata de ervilhas ao arroz. Em seguida arruma-se em camadas numa forma de pudim, pondo bastante queijo parmesão ralado sobre as camadas até terminar. Perto de ser servido, leva-se ao forno apenas por cinco minutos para esquentar.

Sendo de galinha, o processo é o mesmo, conforme a quantidade de um ou dois peitos de galinha guisada com todos os temperos, desfiada não muito fina. Junta-se a carne com o arroz, deixando a mistura bem solta. O molho leva quatro tomates grandes passados no liquidificador, uma cebola, alho, pimentão, tempero seco e extrato de tomate. Refogam-se bem todos os ingredientes. Coa-se o molho da galinha, e junta-se a galinha, já desfiada. Arruma-se também em uma forma em camadas com ervilhas e queijo ralado.

Rocambole de batatas com camarão

Massa

Meio quilo de batatas cozidas
1 colher de sopa de manteiga
1 xícara de chá de leite
4 gemas
4 colheres de sopa de queijo parmesão ralado
4 colheres de sopa cheias de maisena
1 colher de sopa de pó Royal
4 claras batidas em neve
Sal

Misture todos os ingredientes, menos as claras. Depois de bem misturados, junte as claras batidas em neve. Despeje a massa em uma assadeira grande bem untada e polvilhada com farinha de trigo. Pincele com gema, polvilhe com queijo parmesão ralado e asse em forno quente durante 20 minutos. Desenforme a massa ainda quente num guardanapo umedecido e cubra com uma camada grossa de recheio de camarão. Enrole o rocambole com auxílio do guardanapo. Coloque em uma travessa aquecida, cubra com o molho de tomate, polvilhe com queijo parmesão ralado e sirva quente.

Recheio

1 cebola picada
1 dente de alho picado
2 colheres de sopa de manteiga
1 quilo de camarão limpo, temperado com sal e limão e cozido
2 colheres de sopa de maisena diluída em uma xícara de leite
2 gemas
3 colheres de sopa de queijo parmesão ralado
Meia xícara de salsa e cebolinhas picadas
Sal e pimenta

Coloque o óleo numa panela e frite a cebola e o alho. Junte os camarões temperados e refogados em fogo brando durante três minutos. Adicione os ingredientes restantes e cozinhe, mexendo até engrossar. Reserve.

Molho

1 cebola

2 dentes de alho amassados

Meia xícara de óleo

Meio quilo de tomates maduros picados, sem peles e sem sementes

Meia folha de louro

Sal e pimenta

Coloque óleo numa panela e frite a cebola e o alho. Adicione os tomates e refogue por três minutos, junte os outros ingredientes e cozinhe em fogo brando durante 20 minutos.

Rosca galega

2 colheres de sopa de fermento Fleischmann

1 colher de sopa de açúcar

1 xícara de leite morno

Ponha tudo numa vasilha para fermentar por mais ou menos meia hora.

Massa

Meio quilo de farinha de trigo

1 ovo

1 colher de sopa de margarina

1 colher de chá de sal

Na vasilha em que se acha o fermento, depois de fermentado, bote o ovo, a margarina, a banha, o sal e a farinha de trigo peneirada. Amasse bem, até a massa ficar lisa. Deixe descansar por meia hora e, então, prepare o recheio.

Recheio

Refogue de um a dois quilos de camarões com temperos verdes e azeite. Abra a massa com um rolo (não é preciso deixá-la muito fina). Salpique pimentão cortado em rodelas, rodelas de tomate, de ovos cozidos, picles, azeitonas cortadas e sem caroços, fatias de queijo do reino, fatias de presunto e, por fim, o refogado de camarão. Enrole com cuidado como uma rosca. Bote em uma forma redonda bem untada com manteiga. Pincele com uma gema e acrescente azeitonas picadas. Deixe descansar meia hora e leve em seguida ao forno quente para assar.

Savarim de camarão

250 gramas de trigo

150 gramas de margarina

4 ovos

1 colher de sopa de fermento Fleischmann granulado

1 colher de sopa de açúcar

Meia xícara de chá de água morna

1 colherinha de chá de sal

Desmanche o fermento com o açúcar na água morna. Deixe abafado dentro de armário fechado até desmanchar bem todo o fermento. Acrescente a farinha de trigo. Depois misture os ovos inteiros (claras e gemas) com a margarina e o sal e junte à massa. Ponha em uma forma de pudim untada com margarina e deixe em lugar quente até a massa crescer. Quando a massa está bem crescida e pega quando se toca com o dedo, então está no ponto de levar ao forno para assar. Sirva com creme de camarão.

Torta de panquecas de camarão

Massa

5 ovos inteiros

2 copos de leite

1 colherinha de sal

2 xícaras de chá de farinha de trigo

Misture tudo passando no liquidificador e faça as panquecas finas. Unte com óleo ou margarina uma frigideira pequena, leve ao fogo brando e despeje (mais ou menos) três colheres de sopa da massa na frigideira já quente e vá espalhando a massa, circulando para que se espalhe em toda a frigideira, devendo a panqueca ficar bem fina. Estando todas as panquecas prontas, coloque-as em uma peneira para escorrer todo o óleo. Depois arrume, uma a uma, em um prato redondo grande da seguinte maneira: por cima da primeira panqueca espalhe um pouco do recheio de camarão; sobre o recheio ponha outra panqueca; e cubra com maionese. Proceda assim até terminar todas as panquecas. Cubra todas com maionese e enfeite com camarões inteiros. Ponha na geladeira até a hora de servir. Pode-se guardar na geladeira por vários dias.

Vatapá de camarão

2 quilos de pão francês

3 cocos raspados, tirado o leite puro grosso e o ralo

2 quilos de peixe em postas

2 quilos de camarão

200 gramas de castanhas-de-caju torradas e liquidificadas

150 gramas de amendoim torrado e liquidificado

Meia garrafinha mais ou menos de azeite de dendê

Molho de pimenta-malagueta

Descasque os pães, parta em pedaços e ponha de molho em leite de coco tirado com água. Reserve por primeiro o leite puro grosso, depois ponha água quente no bagaço e retire o leite ralo. Estando o pão bem amolecido, passe no liquidificador. Leve em seguida ao fogo em uma panela grande, juntando um pouco de azeite de dendê e o leite puro de coco, mexendo sempre com uma colher de pau. Logo que ferva bem, adicione os camarões que foram refogados com todos os temperos separadamente. Adicione em seguida o amendoim e as castanhas, tudo liquidificado, e um pouco do molho do peixe cozido (coado). O peixe é cozido separadamente com todos os temperos, azeite e água, devendo ficar com bastante caldo. Depois de cozido o peixe, retire o caldo, que é coado e posto um pouco na massa de pão, e o peixe é limpo retirando-se as espinhas e as peles. Parta o peixe em pedaços regulares e coloque-os na massa. Ponha um pouco mais de azeite de dendê e de molho de pimenta. Não deve ficar muito mole. Sirva com bolinhos de arroz feitos com arroz bem cozido n'água e sal. Faça os bolinhos um a um, pondo um pouco de arroz bem cozido em uma xícara de chá com um pouquinho de azeite de dendê e rodando a xícara com a mão até o arroz formar a bolinha.

N.B.: põe-se mais ou menos uma colher de sopa de arroz cozido na xícara para fazer a bolinha.

CAPÍTULO 6

AVES

Creme de
galinha

Corte uma galinha em
pedaços regulares.
Leve tumpando bem
Depois que pronto se todos
os tempeiros, tomates, cebola
coentro e salsinha picados
alho
amassado com sal, conde-
mento, 1 pedaço de paió picado e ...
leve ao fogo para refogar.
bem, depois põe-se agua
aos poucos até a galinha
ficar macia e com bastan
te molho.
Faz-se separadamente um
creme com 2 copos de
leite, 2 colheres de sopa de
maizena e um pouco do
molho da galinha (1 copo)
Leva-se ao fogo mexendo
sempre até formar um
creme.
Dessosa-se a galinha e

As aves têm baixo teor de gordura, especialmente quando são retiradas as peles, e se constituem em importantes fontes de proteínas. Aqui se encontram receitas tentadoras de frango, galinha e peru, aliadas a diversas maneiras de preparo e acompanhamento.

Creme de galinha

Corte uma galinha em pedaços regulares. Lave, limpando bem. Depois guise pondo todos os temperos: tomates, alho, cebola, coentro, cebolinhos, extrato de tomate, sal, condimento e óleo. Leve ao fogo para refogar bem, depois ponha água aos poucos, até que a galinha esteja bem cozida e com molho. Faça separadamente um creme com dois copos de leite, duas colheres de sopa de maisena e um copo do molho da galinha. Leve ao fogo mexendo sempre, até formar um creme. Desosse a galinha e junte um pouco do molho. Arrume em um pirex fundo uma camada de galinha, uma camada de creme e fatias de queijo muçarela até terminar. Em seguida leve ao forno para tostar o queijo. A última camada deve ser de queijo muçarela.

Delícia de galinha

Tome um quilo e meio de pedaços da galinha, de preferência o peito, tempere com sal, alho amassado e condimento e reserve. Ponha numa assadeira duas colheres de sopa bem cheias de margarina e uma xícara de chá de cebola picada, refogue um pouco, vá botando os pedaços da galinha passados em farinha de trigo e frite dos dois lados. Durante a fritura junte na assadeira uma fatia de bacon e, quando todos os pedaços estiverem fritos, ponha em um pirex grande com tampa juntando um copo de vinho tinto, um copo de caldo de laranja um terço de xícara de chá de vinagre, duas fatias de bacon, 24 ameixas sem caroços, um punhado de passas sem sementes e mais um pouco de cebola picada. Tampe bem o pirex, leve ao forno e ferva por meia hora. Passado esse tempo, retire a tampa para acabar de assar e tomar cor.

Estrogonofe de galinha

1 galinha nova

1 lata de creme de leite

1 lata de cogumelos

2 colheres de sopa de manteiga

2 cebolas raladas

6 tomates sem peles e sem sementes passados no liquidificador

Farinha de trigo

Sal

3 colheres de sopa de ketchup

Vinha-d'alho com alho amassado, sal e tempero seco

Limpe bem a galinha, corte-a em pedaços e deixe na vinha-d'alho durante umas duas horas. Refogue a cebola na manteiga e junte os pedaços da galinha passados na farinha de trigo. Frite-os bem na manteiga. Depois adicione os tomates liquidificados. Junte uma xícara d'água e deixe cozinhar bem – junte mais água, se for necessário. Quando a galinha estiver macia, acrescente o ketchup e um cálice de conhaque. Retire os ossos da galinha e junte a carne ao molho. Logo que ferver, adicione os cogumelos e o creme de leite (gelado e sem soro). Deixe aquecer bem sem ferver. Sirva com arroz branco e batatinhas-palha.

Frango ao molho verde

1 frango de 1,5 quilos

1 xícara de queijo parmesão ralado

1 envelope de sopa de creme de ervilhas

1 lata de ervilhas

1 cebola ralada

1 dente de alho amassado com sal

1 maço de salsinha e cebolinho bem picados

1 pimentão verde picado

1 folha de louro

Pimenta a gosto

Corte o frango em pedaços. Tempere com sal, alho e pimenta ou condimento. Frite em óleo quente até que fique dourado. Junte meio litro de água, a cebola ralada, a salsa, o cebolinho e o pimentão. Deixe cozinhar até que os temperos estejam macios. Dissolva a sopa de acordo com as instruções da embalagem e junte ao frango com o queijo e as ervilhas. Deixe engrossar um pouco. Sirva com arroz.

N.B.: use pouco sal para temperar o frango, pois a sopa e o queijo já são salgados.

Frango assado com ameixas

1 frango grande

100 gramas de bacon

100 gramas de manteiga

250 gramas de toucinho

Suco de limão, sal e pimenta

3 cebolas cortadas em rodelas

3 tomates sem peles e sem sementes picadinhos

1 tablete de caldo de galinha

1 xícara de vinho branco ou tinto seco

250 gramas de ameixas

Flambe o frango sobre chama viva, lave bem, esfregue por dentro e por fora com suco de limão. Corte o toucinho em pequenos cubos. Numa panela grande faça derreter a manteiga, junte o bacon e o toucinho e deixe dourar. Junte as cebolas, os miúdos, o pescoço e as asas e deixe dourar. Junte o caldo de galinha e os tomates picados. Coloque o frango na panela e deixe-o tomar cor de todos os lados. Coloque num prato que vá ao forno, junte o vinho e as ameixas. Deixe assar em forno moderado de vez em quando com o caldo do cozimento. Se secar antes de ficar macio, cubra com papel-alumínio. Sirva cortado pelas juntas, com as ameixas e o molho e acompanhado de uma salada.

Frango com maçãs e passas

2 frangos

Meio pacote de passas sem sementes

8 maçãs

1 lata de ervilha

Manteiga

Sal e limão

Limpe bem os frangos e tempere com sal e caldo de limão. Descasque as maçãs, corte-as em pedaços bem pequenos e ponha em uma tigela. Misture as passas e uma colher de manteiga. Recheie os frangos. Unte os frangos com manteiga e embrulhe em papel-alumínio. Leve ao forno para assar. Quando estiverem macios, retire o papel e deixe no forno até ficarem tostadinhos. Sirva com ervilhas passadas na manteiga.

Frango com milho e requeijão

1 frango médio

2 cebolas

Coentro, sal e pimenta a gosto

2 cenouras

2 caixas ou copos de requeijão

1 lata de milho-verde escorrido

1 lata de aspargo

Tempere o frango com sal e pimenta e esfregue com suco de limão. Corte em pedaços e leve ao fogo com a cenoura, a cebola e o coentro. Cozinhe até que esteja bem macio. Retire a carne dos ossos, deixando em pedaços regulares. Forre uma forma refratária com a metade do milho e os aspargos (ou palmitos). Cubra com pedaços de carne do frango e com o queijo restante e enfeite com milho. Leve ao forno quente pré-aquecido para derreter o queijo.

Frango com repolho delicioso

1 frango inteiro

3 cenouras

1 cebola grande picada

4 fatias finas de toucinho de fumeiro

1 repolho pequeno

12 salsichas

Tomates

Sal e coentro

Limpe bem o frango e refogue-o com as cenouras cortadas em rodelas, a cebola e o toucinho. Depois de tudo bem corado, junte o sal, os tomates, o coentro e um pouco de água ou meio copo de vinho seco. Feito isto, tampe a panela e deixe em fogo brando até que tudo esteja macio. Em outra panela, cozinhe o repolho cortado em tirinhas e as salsichas. Para completar, passe o molho do frango por peneira e despeje sobre o prato. Sirva bem quente.

Frango com uvas

1 frango grande

1 limão

2 colheres de sopa de manteiga

1 colher de sopa de purê de tomate

Sal

Pimenta-do-reino ou condimento

3 cachos de uvas moscatel

Lave bem o frango e pincele o interior com o suco do limão e sal. Espere meia hora e unte o interior com uma mistura feita com metade da manteiga, o purê de tomate e a pimenta-do-reino. Retire a pele e as sementes de metade das uvas e coloque-as no interior do frango, fechando a abertura com papel-alumínio, para o recheio não escorrer. Unte o frango com um pouco de óleo, polvilhe com um pouco de pimenta-do-reino e leve ao forno médio para assar, regando frequentemente com o molho que se forma na assadeira. Quando estiver bem dourado, retire, coloque em um prato de servir e contorne com as uvas restantes soltas do cacho e passadas numa frigideira quente com o restante da manteiga. Sirva com purê de batatas.

Frango frito

Trate bem o frango e corte em pedaços regulares. Depois tempere com dois dentes de alho amassados com sal e uma colher pequena de condimento. Deixe nessa vinha-d'alho por algumas horas. Depois frite os pedaços em óleo quente, acrescentando pedacinhos de toucinho de fumeiro, sendo cada pedaço de galinha frito de uma só vez. Sirva imediatamente com batatas fritas e farofinha carioca.

Frango frito à americana

2 frangos de mais ou menos 1,2 quilos

2 xícaras de farinha de trigo

2 colheres de chá de sal

1 colher de café de condimento

Óleo para fritar

Depois de lavados e limpos os frangos, esfregue-os com limão, corte pelas juntas e o peito em dois pedaços. Coloque num saco plástico a farinha de trigo, o sal e o condimento e sacuda um pouco para misturar bem, junte os pedaços de frango e vá sacudindo bem o saco para que os pedaços fiquem bem revestidos de farinha. Frite-os em óleo não muito quente, em fogo moderado. Sirva em seguida com salada de legumes.

Frango gostoso

2 frangos grandes, cozidos e desossados

1 xícara de amendoim torrado e sem peles

3 xícaras de passas sem sementes

1 pimentão verde cortado em tirinhas

Meio copo de vinho branco

1 colher de chá de mostarda

8 tomates sem peles e sem sementes

1 cebola grande ralada

2 colheres de sopa bem cheias de manteiga

1 colher de sopa de extrato de tomate

Junte os tomates, o extrato de tomate, a mostarda e deixe cozinhar um pouco, depois junte os frangos, o vinho, o pimentão, o amendoim e as passas. Verifique o tempero, aqueça bem, deixando ferver um pouco. Junte mais água se for necessário, para não ficar muito seco. Sirva com arroz branco.

Franguinho à milanesa

Limpa-se bem um franguinho novo e parte-se em quatro pedaços, deixando a titela em duas partes iguais. Na parte das asas, retiram-se os ossos sem separar a carne, assim como todos os ossos dos quartos, ficando somente a carne. Depois tempera-se e deixa-se nesses temperos por alguns minutos. Em seguida enxugam-se todos os pedaços do frango com um pano, passa-se um a um em ovo mal batido e em farinha de pão e frita-se em óleo bem quente, em fogo moderado (para não queimar), devendo ficar dourado. Serve-se com arroz e verduras passadas na manteiga.

Fricassé de galinha

Para um bom fricassê é necessária uma galinha nova e gorda. A galinha deve ser bem limpa, esfregada com sal, alho amassado e coentro bem picado. Deixe-se nesse tempero por mais ou menos uma hora. Depois corta-se a galinha em pedaços. Deita-se numa panela com duas colheres de sopa de margarina e cebola bem picada ou ralada e leva-se ao fogo para dourar. Acrescenta-se água quente aos poucos e deixa-se cozinhar lentamente, até que a galinha fique macia. Depois adicionam-se cogumelos ou batatas cozidas, cortadas em bolinhas, e um cálice de vinho branco e cozinha-se bem. Separa-se a galinha do molho, e desfia-se a carne. Tira-se a gordura do molho, e juntam-se ao molho uma, duas ou três gemas e uma lata de creme de leite (sem soro) ou leite de vaca, deitando aos poucos no molho para não talhar. Caso fique muito grosso, põe-se um pouco mais de leite; caso fique ralo, põe-se uma colherinha de maisena, mexendo bem. Depois arrumam-se a galinha desfiada e as batatas em um pirex, e por cima põem-se o creme e queijo parmesão ralado. Serve-se com arroz branco.

Galeto ao primo canto

Limpe bem os franguinhos de leite, corte-os em pedaços grandes e ponha na vinha-d'alho com sal, alho, vinho branco, temperos secos e margarina por mais ou menos três horas. Depois enfie cada pedaço de frango em um espeto, besunte-os com um pouco de margarina e deixe-os no braseiro até tostar bem. Pode também ser feito em grelhas. Depois prepare o molho e sirva com farofinha carioca e batatas-palha.

Molho

Um terço de xícara de chá de caldo de limão

1 cebola grande picada

2 tomates picados

Coentro e cebolinho picados

1 xícara de água quente

Sal e um pouco de azeite de oliva

Misture tudo, ponha por último água quente e sirva com o galeto.

Galinha assada à rancheira

Limpa-se bem a galinha e lava-se por dentro e por fora. Depois introduzem-se por trás da galinha uma cebola grande inteira, uma colher de sopa rasa de sal e duas colheres de sopa de margarina, e leva-se ao forno para assar. Ao assar vai-se furando a galinha com um garfo e molhando-a com o molho que se forma no assador. Serve-se inteira com batatas cozidas.

Galinha assada

Retire da galinha todas as impurezas. Lave bem e passe em água fervendo e em caldo de limão. Retire todos os canhões, corte a cabeça, os pés e o pescoço e pelo fundo retire as vísceras. Depois de ter retirado tudo, lave bem por dentro e por fora esfregando limão. Trespasse as assas nas costas e amarre os pés ou introduza-os no corte feito abaixo do rabo. Ponha a galinha em uma vasilha e prepare a vinha-d'alho com todos os temperos, quais sejam: dois dentes de alho amassados com sal, uma cebola, dois tomates, coentro, cebolinhos picados, condimento, extrato de tomate e óleo. Misture tudo e passe na galinha, esfregando. Abafe e deixe por algumas horas. Depois leve ao fogo para refogar bem, pondo água aos poucos, até que a galinha esteja bem cozida. Retire a galinha da panela, reserve o molho e ponha a galinha numa assadeira, pondo por cima margarina e óleo. Fure bem com um garfo e leve ao forno para assar. Ao assar, vá pondo por cima da galinha o molho que foi reservado. Assando um lado, vire para assar o outro, devendo ficar bem dourada e com molho. Ao assar a galinha, vá esfregando com uma colher de pau o molho que se forma no assador, pondo água aos poucos, até que o molho fique escuro.

Galinha com aspargos e Catupiry

Guisa-se uma galinha com todos os temperos. Depois desossa-se e se reserva. O caldo é engrossado com uma lata de creme de leite e uma colher de sopa rasa de maisena. Leva-se ao fogo, mexendo sempre, sem deixar ferver. Separadamente, cozinham-se batatas pequenas, e depois de cozidas junta-se uma lata de ervilhas. Arrumam-se, em um pirex grande, por primeiro a galinha, por cima as batatas e ervilhas, em seguida o creme do caldo e os aspargos inteiros e, por último, fatias de queijo Catupiry cobrindo tudo. Leva-se ao forno para tostar o queijo. Serve-se quente.

N.B.: o caldo não deve ficar muito grosso.

Galinha com creme de aspargos

Guise uma galinha em pedaços, com todos os temperos: cebola, alho, tomates, coentro, cebolinho, condimento, extrato de tomate, óleo e sal. Deve ficar com um copo de caldo mais ou menos. Coe o caldo e reserve. Ao caldo junte um pacote de creme de aspargos e misture. Leve ao fogo mexendo até engrossar bem. Retire do fogo e junte uma lata de creme de leite. Derrame este creme sobre a galinha desossada, ponha uma lata de aspargos e leve ao fogo até ferver um pouco. Sirva quente.

Galinha com creme de cebola

Corte em bifes um peito de galinha. Lave com limão e reserve. Misture um pacote de creme de cebola com uma xícara de maionese. Esfregue a mistura nos bifes e arrume em um pirex com um copo de suco de laranja. Leve ao forno para assar bem.

Galinha com creme e uvas moscatel

Faça uma galinha bem temperada, partida em peças (guisadas), devendo ficar com bastante molho. Depois desfie toda a carne da galinha e reserve. O molho também é reservado separadamente. Numa panela coloque três dentes de alho amassados, uma cebola picada e uma colher de sopa de margarina e leve ao fogo para refogar sem deixar queimar. Em outra panela leve ao fogo duas colheres de sopa de vinho branco, uma xícara de chá e meia de leite e uma colher de sopa de farinha de trigo. Mexa bem, depois junte com a cebola, o alho e a margarina. Deixe ferver, mexendo sempre, depois acrescente uma colher de molho inglês e uma de ketchup. Na sequência ponha uma lata de creme de leite (sem soro), o molho da galinha que foi reservado e a carne de galinha desfiada e leve novamente ao fogo, mexendo. Deve ficar um creme ralo. Depois de pronto, ponha 300 gramas de uvas moscatel.

Galinha de cabidela (ao molho pardo)

Ao matar a galinha, apare o sangue num prato fundo com mais ou menos três colheres de sopa de vinagre, batendo continuamente com um garfo, para não talhar. Guise a galinha, em pedaços, com todos os temperos, devendo ficar com bastante molho. Estando pronta, junte o sangue que foi batido e mexa bem com uma colher de pau, até ferver. Sirva em seguida.

Galinha desossada

Limpe bem uma galinha nova e gorda. Lave e passe limão. Não abra a galinha, tire apenas a cabeça, os pés e o pescoço. Depois com uma faquinha bem afiada, dê um talho nas costas da galinha, cortando a carne, a começar do pescoço até o rabinho, porém somente cortando o couro e a carne, sem atingir o osso. Destronque as asas sem separar da galinha e retire os ossos, deixando apenas as pontas. Continue passando a faca rente aos ossos da carcaça da galinha, separando a carne dos ossos, deixando a carne inteira e tendo o máximo cuidado para não dar nenhum talho na parte da carne da galinha. Depois de retirar toda a carne dos ossos, abra a carcaça da galinha (onde só devem ter ficado os ossos, tripas e miúdos), retire os miúdos, lave-os bem e deixe em vinha-d'alho por algumas horas. Enquanto isso, prepare o recheio.

Recheio

500 gramas de carne de porco

100 gramas de presunto

2 ovos cozidos

Miúdos da galinha já cozidos

Azeitonas sem caroços

Refogue bem a carne de porco (cortadinha) em alho, sal, temperos secos e óleo. Depois junte os miúdos e o presunto e pique tudo muito bem. Faça uma farofinha carioca, misture com o picadinho da carne, os miúdos e o presunto e as azeitonas e recheie a galinha. Ponha os temperos, quais sejam: cebola e tomates picados, coentro, extrato de tomate, margarina, alho, sal e óleo. Refogue bem e em seguida leve ao forno para assar, regando sempre com o molho e a margarina. Deve ficar bem tostadinha e com bastante molho.

Galinha *doré*

Partem-se peitos de galinha ao comprido. Lava-se bem com água com caldo de limão, depois passa-se em água fervendo. Em seguida põe-se em vinha-d'alho com três dentes de alho amassados, sal, condimento, rodelas de cebola e de tomates, coentro e extrato de tomate. Uma hora mais ou menos antes de ser servida, retiram-se os pedaços de galinha da vinha-d'alho, e reserva-se. Leva-se ao fogo essa vinha-d'alho pondo um pouco de óleo. Logo que os temperos estejam cozidos, juntam-se os pedaços da galinha que foram reservados, tendo antes sido enxutos em um pano e passados em farinha de trigo. Acrescenta-se mais um pouco de óleo, e vão-se fritando os pedaços da galinha, virando-os sempre até dourar. Depois retiram-se todos os temperos, e leva-se a galinha ao forno com a margarina e o óleo da fritura e deixa-se dourar mais um pouco. Serve-se em seguida com farofa carioca e batatas fritas.

Galinha à francesa

1 galinha guisada com todos os temperos e desfiada, reservando o molho

1 cebola grande ralada

2 colheres de sopa de manteiga

2 copos de leite de vaca

3 colheres de sopa de queijo parmesão ralado

3 colheres de sopa de farinha de trigo

2 gemas e sal

1 lata de milho

1 lata de creme de leite

1 pão de caixa em fatias

Arruma-se em um pirex retangular da seguinte maneira:

1.ª camada: duas camadas de fatias de pão sem cascas e com manteiga dos dois lados das fatias.

2.ª camada: galinha desfiada e molho.

3.ª camada: creme, liquidificando-se o leite, as gemas e a farinha de trigo.

Em um papeiro doura-se a cebola ralada com a manteiga. Colocam-se os ingredientes liquidificados, e faz-se uma papa. Em seguida acrescentam-se o milho com a água, o creme de leite e o queijo ralado. Na hora de servir, leva-se ao forno bem quente por uns 20 minutos.

Galinha ornamentada

Guisa-se uma galinha com todos os temperos. Retiram-se depois todos os ossos, e corta-se a carne em pedacinhos. Junta-se meio quilo de batatas cozidas, cortadas em pedacinhos, ao molho da galinha. Põem-se em um pirex fundo galinha, batatas e molho, cobrindo tudo com purê de batatas, e enfeita-se com cachos de uvas feitos com chuchu e azeitonas a gosto.

Galinha recheada

1 galinha grande
1 cebola
Sal
Vinho branco seco

Recheio

3 colheres de sopa de farinha de pão
1 xícara de leite
100 gramas de ameixas e passas
200 gramas de presunto

Limpe bem a galinha. Tempere com cebola ralada, dois copos de vinho branco seco e sal. Deixe nesse tempero durante uma hora. Misture todos os ingredientes do recheio, recheie a galinha e costure. Unte a galinha com manteiga, envolva em papel impermeável e leve ao forno para assar. Quando estiver assado, retire o papel e leve novamente ao forno para corar mais um pouco.

Pão de galinha

1 pão de caixa cortado horizontalmente
1 galinha guisada com todos os temperos e desossada
3 chuchus cozidos em água e sal
Meio quilo de batatas
Meio quilo de vagens
Meio quilo de cenouras

O pão é ligeiramente molhado em leite. Arruma-se uma camada de pão. Sobre o pão, põe-se uma camada de verduras cozidas e picadas. Por cima das verduras, colocam-se maionese e carne de galinha desfiada. Procede-se com essa arrumação até terminar. Cobre-se com queijo Catupiry.

Pastelzinho de galinha

Massa

1 xícara de chá de água
1 colher de sopa de sal
1 colher de sopa de vinagre
2 gemas
Farinha de trigo que for necessária

Misture tudo e vá juntando a farinha de trigo aos poucos, até que a massa fique macia e sem pegar nas mãos. Deixe descansar meia hora. Depois abra a massa com um rolo, devendo ficar uma massa bem fina. Faça pasteizinhos e recheie com galinha picadinha. Passe o resto da galinha na máquina e prepare um picadinho bem temperado, juntando azeitonas sem caroços. Frite os pastéis em óleo quente em panela funda (como batata frita).

Pato assado com maçã

Tempera-se bem um pato novo com todos os temperos. Enche-se todo o pato com maçãs inteiras com casca e leva-se ao forno para assar. Depois de assado, parte-se o pato em fatias retirando as maçãs, as quais se juntam um pouco de açúcar e um pouco d'água, levando novamente ao fogo. Depois passa-se em peneira e leva-se novamente ao fogo, até formar uma geleia. Serve-se o pato trinchado em fatias, com fatias de laranja e a geleia de maçã.

Peitos de frango

4 peitos de frango
40 gramas de manteiga
1 colher de sopa bem cheia de farinha de trigo mais ou menos
Meio copo de vinho branco seco
Sal e pimenta-do-reino

Creme

De 4 a 5 queijinhos cremosos
20 gramas de manteiga
1 colher de sopa de leite
Pimenta-do-reino

Guarnição

Azeitonas pretas
1 lata de ervilhas

Bata ligeiramente os peitos de frango, tempere com sal e pimenta, passe na farinha de trigo e frite na manteiga em fogo forte. Pegue com o vinho branco e cozinhe até o vinho evaporar. Junte então algumas colheradas de caldo e raspe bem o fundo da panela com uma colher de pau. Prepare o creme de queijo: coloque os queijinhos numa panela, junte a manteiga e a pimenta e cozinhe em fogo brando, mexendo até que se forme um creme. Coloque os peitos de frango num pirex e espalhe o creme de queijo por cima. Leve ao forno por alguns segundos, para corar ligeiramente. Enfeite com pedaços de azeitonas pretas e guarneça com ervilhas passadas na manteiga.

Peru assado com farofa de castanha

Limpe bem um peru de três a quatro quilos. Prepare uma vinha-d'alho com quatro dentes de alho amassados, uma colher de sopa de sal, duas folhas de louro, um copo de vinho branco seco, uma cebola ralada, duas colheres de sopa rasas de condimento, uma colher de sopa de margarina e uma xícara e meia de vinagre. Corte o pescoço do peru, mas deixe a pele. Por essa cavidade retire o papo. Limpe e lave bem. Misture todos os ingredientes da vinha-d'alho. Com esse tempero esfregue bem o peru por dentro e por fora, furando-o com um garfo. Deixe repousar de um dia para o outro. No dia seguinte, coloque o peru numa panela grande e funda e ponha uns quatro tomates picados, coentro e cebolinho picados, uma colher de sopa de extrato de tomate e margarina. Leve ao fogo para refogar bem, pondo água aos poucos, furando o peru com um garfo e refogando na panela. Deixe cozinhar bem. Estando bem refogado e macio, retire dessa panela, coloque-o em um assador grande e leve ao forno bem quente com bastante margarina sobre o peru e fatias de bacon presas com palitos. Vá regando o peru com o molho em que ele foi refogado e o molho que se forma no assador ao assá-lo. Quando o peru estiver dourado e macio e o molho escuro, retire do forno. Ao servi-lo, corte em fatias bem finas, colocando-as em uma bandeja e ornamentando com fatias de presunto e farofinha de castanhas, ameixas e doce em compota.

Pudim de galinha

1 galinha de mais ou menos 1,5 quilos

2 colheres de sopa de manteiga

2 copos de leite

3 colheres de farinha de trigo

3 gemas e 3 claras

1 pires de queijo ralado

1 lata de milho-verde

Coentro picado a gosto

Deixe a galinha de molho de um dia para o outro em vinha-d'alho. No dia seguinte cozinhe com todos os temperos. À parte derreta a manteiga, junte a farinha de trigo e deixe-a dourar bem. Junte o leite aos poucos, mexendo sem parar. Acrescente as gemas batidas, o queijo ralado, o milho-verde, o coentro bem picadinho, o molho do cozimento e três colheres de sopa da água do milho. Coloque numa forma refratária. Cubra com as claras batidas em neve e salpique com queijo ralado. Leve ao forno quente por uns 30 minutos.

Sarapatel de peru

Ao matar o peru, apare mais ou menos metade do sangue em um prato fundo com bastante vinagre (mais ou menos um copo) e bata com um garfo. A outra metade do sangue apare também em um prato, porém sem vinagre e sem bater. O sangue com vinagre e bem batido com um garfo é guardado em seguida na geladeira. O outro sangue, sem vinagre, cozinhe em água e sal. Lave bem todos

os miúdos do peru, passe limão e em seguida ponha em uma vinha-
-d'alho com três dentes de alho amassados com sal, uma colher de
sopa de condimento, uma folha de louro, uma cebola grande picada,
dois tomates picados, bastante coentro e cebolinho, tudo picado,
e uma colher de sopa de extrato de tomate. Deixe nesse tempero
de um dia para o outro. No dia seguinte leve ao fogo para refogar
bem, juntando óleo. Depois de os miúdos estarem bem cozidos,
retire do caldo e reserve-os. Corte os miúdos em pedacinhos bem
pequenos e junte o sangue picado (sem vinagre) que foi já cozido.
Reúna todos os miúdos, um pouco de óleo e leve novamente ao
fogo para cozinhar bastante, pondo água aos poucos, até que
fiquem bem cozidos e moles. Estando bem cozido e com caldo, bata
com um garfo o sangue em que foi posto vinagre (cru) e junte aos
miúdos já cozidos, continuando no fogo e mexendo sempre com
uma colher de pau para não talhar. Sirva em seguida com farinha
e rodelas de limão.

Suflê de frango

Deixe dourar na margarina um franguinho guisado da maneira
habitual ou sobras de frango. Depois junte a carne do frango desfiada e
deixe dourar bem. Prepare separadamente o molho. Leve ao fogo duas
colheres de sopa de margarina e, quando derreter, junte duas colheres
de sopa de maisena. Mexa até dissolver bem a maisena. Acrescente
meio litro de leite e sal e mexa até engrossar. Tire do fogo, junte cinco
gemas, misture bem e deixe esfriar. Adicione então a carne do frango
que foi desfiada, queijo ralado, palmito e uma colher de chá de pó Royal
e misture bem delicadamente, juntando por último as claras batidas
em neve. Despeje num pirex fundo e leve ao forno já aquecido. Deixe
crescer e ficar bem corado. Sirva logo que retirar do fogo.

Torta de batatas com galinha

Meio quilo de batatas
1 xícara de chá de leite
3 ovos
3 colheres de sopa de queijo parmesão ralado

1 colher de sopa de margarina

Sal a gosto

Cozinham-se as batatas, passam-se quentes no espremedor e misturam-se com o leite, as gemas, o queijo ralado e a margarina. Por último põem-se as claras batidas em neve. Leva-se ao forno em forma de torta bem untada. Depois de assada, põem-se um pouco de creme, a galinha e o resto do creme. Cobre-se com queijo ralado e leva-se ao forno para tostar.

Creme

3 copos de leite

3 gemas

1 colherinha de sal

3 colheres de sopa de farinha de trigo

6 colheres de sopa de queijo parmesão ralado

1 colher de sopa de margarina

Leva-se ao fogo mexendo sempre, até formar um creme. Ao sair do fogo, é que se põem a margarina e o queijo ralado.

Recheio

Guisa-se uma galinha com temperos, paio e toucinho de fumeiro. Depois retiram-se todos os ossos, e juntam-se ervilhas e azeitonas sem caroços cortadinhas, ou milho. O molho é retirado, pondo-se somente um pouco no creme.

Torta de galinha I

Massa

Meio quilo de farinha de trigo

1 ovo inteiro

1 colher de sopa de manteiga

1 pitada de sal

Amassar com água fria até ficar consistente. Fazer separadamente num prato uma mistura com 250 gramas de manteiga e 250 gramas de margarina, misturando bem, e dividir essa mistura em três partes iguais. Abrir a massa (de trigo) com o rolo e passar com uma faca sobre a massa a primeira parte da mistura de manteiga e margarina, salpicar com farinha de trigo, dobrar a massa e levar à geladeira de 25 a 30 minutos. Repetir a operação três vezes e, em cada vez, abrir a massa, passar a mistura de manteiga e margarina, salpicar com farinha de trigo e levar à geladeira.

Recheio

Guisar uma galinha com todos os temperos. Retirar três copos de caldo de galinha e fazer à parte um refogado: uma colher de sopa de manteiga, três tomates, um pimentão e uma lata de palmito, tudo cortado. Engrossar isso com três colheres de sopa de farinha de trigo e fazer um creme, misturando a galinha bem picada e, a seguir, pondo nesse creme temperos à vontade. Dividir a massa que se retirou da geladeira em três partes iguais. Pôr cada parte em um tabuleiro untado, apertar a massa dos lados, furar com garfo e pôr para assar. Depois de assadas, pôr na primeira parte da massa um pouco de recheio de galinha, salpicar com azeitonas picadas e palmito picado. A segunda parte da massa rechear com galinha, azeitonas e palmito, e na terceira parte fazer um recheio semelhante. Por cima de tudo pôr o glacê de manteiga, fazendo desenhos com a bomba de confeitar.

Glacê

Colocar na batedeira meio pacote de manteiga e metade de um queijo cremoso cortado em pedaços pequenos e bater bem. Pôr a mistura na bomba de confeitar e cobrir a parte superior da torta.

Torta de galinha II

Massa

2 colheres de sopa de margarina
1 colher de sopa de banha

1 colher de sopa bem cheia de pó Royal

Meia xícara de chá de leite

10 colheres de sopa de farinha de trigo

2 gemas

1 colherinha de sal

Misturam-se todos os ingredientes amassando com a mão, e junta-se a farinha de trigo aos poucos, até ficar uma massa macia. Forra-se de massa uma forma de torta ou pirex untado com margarina e leva-se ao forno quente. Ao sair do forno, tira-se da forma, coloca-se o recheio de galinha, e enfeita-se a gosto.

Recheio

Guisa-se uma galinha com todos os temperos, retiram-se os ossos, e mistura-se a carne com o creme, com azeitonas sem caroços e milho ou ervilhas.

Creme

3 copos de leite

3 gemas

2 colheres de sopa de farinha de trigo

1 colherinha de sal

1 colher de sopa de manteiga

Queijo parmesão

Leva-se ao fogo, mexendo bem. Só se acrescentam a manteiga e o queijo depois de sair do fogo.

Torta de galinha III

1 galinha

1 lata de milho-verde

1 palma de bananas-pratas maduras

Meio litro de leite

1 colher de sopa de maisena

1 colher de sopa rasa de margarina

Bata no liquidificador o milho com a metade do leite. Junte a maisena, a margarina, o sal e o resto do leite e leve ao fogo, mexendo para fazer uma papa fina. Refogue a galinha com todos os temperos e depois desfie. Coloque num pirex untado uma camada do creme, uma camada de galinha desfiada e uma camada de bananas fritas na margarina. Termina com bananas fritas. Polvilhe com queijo parmesão ralado e leve ao forno para dourar.

Torta de galinha IV

200 gramas de margarina

1 xícara pequena de água morna com sal

1 gema

3 xícaras de chá (mais ou menos) de farinha de trigo

Amassam-se todos os ingredientes, forra-se um pirex redondo com essa massa, e reserva-se. Guisa-se uma galinha em pedaços com todos os temperos, devendo ficar com bastante molho espesso. Passa-se o molho em peneira, e prepara-se um creme, juntando duas colheres rasas de maisena, dois copos de leite e três gemas. Leva-se ao fogo, mexendo até engrossar. Ao sair do fogo juntam-se as claras batidas em neve e a galinha desfiada. Coloca-se esse creme sobre a massa que foi reservada e leva-se ao forno para assar.

Vatapá de galinha

1 galinha gorda

6 pães cortados em pedaço

Leite de 2 cocos

1 garrafa pequena de azeite de dendê

Guisa-se a galinha com todos os temperos, devendo ficar com bastante molho. Depois retiram-se todos os ossos, e reserva-se. Põe-se o pão de molho no leite de coco tirado com água. O pão, estando ensopado, passa-se no liquidificador e em seguida mistura-se com o molho da galinha. Leva-se ao fogo mexendo sempre, e depois de bem cozido junta-se a carne da galinha desossada, mexendo sempre. Pode-se pôr um pouco de molho de pimenta-malagueta e os seguintes temperos: tomates, cebola e coentro, tudo bem picado. Mistura-se bem, e por fim põe-se o azeite de dendê a gosto, mexendo até cozinhar bem. Não deve ficar muito mole. Deixa-se o peito da galinha guisar inteiro, depois parte-se em fatias e põe-se por cima do vatapá. Serve-se com arroz branco bem cozido.

CAPÍTULO 7

CARNES

— Rosbife —

1/2 quilo mais ou menos de file ou contra file
Limpe bem a carne retirando todas as peles, deixando a carne inteira e grossa. Tempera com vinho d'alho sem... Lave bem com um garfo. A vinha d'alho é feita com 2 dentes de alho amassado com sal, um pouco de condimento, mais ou menos 1 colher de sopa rasa de extrato de tomate, coentro picado, rodelas de tomate, rodelas de cebola. Coloca-se a carne nessa vinha d'alho por alguns minutos abafada. Depois leva-se ao fogo bem forte uma assadeira com margarina e um pouco de óleo. Levando à gordura

Bifes, lombos, churrascos, filés-mignons têm as receitas apresentadas neste capítulo. Quase todas bastante elogiadas pelas pessoas que possuem edições anteriores deste livro. Também são apresentadas receitas de carne de porco.

Assado de luxo

De 2 a 3 quilos de lombo paulista
1 xícara de vinho branco
1 cebola grande ralada
Cheiro-verde picado
Sal a gosto
Pimenta-do-reino ou condimento
Meia xícara de óleo
3 tomates sem peles e sem sementes
1 xícara de suco de laranja
De 150 a 200 gramas de queijo muçarela em fatias
Queijo parmesão ralado

Limpe a carne. Tempere fartamente com condimento, vinho branco seco, cebola, cheiro-verde e sal. Deixe nesse tempero por algumas horas. Retire a carne do tempero. Leve o óleo ao fogo numa panela. Junte a carne e deixe dourar de todos os lados. Acrescente os tomates, o suco de laranja e os temperos nos quais a carne ficou descansando. Tampe a panela e deixe cozinhar em fogo baixo até que a carne esteja cozida. Retire a carne da panela e reserve o molho. Corte a carne em fatias finas sem cortar até embaixo. Em cada corte coloque uma fatia de queijo muçarela. Coloque a carne numa forma refratária. Passe o molho que ficou na panela pelo liquidificador. Engrosse com uma colher de sopa de maisena dissolvida em meia xícara de água. Junte uma lata de creme de leite e uma colher de sopa de molho inglês. Leve ao fogo para esquentar e engrossar. Despeje o molho sobre a carne e polvilhe com o queijo parmesão ralado. Leve ao forno para derreter o queijo.

Bifes à milanesa

Meio quilo de carne mole, como contrafilé
Meia colher de sobremesa de sal
Caldo de limão

Alho amassado e um pouquinho de condimento

Farinha de pão

2 ovos inteiros

Óleo para fritar

Limpe bem a carne retirando todas as peles, corte os bifes grandes a bata-os com um batedor, depois coloque-os nos temperos: alho amassado com sal, condimento e caldo de limão. Depois de dez minutos passa-os na farinha de pão, em ovos batidos e novamente na farinha de pão. Frite-os em óleo quente em fogo moderado e escorra a gordura, depois de fritos, sobre papel absorvente.

Bifes de molho

A carne para bifes deve ser carne mole, como contrafilé, filé etc. Limpe a carne retirando todas as peles. Depois corte-a em bifes sempre através de fibras de carne, em pedaços mais ou menos regulares e finos. Depois de todos os bifes cortados e batidos com o batedor, coloque-os dentro d'água por algum tempo, mudando a água uma vez por outra, até sair todo o sangue da carne. Leve ao fogo uma panela com três tomates, sem peles e sem sementes e cortados em pedacinhos, uma cebola, coentro, cebolinho e um pimentão, também em pedacinhos, dois dentes de alho amassados com sal, condimento, duas colheres de sopa de óleo e uma colher de extrato de tomate. Tampe a panela e deixe no fogo lento até cozinhar bem. Depois ponha nesse refogado de verduras um copo de água e deixe no fogo com a panela tampada. Quando o molho estiver bem grosso, vá colocando os bifes nesse molho, depois de terem sido retirados da água e espremidos, um a um, com as mãos, a fim de sair toda a água. Já espremidos, coloque-os no molho, um sobre o outro. Depois de cinco minutos de fervura, sempre com a panela tampada e em fogo lento, vire os bifes, um a um, espalhando-os novamente e deixando a panela ao fogo, e coloque bastante batatas cruas em rodelas. Deixe no fogo até as batatas cozinharem bem. Sirva com purê de batatas ou com arroz temperado.

Bifes caramelizados com muçarela e presunto

Meio quilo de filé-mignon em bifes redondos
Sal a gosto
2 xícaras de água
250 gramas de presunto em fatias
4 cebolas raladas
4 tomates sem peles
200 gramas de margarina
250 gramas de muçarela em fatias
2 cálices de conhaque
2 colheres de sopa de farinha de trigo
Óleo para untar a forma

Salgue os bifes. Derreta metade da margarina e frite os bifes muito bem. Numa panela média coloque o resto da margarina, as cebolas raladas e os tomates. Depois de bem refogados, junte o conhaque e a água para obter um molho grosso. Em outra panela coloque o açúcar e deixe dourar. Acrescente as duas xícaras de água aos poucos, até formar uma calda dourada e caramelizada. Arrume os bifes e o presunto. Regue com o molho de conhaque, cubra com a calda. Por fim, disponha as fatias de muçarela. Leve ao forno até que o queijo esteja derretido e comece a borbulhar.

Bifes ciganos

Cortam-se os bifes de carne mole em pedaços grandes. Depois de batidos, põem-se na vinha-d'alho com alho amassado com sal e um pouquinho de condimento. Passados alguns minutos, retiram-se os bifes da vinha-d'alho, e colocam-se em cada bife uma fatia de presunto e uma fatia de queijo muçarela. Misturam-se uns ovos (claras e gemas) e uma colher de sopa de leite, e passa-se cada bife nessa mistura e em farinha de pão misturada com queijo parmesão ralado. Frita-se cada bife, um a um, em óleo quente. Ao retirá-los da fritura, põe-se sobre o papel pardo. Depois arruma--se em uma travessa e enfeita-se com rosas feitas com tomates e folhas de alface.

Bifes de grelha

Ponha os bifes bem batidos e bem finos em sal e alho amassado pelo tempo necessário. Ponha uma grelha ou uma chapa sobre o fogo para esquentar bem, depois vá colocando os bifes e deixe tostar bem de ambos os lados sem espetá-los. Deixe assar bem, depois retire e passe em cada bife um pouco de manteiga. Ponha, por cima, coentro e cebola bem picadinho.

Bifes enrolados

Cortam-se os bifes grandes e finos e batem-se bem com um batedor. Depois põem-se os bifes na vinha-d'alho com alho amassado com sal e condimento, e deixa-se por alguns minutos. À parte cozinham-se ovos, um para cada bife. Depois coloca-se sobre cada bife um pouco de verdura picada, como coentro, cebola e pimentão, e no centro do bife coloca-se um ovo cozido inteiro. Feito isto, enrola-se cada bife e amarra-se com uma linha ou prende-se com um palito. Deita-se óleo num assador e, logo que esteja quente, põem-se rodelas de cebola e de pimentão e os bifes, tampa-se o assador, e deixa-se cozinhar lentamente. Quando os bifes estiveram escuros, põe-se um pouco de água, e esfrega-se o molho com uma colher de pau, até o molho ficar bem escuro, assim como os bifes. Depois de prontos, retira-se a linha ou o palito.

Bolo de carne

1 quilo de carne moída

100 gramas de presunto

100 gramas de toucinho de fumeiro

2 cebolas picadas

4 dentes de alho amassados

Sal a gosto

2 ovos

4 colheres de sopa de farinha de rosca

Misturar tudo até ficar bem ligado. Enrolar em feitio de pão, envolver com farinha de rosca e colocar num pirex ou tabuleiro untado com manteiga. Assar em forno quente até dourar.

Bolo frio de carne

Meio quilo de carne

200 gramas de presunto

1 lata pequena de patê de fígado

1 colher de chá de molho inglês

1 colher de sopa de margarina

1 colher de sopa de pó de pão

Pedacinhos de picles

4 ovos, claras e gemas sem bater

2 xícaras de chá de leite

Passam-se a carne e o presunto na máquina e depois no liquidificador. Junta-se tudo e assa-se no forno em banho-maria, em forma redonda bem untada e polvilhada com farinha de pão. Depois põe-se na geladeira e serve-se cobrindo todo o bolo com maionese e pedacinhos de maçã ou picles.

Carne à carioca

Meio quilo de filé-mignon ou qualquer carne mole

3 cebolas grandes picadas

1 lata de creme de leite

1 lata de champignon

3 colheres de sopa de óleo

1 colher de sopa de ketchup

1 xícara de chá de vinho branco seco

Sal e tempero seco ao paladar

Limpa-se a carne e corta-se em pedaços pequenos, passa-se em maisena e reserva-se. Refogam-se as cebolas picadas no óleo, depois juntam-se a carne crua, o creme de leite, o ketchup, o vinho, o sal e o tempero seco e deixa-se refogar bastante.

Churrasco paulista

Pique em pedaços grandes, grossos e com gordura um quilo e meio, mais ou menos, de filé ou contrafilé, ou qualquer carne mole, com gordura, com osso e grossa. Prepare uma vinha-d'alho com alho amassado com sal e um pouco de condimento. Fure a carne com um garfo e deixe nessa vinha-d'alho por algumas horas, em vasilha abafada. Depois ponha uma grelha ou uma chapa sobre o fogo bem forte e coloque a carne. Vá assando de ambos os lados sem furar. Enquanto estiver assando, vá molhando a carne na vinha-d'alho. Depois de a carne estar bem tostada, passe manteiga e sirva imediatamente com molho feito à parte, farofinha carioca e batatas fritas.

Churrasco de porco e linguiça

Meio quilo de linguiça de porco fresca
Meio quilo de carne de porco
Meio quilo de cebolas pequenas
3 pimentões
150 gramas de toucinho de fumeiro
Corte a carne de porco em pedaços pequenos e tempere com sal, alho e condimento. Corte a linguiça e o toucinho de fumeiro em pedaços regulares. Use espetinhos, nos quais intercale carne de porco, toucinho de fumeiro e linguiça, e leve ao braseiro para tostar de ambos os lados.

Contrafilé com osso ao molho de vinho

4 bistecas de contrafilé
75 gramas de margarina
1 copo de vinho tinto
1 cebola
1 colher de sopa de curry
Sal
Pimenta-do-reino ou condimento

Frite a cebola picada na margarina. Deixe dourar e adicione uma colher de sopa de farinha de trigo. Misture bem e junte o curry, em seguida acrescente o vinho, regulando a chama do fogo. Cozinhe o molho por 15 minutos, até que fique grosso. Grelhe as bistecas ligeiramente untadas com o óleo e polvilhadas com sal e pimenta--do-reino a gosto. Coloque-as imediatamente num prato de servir e cubra-as com o molho quente. Sirva com batatinhas fritas.

Costelas de porco

Peça ao açougueiro para cortar as costelas, separando-as umas das outras. Raspe a carne até junto da parte grossa do osso e bata ligeiramente. Lave bem e passe em limão. Faça uma vinha-d'alho com alho amassado com sal e condimento, coloque nas costelas esfregando-as bem e deixe por algumas horas. Depois leve-as ao fogo para refogar, juntando um pouco de óleo, e em seguida ao forno para assar até tostar.

Costelas de porco à milanesa

Limpe e apare as costelas. Achate-as o máximo possível, batendo com um batedor de carne. Tempere com alho amassado com sal, condimento e uma folha de louro. Passe as costelas em farinha de pão, depois em ovos ligeiramente batidos e novamente em farinha de pão. A farinha de pão deve ser misturada com um pouco de farinha de trigo. Esquente o óleo em um assador, coloque uma costela e doure-a por igual. Depois coloque-a em um papel pardo e ponha queijo parmesão por cima. Frite uma a uma em fogo moderado.

Espetinhos de porco

Meio quilo de carne de porco

Meio quilo de cebolas

4 tomates

Limão, alho, sal e condimento

Corte toda a carne em quadrinhos, tempere com caldo de limão, alho, sal e condimento. Deixe nesses temperos por alguns minutos. Introduza, em um espetinho de pau ou de ferro, pedacinhos da carne intercalando com cebola em pequenos pedaços e tomate. Leve ao braseiro e deixe tostar lentamente. Sirva em seguida.

Estrogonofe de filé

1 quilo de filé partido em pedaços pequenos
250 gramas de tomates picados
2 colheres de sopa de ketchup
100 gramas de margarina
4 dentes de alho amassados com sal
1 lata de molho para estrogonofe
1 lata de creme de leite
Refogam-se bem a cebola, o alho e o tomate na margarina. Depois acrescenta-se a carne partida em pedacinhos e deixa-se cozinhar bem. Em seguida coloca-se em uma vasilha separada o creme de leite (ao natural) e vai-se misturando com o ketchup e o molho pronto para estrogonofe. Mistura-se tudo bem, e junta-se a carne que já foi refogada. Deixa-se ferver um pouco. Prova-se o sal. Serve-se com arroz branco.

Fígado

Compra-se o fígado em um só pedaço. Bate-se para retirar as peles. Depois põe-se inteiro em caldo de limão com alho e sal. Passado algum tempo, abre-se o fígado em bifes finos, bate-se um pouco e põe-se novamente no caldo de limão, alho, sal e leite, devendo ficar nesses temperos até a hora de serem preparados. Para prepará-los, retira-se desses temperos e enxuga-se bife por bife com um pano. Leva-se uma caçarola ao fogo com margarina ou óleo. Estando bem quente, vão se colocando os bifes, um a um, até ficarem cozidos. Depois retiram-se todos os bifes da caçarola, e nessa mesma gordura faz-se o molho, colocando rodelas de cebola, de tomate, coentro e um pouco de extrato de tomate desfeito em água. Estando o molho bem refogado, põem-se os bifes, abafa-se a caçarola, e deixa-se um pouco em fogo baixo.

N.B.: não se deve molhar com vinagre o fígado.

Filé ao molho de vinho madeira

1 quilo e meio de filé-mignon
Sal
Pimenta-do-reino ou condimento
1 xícara de chá de caldo de carne
3 colheres de sopa de margarina derretida
2 colheres de sopa de farinha de trigo
Um quarto de xícara de chá de caldo de carne
Meia xícara de chá de queijo parmesão ralado
2 colheres de sopa de vinho madeira seco
Farinha de pão torrado

Esfregue bem o filé com o sal e a pimenta-do-reino e coloque em uma assadeira. Besunte frequentemente com a xícara de caldo de carne. Leve ao forno, molhando sempre a carne (não fure) com o molho que se forma na assadeira. Asse até que fique macia. Deixe amornar ligeiramente reservando o líquido da assadeira. Corte a carne em fatias de meio centímetro de espessura. Derreta numa panela a manteiga, junte a farinha de trigo e acrescente mexendo bem um quarto de xícara de chá de caldo de carne e meia xícara de chá de queijo parmesão ralado. Cozinhe o molho, mexendo até que engrosse e fique liso. Arrume as fatias de carne em uma travessa e despeje o molho entre as fatias, apertando-as e recompondo o filé-mignon. Cubra a carne com o restante do molho e salpique com a farinha de pão torrado. Aqueça o líquido da assadeira e acrescente o vinho madeira. Despeje esse molho sobre a carne e asse por mais 10 minutos em forno quente ou até dourar a farinha de pão.

Filé-mignon

Limpe bem um quilo e meio, mais ou menos, de filé, retirando todas as peles e deixando a carne limpa, inteira e grossa. Não lave, fure bem a carne com um garfo e ponha em vinha-d'alho. A vinha-d'alho é feita amassando-se três dentes de alho com sal e mais ou menos meia colher de sopa de condimento, extrato de tomate, coentro e cebolinho picados e tomates e cebolas em rodelas. Coloque a carne nessa vinha-d'alho por alguns minutos, mantendo-a abafada. Depois leve ao fogo bem forte um assador com margarina e óleo e, quando a gordura estiver bem quente e escura, ponha a carne (sem as verduras da vinha-d'alho) e, ao assar, vá furando-a bem e esfregando bem sobre o assador, a fim de tostar de todos os lados. Quando a carne estiver bem escura, retire do assador e ponha em um prato. Coloque no mesmo assador (sempre no fogo) os temperos que foram postos na vinha-d'alho e que ficaram reservados. Vá esfregando esses temperos na gordura do assador até escurecerem. Depois ponha a carne nesse assador, ponha um pouco de água no molho que se formou e mexa com uma colher de pau.

Fondue de filé

1 quilo de filé-mignon
Óleo

Limpe bem a carne, retirando todas as peles e a gordura, e corte-a em cubinhos. Coloque a panelinha de fondue no centro da mesa, despeje óleo até atingir dois terços da panelinha e deixe ferver ligeiramente. Cada pessoa espeta os cubinhos de carne em um espeto especial e mergulha no óleo quente, retirando-os quando atingirem o ponto desejado. Passe-os em qualquer um dos molhos e sirva.

Molho

4 gemas cozidas
Sal
Pimenta-do-reino
Meio litro de azeite de oliva
1 colher de sopa de vinagre
1 colher de sopa de cebolinha picadinha
1 colher de sopa bem cheia de maionese

Amasse bem as gemas até obter um purê. Tempere com sal e pimenta-do-reino a gosto. Adicione o azeite e o vinagre, batendo até obter uma mistura cremosa. Junte a cebolinha verde bem picada, misturada com a maionese e passada pela peneira.

Leitão assado

1 leitão de sete semanas

3 dentes de alho amassados com sal e pimenta-do-reino a gosto

2 folhas de louro

2 xícaras de vinagre

2 xícaras de vinho tinto

Fatias de bacon

Misture todos os ingredientes do tempero. Depois de o leitão estar bem limpo, despeje sobre ele essa mistura de tempero e esfregue bem. Fure-o com um garfo. Deixe descansar durante 24 horas, virando-o de vez em quando. No dia seguinte leve ao fogo juntando bastante óleo, cebola ralada e bastante coentro picado e deixe refogar bem. Em seguida leve ao forno bem quente, cobrindo todo o leitão com fatias de bacon. Quando estiver quase assado, fure-o com um garfo, a fim de obter uma superfície bem tostadinha. Se for assar o leitão no espeto, não é preciso refogar nem usar bacon. Sirva com molho de conhaque.

Leitão recheado (prato para jantar de festa)

1 leitão de cinco semanas mais ou menos

150 gramas de toucinho de fumeiro

250 gramas de presunto picado

Suco de 2 limões

1 colher de chá de pimenta-do-reino

1 colher de café de cominho

1 cebola grande picada

2 colheres de sopa de extrato de tomate

1 pimentão picado

1 pitada de noz-moscada

150 gramas de passas

150 gramas de ameixas

3 ovos cozidos cortados em rodelas

2 colheres de sopa bem cheias de manteiga

3 dentes de alho amassados com sal

1 quilo de farinha de mandioca torrada

1 copo de vinho branco seco

3 colheres de sopa de óleo

Miúdos do leitão

Lave bem o leitão e tempere com a seguinte salmoura: soque bem e acrescente a pimenta-do-reino, o alho amassado com sal, o cominho, o suco dos limões, o vinho branco seco e a noz-moscada. Deixe nessa salmoura durante 12 horas. Afervente os miúdos com um pouco de sal. Escorra e passe na máquina. Leve uma caçarola ao fogo com o toucinho de fumeiro picado bem miúdo e frite sem deixar queimar. Junte a cebola picadinha e deixe dourar. Adicione os miúdos e o pimentão e frite por 10 minutos. Acrescente as azeitonas, as ameixas e as passas, a manteiga, o presunto e os ovos e deixe fritar mais um pouco. Retire do fogo, junte a farinha previamente torrada e faça uma farofa bem úmida. Enxugue bem o leitão por dentro e por fora e recheie com a farofa. Costure com uma linha grossa. Leve ao forno em um tabuleiro com óleo. À proporção que for assando, vá adicionando a salmoura até que termine. Deixe assar durante quatro horas. Vinte minutos antes de retirar do forno, fure toda a carne com um garfo. Aumente o fogo para que fique bem assado. Sirva bem ornamentado e com arroz e a farofa do recheio.

Língua ao molho com purê de batatas

1 língua fresca

2 tomates

1 cebola cortadinha

1 pimentão cortado em rodelas

Coentro e cebolinho picados

1 colher de sopa de extrato de tomate

2 colheres de sopa de toucinho de fumeiro derretido

2 colheres de sopa de margarina

1 colher de sopa de ketchup

Leve a língua ao fogo com água e sal e deixe cozinhar um pouco. Depois retire toda a pele. Raspe bem com uma faca para tirar toda a cartilagem. Lave com água fria e passe caldo de limão. Parta em fatias grossas e leve ao fogo brando com os temperos. Depois de cozida coe o molho, separando-o das fatias da língua. Leve o molho ao fogo, juntando uma colher de sopa de ketchup e uma colher de sopa de margarina. Deixe no fogo, mexendo até engrossar o molho. Arrume no centro de uma travessa o purê de batatas, em volta coloque as fatias da língua e derrame o molho quente por cima das fatias. Passe manteiga sobre o purê e decore a gosto.

Lombo de porco à gaúcha

2 quilos de lombo de porco

1 garrafa de vinho do Porto

1 limão pequeno

1 colher de sopa de mostarda

Alho, cebolas e cebolinho picados

1 folha de louro

Orégano a gosto

Lave o lombo de porco e fure-o com um garfo. Coloque numa tigela e cubra com um molho feito com os ingredientes listados. Deixe descansar durante mais ou menos seis horas, virando-o sempre de um lado para o outro. Coloque óleo numa panela e frite o lombo dos dois lados. Quando estiver cozido e bem corado, acrescente o molho no qual descansou. Tampe a panela e deixe sobre o fogo lento até que fique bem dourado. Quando o molho secar, e o lombo estiver bem corado, está pronto.

Lombo de porco com laranja

2 colheres de sopa de margarina

2 xícaras de chá de suco de laranja

1 colher de sopa de casca de laranja ralada

2 dentes de alho amassados com sal

Pimenta-do-reino ou condimento a gosto

Algumas gotas de molho inglês

Meia colher de chá de orégano

1 lombo de porco de 2 quilos

Derreta a margarina. Junte o suco de laranja, a raladura de casca de laranja, o alho, uma colher de chá de sal, o molho inglês e o orégano. Misture bem e esfregue no lombo. Coloque o lombo numa assadeira untada com óleo, despeje a mistura de laranja e fure bem o lombo. Asse em forno moderado até que a carne fique macia, besuntando frequentemente com o molho. Para servir, faça cortes no lombo sem, contudo, separar as fatias. Coloque uma rodela de laranja em cada corte.

Lombo de porco com maçã

3 quilos de contrafilé de porco

200 gramas de fatias de fiambre

200 gramas de ameixas

2 caixas de passas sem sementes

Azeitonas e maçãs

Meio quilo de farinha de mandioca

Margarina

Abra toda a carne como um bife grande em um só pedaço sem bater. Prepare uma vinha-d'alho com caldo de limão, quatro dentes de alho amassados com sal e temperos secos ou condimento e ponha a carne nessa mistura durante várias horas, furando-a com um garfo. Depois esprema a carne com as mãos e coloque dentro as fatias de fiambre, as ameixas sem caroços e salpicadas com sal e as maçãs descascadas e inteiras. Enrole como um rocambole e amarre com um barbante. À parte faça um refogado com cebola picada, quatro tomates, um pimentão, uma colher de sopa de margarina, uma colher de sopa de extrato de tomate e sal. Depois ponha o lombo nesse refogado e vá dourando, juntando aos poucos a vinha-d'alho em que estava a carne e água suficiente para cozinhá-la. Em seguida leve ao forno para dourar bem, molhando sempre com o caldo. Depois de bem assada, corte em rodelas e sirva com farofinha de manteiga com passas e azeitonas.

Lombo de porco com presunto, ameixas e maçãs

1 quilo de lombo de porco

1 colher de chá de suco de limão

4 ovos

4 colheres de sopa de farinha de trigo

150 gramas de presunto

300 gramas de ameixas sem caroços

Sal, alho e tempero seco a gosto

Passe a carne pela máquina de moer. Tempere, junte os ovos e a farinha de trigo, misture bem, abra a massa de carne até que fique na espessura de um centímetro, espalhe por cima o presunto picado e as ameixas amassadas. Enrole como um rocambole e asse em forno moderado por 40 minutos.

Molho

1 colher de sopa de margarina

1 cebola grande ralada

1 tablete de caldo de galinha

100 gramas de passas sem sementes

Meio copo de vinho tinto

1 colher de sopa de maisena

Refogue a cebola ralada na margarina até que doure. Junte o caldo de galinha dissolvido em dois copos de água, as passas e a maisena dissolvida no vinho. Leve ao fogo mexendo até engrossar.

Decoração

4 maçãs

1 copo de cerveja

1 ovo

Sal a gosto

Corte as maçãs em rodelas de meio centímetro de grossura. Tire as sementes. Misture a farinha de trigo e o ovo com um copo de cerveja. Tempere com sal. Passe as rodelas de maçã nessa massa e frite em óleo ou margarina.

Sirva o lombo numa travessa, rodeado com maçãs, e cubra com o molho.

Lombo paulista

De 2 a 3 quilos de lombo paulista

2 dentes de alho amassados com sal

1 cebola grande

2 tomates picados

Coentro e cebolinho picados

100 gramas de toucinho de fumeiro

Extrato de tomate

Óleo

Limpe bem a carne, retirando todas as peles. Lave e fure bem com um garfo, deixando-a inteira. Faça uns cortes profundos com uma faca e introduza nesses cortes pedacinhos de toucinho de fumeiro ou de paio. Bote bem para dentro da carne a fim de não sair o toucinho ao assar. Ponha a carne em uma panela grande, junte todos os temperos verdes e secos. Deixe a panela tampada por algumas horas. Depois leve ao fogo juntando óleo e a massa de tomate desfeita em um pouco de água. Deixe refogar bem, até dourar a carne. Depois vá pondo água aos poucos, até a carne amolecer e ficar bem escura, sempre esfregando o molho com uma colher de pau e furando a carne. Deve ficar com bastante molho escuro e grosso. Sirva em fatias finas ou inteiro com batatas cozidas.

Lombo paulista frio

Limpa-se bem um lombo paulista mais ou menos de dois a três quilos, retirando todas as peles e nervos. Depois fura-se a carne com um garfo em todos os sentidos. Põe-se em uma salmoura de sal com dois dentes de alho amassados e um pouco de condimento.

Coloca-se a carne dentro de um saco plástico e leva-se ao congelador de um dia para o outro. No dia seguinte, retira-se a carne do
congelador, deixa-se descongelar por algumas horas e em seguida
leva-se ao fogo em uma panela grande com bastante óleo. Assa-se
até ficar bem dourado, furando sempre com o garfo e virando de
vez em quando, sem botar água. Estando bem dourado, retira-se
do molho que se formou na panela, deixa-se esfriar e leva-se novamente ao congelador em saco plástico, por algumas horas. Na hora
de servir, corta-se toda a carne em fatias bem finas. Prepara-se
um molho como para macarrão, cozinhando umas 100 gramas de
azeitonas sem caroços com o molho. Juntam-se a esse molho as
fatias da carne, e serve-se em seguida.

N.B.: esta carne (sem molho) pode ficar na geladeira por vários dias
servindo à vontade.

Lombo paulista recheado

2 quilos e meio de lombo paulista

Um limão grande e meio

Vinagre a gosto

Cheiro-verde

2 cebolas médias ou 1 cebola grande

1 colher de sopa bem cheia de temperos caseiros

1 pedaço de linguiça

1 pedaço de salame

1 pedaço de toucinho de fumeiro

1 cenoura bem picada

Os sete últimos ingredientes são bem picados. Provar o sal.
Furar o lombo (de uma extremidade à outra) até introduzir todos esses
ingredientes. Deixá-lo nessa vinha-d'alho até o dia seguinte. Fechar
bem com palito as extremidades. Fritar com óleo todos os lados e em
seguida levar ao fogo brando, regando sempre com aquela vinha-d'alho,
até notar que a carne está assada. Depois de fria, levar à geladeira e,
só depois de gelar, isto é, no dia seguinte, cortar em fatias o mais fino
possível (como cortar um rocambole) e regar com o molho.

Molho

Meio copo de óleo

4 cebolas médias ou 3 cebolas grandes (a quantidade varia muito do gosto da pessoa)

1 copo de vinagre

3 dentes de alho cortados em fatias bem finas

3 folhas de louro

Sal a gosto

1 copo e meio de óleo (se esta quantidade de óleo for excessiva, pode-se diminuí-la; como também se pode acrescentar um pouco de azeite de oliva e azeitonas)

Levar ao fogo uma frigideira grande com meio copo de óleo, as cebolas cortadas em fatias bem finas, os três dentes de alho bem fininhos, cheiro-verde, as azeitonas e o louro. Esta operação é mais ou menos rápida – não precisa fritar a cebola, apenas deixá-la mole. Acrescentar um copo e meio de óleo e por último o vinagre e imediatamente apagar o fogo.

Arrumação

Tomar um pirex grande com tampa e colocar nele uma camada do molho, uma camada de fatias bem finas de lombo e outra camada de molho e assim por diante, até terminar.

Pernil de porco com milho

1 pernil

2 latas de milho

Alho amassado com sal

Pimenta-do-reino ou condimento

Cravo-da-índia

Tempere o pernil com caldo de limão, alho, sal e condimento. Deixe nesse tempero por várias horas. Antes de levar o pernil ao forno, dê uns cortes com uma faca afiada, formando losangos na superfície do pernil. Leve ao forno para assar. Quando estiver quase pronto, retire do forno e espete alguns cravos nos losangos. Leve novamente ao forno para acabar assá-lo. Leve ao fogo uma panela com uma colher de sopa de margarina e três colheres de cebolas raladas. Quando estiverem bem tostadas, ponha o milho, tempere de sal e deixe em fogo brando durante 10 minutos. Sirva o molho com o pernil.

Pernil de porco dourado

1 pernil traseiro de uns 3 quilos
4 dentes de alho amassados com sal
1 cebola grande ralada
1 folha de louro

Cobertura

1 xícara de chá de mostarda
1 colher de sopa de açúcar cristal
Meia garrafa de cerveja
Orégano

Retire a gordura que cobre o pernil. Fure-o bem com um garfo, o máximo possível. Misture todos os ingredientes do tempero e despeje sobre o pernil, deixe-o nesses temperos de um dia para o outro em uma vasilha coberta, na geladeira. No dia seguinte retire o pernil dos temperos. Esfregue bem toda a superfície com a mistura de cobertura (mostarda, açúcar e cerveja) e deixe repousar por alguns minutos. Leve ao forno e, enquanto assa, vá furando com um garfo e regando com o molho formado no assador até que o pernil esteja macio e bem dourado. Depois de pronto, ornamente com flores de verduras e farofa de castanhas.

Picanha

Para 2 quilos de carne de picanha
1 colher de sopa de sal
4 dentes de alho amassados

Meia cebola bem picada

Meia xícara de chá de qualquer vinho

Tiram-se todas as peles da carne, deixando-a inteira e com toda a gordura. Não se lava. Depois de limpa, deixa-se a picanha nos temperos durante, no mínimo, duas horas. Preaquece-se o forno e, quando estiver bem quente, coloca-se a carne. Depois de 15 minutos, troca-se o lado da carne, deixando mais 15 minutos no forno quente. Deve ser servida imediatamente, acompanhada de farofa carioca e batatinhas fritas.

Polenta

2 xícaras de chá de milharina

3 xícaras de chá de leite de coco tirado com água

1 colher de sopa de margarina

Óleo

Sal a gosto

Carne guisada com todos os temperos e moída em seguida

Molho de tomate como para macarrão

Fatias de queijo muçarela

Queijo parmesão ralado

Faz-se o angu no fogo com a milharina, o leite de coco, uma colher de sopa de margarina, óleo e sal, mexendo até cozinhar bem.

Arrumação

Unta-se um pirex com margarina. Coloca-se o angu, depois põem-se a carne moída, um pouco do molho, as fatias da muçarela, o resto do molho e, por último, o queijo ralado. Leva-se ao forno meia hora antes de servir.

Porco assado

Tome um coxão de porco, um pernil traseiro. Lave bem, passe caldo de limão e ponha na vinha-d'alho por mais ou menos quatro horas. O melhor é ser preparado de véspera. A vinha-d'alho é preparada à parte com cinco dentes de alho amassados com uma colher de sopa de sal, uma folha de louro, condimento, uma cebola bem picada, uma colher de sopa de extrato de tomate, coentro e cebolinho bem picados. Misture tudo e passe na carne, furando-a bem com o garfo. Depois coloque-a em um assador, abafe e deixe descansar por várias horas, regando-a uma vez por outra. Depois de algumas horas, regue a carne com óleo e leve ao fogo para refogar bem. Em seguida leve ao forno para assar, regando sempre com o molho que se forma no assador. Depois de bem assada e macia, retire do fogo, devendo ficar com um molho escuro e grosso.

Presunto

1 pernil de porco defumado

1 pote de mel de engenho

1 colher de sopa de mostarda

Meia garrafa de vinho branco

1 vidro de cerejas

250 gramas de ameixas

Cravo-da-índia

Sal a gosto

1 abacaxi

Adquire-se um pernil defumado que se encontre envolto em um plástico. Passa-se o pernil em água e leva-se ao forno sem qualquer tempero por alguns minutos. Depois tiram-se da carne o couro e parte da gordura, fazendo uns losangos na parte de cima do pernil. Derrete-se uma rapadura, juntam-se ao mel uma colher de sopa bem cheia de mostarda e um pouco de sal, e derrama-se essa mistura sobre o pernil. Põe-se cravo-da-índia nos losangos, e despeja-se por cima da carne meia garrafa de vinho branco. A seguir leva-se ao forno para dourar bem igual, regando sempre com o molho que se forma no assador, até ficar bem dourado e seco (não se fura). Depois de assado e frio, ornamenta-se com rodelas de abacaxi frito e ameixas e cerejas em calda. Conserva-se na geladeira por vários dias, sendo um prato muito adequado para a noite de Natal.

Presunto assado ao vinho madeira

3 quilos de presunto cozido redondo

1 copo de vinho madeira seco

1 copo de geleia de damasco

2 colheres de sopa de mostarda

Maçãs inteiras sem sementes

Açúcar

Misturam-se bem em uma tigela o vinho, a mostarda e a geleia; em seguida passa-se em todo o presunto inteiro. Põe-se óleo em uma assadeira, coloca-se o presunto e leva-se ao forno para tostar. Tiram-se as sementes das maçãs inteiras e com cascas, ocando-as na parte de cima e colocando uma colher de sopa de açúcar na parte ocada de cada maçã, e leva-se ao forno. Quando o presunto estiver dourado, retira-se do forno e coloca-se em um prato com as maçãs em volta. O caldo põe-se por cima do presunto. Serve-se frio.

Rocambole de carne

Abre-se um filé como para bife, deixando-o em um só pedaço grande. Bate-se e põe-se na vinha-d'alho, com dois dentes de alho amassados, sal e um pouco de condimento, por algumas horas. Depois cobre-se toda essa carne com fatias de fiambre e toucinho de fumeiro, e por fim colocam-se ameixas sem caroços e salpicadas de sal. Enrola-se a carne e amarra-se com um cordão três vezes, espremendo por cima o caldo de três laranjas azedas. Leva-se ao forno para assar em assadeira com óleo formado no assador. Põe-se por cima pedacinhos de toucinho de fumeiro. Vira-se vez por outra. Serve-se ornamentado com ameixas.

Rocambole de carne com presunto

1 quilo de coxão mole

150 gramas de presunto em uma só fatia

100 gramas de linguiça

150 gramas de carne moída

2 ovos

50 gramas de queijo parmesão ralado

1 colher de sopa de salsa picada

1 cebola grande picada

Sal e um pouco de condimento

Limpe bem a carne, tire o excesso de gordura e acerte as beiradas. Bata com um batedor de bifes e deixe a carne em um só pedaço como um bife grande, todo da mesma espessura. Coloque numa tigela a carne moída, a linguiça bem picada, o queijo ralado, a salsa e a cebola bem picadas. Tempere com sal e condimento e misture tudo com os ovos batidos. Mexa até conseguir uma massa homogênea. Tempere a carne inteira com sal e condimento e estenda por cima a fatia de presunto. Despeje o recheio sobre o presunto espalhando bem com uma colher e deixe sem recheio uma pequena margem nas pontas. Raspe e lave três cenouras. Arrume-as, já cozidas e inteiras, sobre o recheio. Enrole a carne sobre si mesma como um rocambole, de maneira que o recheio fique bem dentro. Costure as pontas com uma agulha grossa e linha branca. Com a mesma linha, amarre o rocambole no sentido do comprimento, como se fosse um salame. Por fim embrulhe e aperte bem o rocambole dentro de um pano fino. Leve ao fogo uma panela e adicione uma cebola bem picada e óleo. Quando começar a ferver coloque o rocambole dentro e abaixe o fogo. Deixe cozinhar em fogo brando durante uma hora, pondo água aos poucos. Deixe esfriar bem antes de cortar.

Rolo saboroso

1 lata de salsichas Viena

Meio quilo de bacon gordo

Meio quilo de carne de porco

1 ovo batido

Margarina derretida

Pele as salsichas Viena e tire a casca do bacon. Enrole as fatias de bacon nas salsichas e pincele com o ovo. Enrole cuidadosamente a carne de porco e pincele com a margarina. Vire para cima e asse em forno moderado por 40 minutos.

Rosbife

Limpe bem um quilo e meio mais ou menos de filé ou contrafilé, retirando todas as peles e deixando a carne inteira e grossa (não lave). Fure-a bem com um garfo. Prepare uma vinha-d'alho amassando dois dentes de alho com sal, um pouco de condimento, mais ou menos uma colher de sopa de extrato de tomate, coentro picado e rodelas de cebola e de tomates e coloque a carne nessa mistura por alguns minutos, deixando abafada. Depois leve ao fogo forte uma assadeira com margarina e um pouco de óleo. Quando a gordura estiver bem quente e escura, ponha a carne (sem as verduras e a salmoura) e ao assar vá esfregando bem a carne sobre a assadeira a fim de tostar bem dos dois lados. Estando a carne bem tostada, retire-a e reserve. Ponha na assadeira (sempre no fogo) os temperos que foram postos na vinha-d'alho e ficaram reservados. Vá esfregando esses temperos na gordura da assadeira até escurecerem, depois ponha água aos poucos, mexendo com uma colher de pau até ficar um molho escuro. Em seguida ponha nesse molho a carne que foi reservada. Apague o fogo e deixe a assadeira tampada.

CAPÍTULO 8

SOBREMESAS

Bolos, tortas, mousses, pudins e sorvetes são o final perfeito para uma refeição, e as receitas detalhadas neste capítulo constituem uma imensa variedade, exposta em mais de 200 opções à sua escolha. Destacamos o bolo de rolo, o bolo Souza Leão, o pé de moleque, o bolo de noiva, as tortas de maçã e de uva e os sorvetes de frutas. Na seção *Sobremesas diversas*, destacamos os bons-bocados, o pastel de nata, o pastel de Natal ou pastel de festa, o filhós e o suspiro.

8.1 Bolos

Bolinhos de nozes

1 xícara de nozes picadas

3 gemas

150 gramas de chocolate meio amargo

100 gramas de manteiga sem sal

1 xícara de açúcar

1 xícara de farinha de trigo

1 colher de café de pó Royal

Misture bem a manteiga com o açúcar, depois com as três gemas e o chocolate derretido. Em seguida ponha a farinha de trigo, as claras batidas e as nozes picadas. Unte um tabuleiro número um e polvilhe-o com farinha de trigo. Despeje a massa e leve para assar em forno forte. O chocolate é derretido com um pouco de água no fogo e deve ser usado frio. Corte o bolo em quadradinhos no tabuleiro.

Bolinhos Dulce

4 ovos

2 xícaras de chá de açúcar

2 xícaras de farinha de trigo

1 xícara de maisena

1 xícara de leite

1 xícara de manteiga

6 colherinhas de pó Royal

1 pitada de sal

Bate-se bem a manteiga com o açúcar, depois põem-se as gemas, uma a uma, batendo; em seguida peneira-se a farinha de trigo com a maisena e o pó Royal e incorpora-se à massa, pondo o leite aos poucos e batendo continuamente. Por fim, acrescentam--se as claras bem batidas em neve com sal. Leva-se ao forno em um tabuleiro bem untado e polvilhado com farinha de trigo. Divide--se a massa em duas partes iguais, e em uma das partes põem-se três colheres de sopa de Nescau, devendo a massa ficar dividida ao meio, quando colocada no tabuleiro (metade do tabuleiro com massa branca, e a outra com massa de Nescau). Depois de assado, espalha-se o glacê de laranja, e corta-se em quadradinhos.

Glacê

Misturam-se bem o caldo de umas três laranjas azedas e açúcar, batendo com uma colher de pau, a fim de ficar grosso, e em seguida passa-se por cima do bolo quente.

Bolo 5 minutos

7 colheres de sopa de açúcar

2 colheres de sopa de manteiga

5 colheres de sopa de farinha de trigo

1 colher de sobremesa de pó Royal

1 colher de sopa de leite

3 ovos

Bate-se bem a manteiga com o açúcar. Depois juntam-se as gemas, batendo bem. Põem-se a farinha de trigo peneirada com o pó Royal, o leite e, por último, as claras, batidas em neve. Ao acrescentar as claras em neve, mistura-se levemente com uma colher de pau. Leva-se ao forno quente em forma bem untada com manteiga e polvilhada com farinha de trigo.

Bolo aliado

6 ovos (claras e gemas)

450 gramas de manteiga

450 gramas de açúcar

450 gramas de farinha de trigo

1 xícara de chá de leite puro de coco ou de leite de vaca

1 colher de chá de pó Royal

1 colher de chá de baunilha

Bate-se bem a manteiga com o açúcar. Depois de bem batido, juntam-se as gemas, uma a uma, batendo bem. Adicionam-se o leite e a farinha de trigo peneirada com o pó Royal, batendo sempre. Por último, põem-se as claras bem batidas em neve. Assa-se em três formas bem untadas e polvilhadas com farinha de trigo. Depois de assado, recheia-se e cobre-se todo o bolo com o seguinte recheio.

Recheio

200 gramas de amêndoas picadas

1 xícara de chá de leite

2 colheres de chá de manteiga

1 colher de chá de baunilha

3 colheres de sopa de açúcar

2 gemas bem batidas

Mistura-se tudo e leva-se ao fogo, mexendo até cozinhar. Depois faz-se um doce de ameixas bem espesso. Com o creme pronto, mistura-se ao doce de ameixas machucadas, e recheia-se e cobre-se todo o bolo. Para o doce, são necessários 200 gramas de ameixas.

Bolo americano

1 xícara de chá de manteiga

2 xícaras de chá de açúcar

3 xícaras de chá de farinha de trigo

5 ovos

1 colher de sopa de pó Royal

1 xícara de leite

Bate-se bem a manteiga com o açúcar, depois põem-se as gemas, e continua-se a bater. Colocam-se a farinha de trigo e o pó Royal, e vai se alternando com o leite. Em seguida botam-se as claras batidas em neve. Leva-se ao forno em tabuleiro untado. Depois de assado, divide-se em dois, liga-se com creme de baunilha e cobre-se com açúcar.

Bolo creme

5 ovos

250 gramas de manteiga

400 gramas de farinha de trigo

400 gramas de açúcar

1 copo de leite

6 colheres de chá de pó Royal

Raspa de 2 limões verdes

Caldo de um limão

Bate-se bem a manteiga com açúcar. Depois juntam-se a farinha de trigo peneirada com o pó Royal, alternando com o leite e o limão. Por último põem-se as claras bem batidas em neve e a raspa de limão. Bate-se bem, até abrir bolhas. Assa-se em três formas redondas bem untadas e polvilhadas com farinha de trigo. Depois de assado, recheia-se com maracujá ou outra fruta qualquer.

Recheio

Batem-se bem uns oito maracujás com açúcar. Depois põe-se um pouco de água. Coa-se em peneira, devendo ficar com um creme espesso. Com esse creme, recheia-se e cobre-se todo o bolo.

Bolo cremoso de milharina

3 ovos

3 xícaras de chá de açúcar

3 colheres de café de pó Royal

4 xícaras de leite

1 xícara e meia de milharina ou canjiquinha

1 colher de sopa de manteiga derretida

3 colheres de sopa de farinha de trigo

1 xícara de coco ralado

6 colheres de queijo parmesão ralado

Bata no liquidificador todos os ingredientes. Depois de tudo bem misturado, coloque em uma forma bem untada e polvilhada com farinha de trigo. Leve ao forno para assar.

Bolo de ameixas

6 ovos

300 gramas de açúcar

250 gramas de manteiga

300 gramas de farinha de trigo

1 colher de chá de pó Royal

250 gramas de ameixas

1 caixa de passas sem caroços

Bate-se bem batida a manteiga com o açúcar; põem-se depois as gemas, uma a uma, batendo sempre. Acrescentam-se a farinha de trigo e o pó Royal aos poucos, as claras bem batidas em neve e, em seguida, o doce de ameixas e as passas. O doce de ameixas é feito com 250 gramas de ameixas, duas xícaras de chá de açúcar e duas xícaras de água. Depois do doce pronto, retiram-se os caroços, e machucam-se as ameixas com o garfo.

Bolo de chocolate com baba de moça

300 gramas de manteiga

3 xícaras de chá de açúcar

4 ovos, com claras e gemas batidas juntas

9 colheres de sopa de chocolate em pó

3 xícaras de chá de leite

1 colherinha de baunilha

3 xícaras de farinha de trigo

2 colherinhas de pó Royal

À parte, em uma panela, levam-se ao fogo o chocolate em pó, o leite e a baunilha, mexendo e deixando engrossar. Depois de fervido e já bem frio, põe-se na massa do bolo; por último, acrescenta-se a farinha de trigo peneirada com o pó Royal. Põem-se um cálice de licor ou de vinho do Porto e um prato fundo de frutas cristalizadas bem picadas (ameixas, abacaxi, caju, cidra, figos etc.). Assa-se em três formas redondas bem untadas e polvilhadas com chocolate em pó. Depois de assadas, recheia-se com baba de moça.

Recheio de baba de moça

1 copo de leite puro de coco

1 copo de calda em ponto de fio

4 gemas

Juntam-se todos os ingredientes, e leva-se ao fogo para engrossar até mostrar o fundo da panela.

Bolo de chocolate com castanha

1 xícara de chá de manteiga

2 xícaras de farinha de trigo

3 xícaras de açúcar

9 colheres de sopa de chocolate em pó

6 ovos bem batidos

1 colher de chá e meia de pó Royal

1 xícara e meia de castanhas-de-caju torradas e moídas

1 cálice de vinho do Porto

Bate-se a manteiga com o açúcar. Depois adicionam-se os ovos bem batidos (como para pão de ló) e a farinha de trigo peneirada com o chocolate e o pó Royal. Por último, põem-se as castanhas moídas. Assa-se em forma untada e polvilhada com chocolate em pó.

Bolo de claras

450 gramas de margarina

450 gramas de açúcar

450 gramas de farinha de trigo

10 claras batidas em neve

1 colher de sopa bem cheia de pó Royal

1 copo de leite ou de caldo de maracujá

Bater bem a margarina com o açúcar e juntar a farinha de trigo e o pó Royal. Depois acrescentar alternadamente o leite e, por último, as claras bem batidas em neve. Misturar tudo muito bem com uma colher de pau. Levar ao forno para assar e, ao sair do forno, pôr a cobertura.

Cobertura

2 xícaras de chá de leite morno

1 colher de sopa de manteiga

Colocar pouco a pouco açúcar peneirado dentro do leite batendo bem. Pode-se acrescentar também uma colher de chá de baunilha. Ao retirar o bolo do forno, colocar logo a cobertura alisando-a com uma faca. A forma é untada com margarina e polvilhada com farinha de trigo.

Bolo de Coca-Cola

3 xícaras de chá de açúcar

250 gramas de manteiga

5 gemas

3 xícaras e meia de farinha de trigo

1 colher de sopa de pó Royal

Meia garrafa mais um dedo de uma Coca-Cola pequena

1 xícara de Nescau

3 claras batidas em neve

1 lata pequena de ameixas

Bate-se bem a manteiga com o açúcar e as cinco gemas. Depois juntam-se os ingredientes secos e a Coca-Cola, e por último põem-se as três claras em neve e o doce de ameixas passado no liquidificador. Leva-se ao fogo em forma bem untada e polvilha com Nescau.

Calda

3 colheres de sopa e meia de açúcar

4 colheres de sopa de Nescau

5 colheres de sopa de leite

1 colher de chá de baunilha

Leva-se ao fogo. Depois de assado, fura-se o bolo com um garfo, e põe-se a calda por cima.

Bolo de coco em camadas

3 xícaras de chá de farinha de trigo

3 xícaras de açúcar

3 ovos

250 gramas de manteiga

1 copo de leite

2 colheres de sobremesa de pó Royal

Bata o açúcar com as gemas e a manteiga. Junte as claras batidas em neve com um pouco de sal e bata bastante. Adicione a farinha de trigo, alternando com o leite. Por último, junte o pó Royal, mas sem bater, misturando-o na massa. Leve ao forno em três formas rasas, bem untadas e polvilhadas com farinha de trigo. Depois de assadas, una as camadas com o recheio.

Recheio

1 coco ralado bem fino

6 gemas

2 colheres de chá de baunilha

Meio quilo de açúcar

Faça com o açúcar uma calda em ponto de fio brando. Junte em seguida o coco ralado, as gemas, uma a uma, mexendo com uma colher de pau. Leve ao fogo, mexendo sempre, para não pegar na caçarola. Quando estiver bem unido e aparecendo o fundo da caçarola, retire do fogo e ponha a baunilha. Una as partes do bolo com esse doce.

Bolo de festa

1 quilo de manteiga

1 quilo de açúcar

1 quilo de farinha de trigo

12 ovos

1 copo de vinho do Porto

600 gramas de ameixas picadas

200 gramas de cidras picadas

200 gramas de figos picados

200 gramas de abacaxi picado

1 caixa de passas

3 colheres de sopa de Nescau

2 colheres de sopa rasas de pó Royal

Raspas de meia noz-moscada

As frutas secas são picadas e postas de molho no vinho do Porto, de véspera, na geladeira.

Bate-se a manteiga e o açúcar. Acrescenta-se a farinha de trigo com o pó Royal. Mistura-se as gemas e incorpora as claras batidas em neve, o Nescau, as raspas de noz-moscada e as frutas que ficaram de molho no vinho do Porto. Leva-se ao forno pré-aquecido.

Glacê

1 colher de sopa de caldo de limão para cada clara

1 colher de sopa de água gelada

Açúcar peneirado até endurecer

Seca rápido.

Bolo de laranja em camadas

2 xícaras de chá e meia de farinha de trigo

1 xícara de chá e meia de manteiga derretida

Meia xícara de chá de açúcar

Meia xícara de chá de leite

2 gemas e 1 clara

4 colheres de chá de pó Royal

2 paus de chocolate ralado

Meia xícara de chá de calda de laranja

Bata a manteiga com o açúcar, junte as gemas batendo sempre, junte a farinha de trigo peneirada com o pó Royal, o leite, a calda da laranja e uma clara em neve. Divida a massa em duas partes, numa delas adicione o chocolate. Prepare duas formas iguais bem untadas e coloque em uma a massa simples e na outra a massa com chocolate. Leve ao forno brando durante uns 20 minutos.

Recheio

2 xícaras de chá e meia de açúcar

3 colheres de sopa de manteiga

2 colheres de sopa de caldo de laranja

Polpa de uma laranja

Clara batida em neve

Ponha os ingredientes em uma tigela e bata bem juntando a clara batida em neve. Cubra o bolo com metade desse recheio e enfeite com meio pau de chocolate feito em lascas com uma faca. Com o resto do recheio junte meio pau de chocolate ralado e ponha entre as camadas do bolo.

Bolo de maçã

225 gramas de manteiga

325 gramas de açúcar

225 gramas de farinha de trigo

5 ovos

1 colher de sobremesa e meia de pó Royal

4 colheres de sopa e meia de cerveja ou de leite

700 gramas de maçãs cortadas em fatias

Bata a manteiga com o açúcar, junte em seguida as gemas, a farinha de trigo peneirada com o pó Royal, o leite e, por último, as claras batidas em neve. Bata bem, até abrir bolhas. Unte uma forma redonda e alta. Arrume uma camada de massa e cubra com fatias de maçã, polvilhando açúcar e canela; providencie outra camada de massa seguida de maçã, até terminar, sendo a última camada de massa. Leve ao forno para assar. Ao desenformar o bolo, cubra-o com geleia de goiaba ou açúcar com canela.

N.B.: as fatias de maçã, para colocá-las no bolo, devem ser passadas em farinha de trigo.

Bolo de macaxeira

Meio quilo de macaxeira crua e ralada
1 coco ralado
Meio quilo de açúcar, feito mel em ponto de fio
3 ovos (claras e gemas)
1 colher de sopa de manteiga
4 colheres de sopa de queijo ralado, de preferência queijo do reino
Sal
Misture todos os ingredientes e passe a mistura no liquidificador, exceto a manteiga, que é posta por último, já derretida. Ponha a mistura em forma untada com margarina e leve ao forno para assar.

Bolo de mandioca

2 xícaras de açúcar
4 xícaras de chá de mandioca lavada, espremida e peneirada
2 colheres de sopa bem cheias de manteiga
Leite grosso de dois cocos, tirado em pouca água
4 gemas
4 claras batidas em neve
1 xícara de castanhas-de-caju torradas e moídas com um pouco de sal
Mistura-se tudo e leva-se ao forno para assar em forma bem untada e polvilhada com farinha de trigo.

Bolo de milho-verde

12 espigas de milho-verde

Leite puro de 1 coco e meio

2 colheres de sopa de manteiga derretida

Sal e açúcar ao paladar

Corta-se o milho e passa-se em máquina de moer. Depois põe-se água no milho moído e passa-se em urupema, espremendo bem o milho, não devendo ficar muito fino. Ao passar o milho na máquina de moer, escorre um caldo fino de milho. Separa-se esse caldo para juntar ao milho já passado na urupema. Adicionam-se ao caldo açúcar ao paladar, sal, o leite de coco e a manteiga derretida. Leva-se ao fogo, mexendo sempre, até engrossar. Depois leva-se ao forno quente em forma bem untada com margarina.

Bolo de Nescau I

1 ovo, clara e gema

1 xícara de chá de água ou leite

1 xícara de manteiga

1 xícara e meia de farinha de trigo

4 colheres de sopa de Nescau

1 colher de sopa de pó Royal

1 xícara de chá de açúcar

Bata bem a manteiga com o açúcar. Junte o ovo desmanchado no leite ou na água. Bata bem e junte os ingredientes secos. Leve ao forno em forma bem untada e polvilhada com Nescau. Depois de assado, cubra com o recheio de Nescau, logo ao sair do forno, na própria forma. Quando esfriar, desenforme e cubra com o resto do recheio.

Recheio

1 xícara de água

4 colheres de sopa de açúcar

4 colheres de sopa de Nescau

3 colheres de manteiga

1 colherinha de baunilha

Leve ao fogo todos os ingredientes, mexendo até engrossar. Ponha no bolo quente o recheio também quente.

Bolo de Nescau II

2 xícaras de chá de açúcar

Meia xícara de manteiga

2 xícaras de farinha de trigo

1 xícara de maisena

1 colher de chá de bicarbonato de sódio

2 ovos

1 xícara de leite

1 xícara de Nescau

1 caixa de passas

Bate-se bem a manteiga com o açúcar. Depois juntam-se os ovos, claras e gemas, e continua-se batendo bastante. Adiciona-se a farinha de trigo (peneirada) com a maisena e o Nescau, alternando com o leite. Por último, põe-se o bicarbonato, e bate-se bem. Leva-se ao forno para assar em três formas redondas, bem untadas e polvilhadas com Nescau. Depois de assado, recheia-se e cobre-se com merengue.

Merengue

1 xícara de chá de Nescau

1 xícara de açúcar

1 colher de sopa de maisena

1 colher de sopa de manteiga

1 copo de água

1 colherinha de baunilha

Levam-se ao fogo todos os ingredientes, mexendo sempre, até engrossar. Ao sair do fogo, adicionam-se passas.

N.B.: esse bolo pode ser feito com duas camadas de Nescau e uma camada branca (sem Nescau).

Bolo de Nescau III

4 xícaras de chá de açúcar

2 xícaras de manteiga

3 xícaras de farinha de trigo

1 xícara de maisena

2 xícaras de leite

6 ovos

Meia lata pequena de Nescau

2 colheres de sopa de pó Royal

1 pitada de sal

1 colher de chá de baunilha

Bate-se bem a manteiga com o açúcar, juntam-se as gemas, uma a uma, batendo bem. Depois alternadamente acrescentam-se a farinha de trigo peneirada com a maisena e o pó Royal, o leite e a baunilha e, por último, as claras batidas em neve com sal. Leva-se ao forno em uma forma bem untada com manteiga e polvilhada com Nescau.

Recheio

4 xícaras de chá de açúcar

Meia lata pequena de Nescau

2 colheres de sopa de manteiga

Leite até ficar em ponto de pasta

O recheio não vai ao fogo. Pode-se rechear com brigadeiro.

Bolo de noiva

850 gramas de manteiga

850 gramas de açúcar

850 gramas de farinha de trigo

2 colheres de sobremesa de pó Royal

20 ovos

250 gramas de amêndoas

250 gramas de figos secos

400 gramas de ameixas

400 gramas de passas sem sementes

400 gramas de doce de laranja

150 gramas de Nescau

2 copos de leite

Um quarto de queijo do reino ralado

2 cálices de martíni branco

2 cálices de vinho do Porto

1 colher de sopa de essência de amêndoas

Parta as ameixas, retire os caroços e leve ao fogo com 500 gramas d'água e 350 gramas de açúcar. Depois do doce pronto, passe no liquidificador sem o mel. Passe também no liquidificador o doce de laranja sem a calda, as amêndoas e os figos. Peneire a farinha de trigo com o pó Royal. Bata bem a manteiga com açúcar e a seguir junte as gemas, uma a uma, batendo continuamente. Acrescente em seguida as claras batidas em neves e bata até talhar. Ponha aos poucos farinha de trigo, batendo continuamente, até unir bem. Depois, acrescente o doce de ameixas feito na véspera. Misture bem a massa com uma colher de pau. Em seguida adicione o doce de laranja, as passas, as amêndoas e o vinho. Junte o Nescau a dois copos de leite, ponha no fogo e mexa bem, para não talhar, até ferver. Deixe esfriar bem e a seguir ponha na massa do bolo, misturando bem. Junte em seguida o queijo ralado. As passas são passadas em farinha de trigo. Coloque a massa em forma adequada, bem untada e forrada com papel-alumínio untado. Leve ao forno para assar por várias horas. A seguir confeite o bolo a gosto.

Bolo de rolo

250 gramas de manteiga

250 gramas de açúcar

250 gramas de farinha de trigo

6 ovos

Bate-se bem a manteiga com o açúcar, até ficar fofo. Depois juntam-se as gemas, uma a uma, batendo sempre. Em seguida, põe-se pouco a pouco a farinha de trigo peneirada. Por último, juntam-se as claras bem batidas em neve. Mistura-se a massa e leva-se ao forno para assar em quatro tabuleiros untados com margarina e polvilhados com farinha de trigo. Depois de assado, vira-se o bolo num guardanapo polvilhado com açúcar peneirado, passa-se uma camada fina de goiabada derretida sobre o bolo, e enrola-se imediatamente. Ao enrolar o segundo tabuleiro, depois de ter passado a goiabada, coloca-se o primeiro rolo sobre o segundo e enrola-se, fazendo o mesmo com o terceiro e o quarto tabuleiros. Depois de ter enrolado todos os quatro tabuleiros de bolo, ficando um só rolo, tira-se do guardanapo, e cobre-se todo o rolo com açúcar peneirado.

N.B.: ao assar os tabuleiros, tenha cuidado para não assar demais a massa.

Bolo doido

2 xícaras de chá de farinha de trigo

1 xícara e meia de chá de açúcar

1 colher de sopa de pó Royal

1 colherinha de sal

1 xícara de chá de leite

Meia colher de sopa de baunilha

250 gramas de manteiga

4 colheres de sopa de chocolate em pó

Cobertura

2 xícaras de chá de açúcar

4 colheres de sopa de chocolate em pó

2 xícaras de chá de água fervendo

Misture a farinha de trigo, o açúcar e o sal. Junte o leite com a baunilha. Derreta a manteiga com o chocolate e junte à mistura anterior. Coloque numa forma de buraco bem untada com manteiga.

Por cima espalhe o açúcar misturado com o chocolate em pó. Por fim despeje a água fervendo na forma. Asse em forno moderado por 20 minutos, até que a calda suba e comece a borbulhar. Desenforme ainda quente e cubra com chocolate granulado.

Bolo elétrico

3 copos de leite de vaca ou de coco

3 copos de açúcar refinado

1 copo e meio de farinha de trigo

3 ovos

5 colheres de sopa de manteiga

4 colheres de sopa de queijo ralado, de preferência queijo do reino

1 colher de sobremesa de pó Royal

1 pitada de sal

Junta-se tudo e bate-se no liquidificador até misturar bem. Leva-se ao forno em forma de pudim bem untada com margarina e polvilhada com farinha de trigo.

Bolo maluco

2 copos não muito cheios de açúcar

2 copos cheios de farinha de trigo

4 ovos

1 colher de café rasa de sal

250 gramas de margarina

1 colher de sopa de pó Royal

Mistura-se tudo e leva-se ao forno em forma bem untada e polvilhada com farinha de trigo. Quando o bolo sair assado do forno, derrama-se por cima, ainda quente e na forma, um mel de açúcar ou qualquer calda de doce (por exemplo, de goiaba). Quando o bolo já estiver frio, tira-se da forma e recobre-se com o resto da calda.

Calda

Meio copo de água

1 copo de açúcar

Leva-se ao fogo para fazer uma calda rala.

Bolo negro

250 gramas de manteiga

2 xícaras de chá de açúcar

2 xícaras e meia de farinha de trigo

1 xícara de leite

4 colheres de sopa de Nescau

2 colheres de sopa de pó Royal

6 ovos

Bate-se a manteiga bem batida com o açúcar. Depois põem--se as gemas, o leite e a farinha de trigo peneirada com o pó Royal e o Nescau. Por último acrescentam-se as claras bem batidas em neve. Leva-se ao forno para assar em forma ou em tabuleiro bem untado e polvilhado com Nescau. Depois de assado parte-se ao meio, recheia-se e cobre-se com glacê.

Glacê

Bate-se bem meia xícara de chá de manteiga com uma xícara de açúcar e meia xícara de Nescau. Depois de bem batido, acrescenta--se um cálice de vinho do Porto. Só se põe o glacê no bolo quando a massa já estiver bem fria. Entre as camadas põe-se doce de ameixas, deixando umas inteiras para por em cima. Faz-se desenho por cima do bolo com o glacê de manteiga, e enfeita-se com ameixas inteiras.

Bolo papai Noel

1 xícara de chá de manteiga

1 xícara e meia de açúcar

4 ovos

2 colheres de sopa de rum

3 colheres de chá de baunilha

2 xícaras de farinha de trigo

Três quartos de xícara de maisena

1 colher de sopa de pó Royal

1 pitada de sal

1 xícara de amêndoas moídas

Três quartos de xícara de cidra picada

Três quartos de xícara de figos picados

Três quartos de xícara de ameixas pretas

Três quartos de xícara de abacaxi picado

1 caixa de passas sem sementes

1 tablete grande de chocolate meio amargo ralado

1 copo de vinho do Porto

Bata bem a manteiga com o açúcar, até ficar um creme. Junte aos poucos os ovos, batendo sempre. Acrescente o rum, o sal e a baunilha. Junte aos poucos a farinha de trigo peneirada com o pó Royal. Por último, misture levemente as frutas – que foram picadas e postas, de véspera, no vinho do Porto – e o chocolate ralado. Asse em forma redonda, bem untada e polvilhada com chocolate em pó ou Nescau. Desenforme e, depois de frio, polvilhe fartamente com chocolate granulado ou cubra com glacê branco.

Bolo pé de moleque

1 quilo de massa de mandioca lavada, espremida, úmida e peneirada

2 cocos grandes raspados

2 xícaras de chá de água quente

250 gramas de castanhas-de-caju torradas e liquidificadas, reservando-se algumas inteiras

2 colheres de sopa de manteiga

3 ovos

4 xícaras de açúcar

1 xícara de café bem forte

1 colher de sopa de erva-doce torrada, liquidificada e peneirada

1 colher de sobremesa de canela em pó

Sal, o que for necessário

1 colher de sobremesa de cravo-da-índia torrado, liquidificado e peneirado

Raspam-se os cocos. Tira-se o leite puro, e depois adicionam-se as duas xícaras de água quente ao bagaço, para tirar o leite ralo. Mistura-se tudo, e por fim põe-se o leite puro de coco. Coloca-se a massa em uma forma untada e polvilhada com farinha de trigo, e sobre o bolo acrescenta-se um pouco de leite de coco. Leva-se ao forno para assar. Estando quase assado, colocam-se as castanhas inteiras na massa e deixa-se assar bem.

Bolo Souza Leão

1 quilo de açúcar

5 xícaras de chá de água

12 gemas

1 quilo de massa de mandioca fresca

400 gramas de manteiga

4 cocos

1 colher de chá de sal

Faz-se uma calda em ponto de fio fraco, retira-se do fogo e, ainda quente, acrescentam-se a manteiga e o sal. Aquece-se o coco ralado fino, para conseguir tirar o leite puro, ao qual se juntam as gemas. Mexendo bem, incorpora-se a massa de mandioca lavada, espremida, úmida e peneirada (pesada somente após esse processo). Junta-se a calda, e leva-se para assar em forma bem untada com manteiga, adicionando uma xícara de castanhas-de-caju torradas e liquidificadas (e bem misturadas).

N.B.: o bolo, depois de assado, deve ficar com a consistência de um pudim.

Bolo suíço (gelado)

Creme

2 colheres de sopa de maisena

1 xícara e meia de leite

2 colheres de sopa de açúcar

2 gemas

1 pitada de sal

1 colherinha de baunilha

Dissolva bem a maisena no leite, junte todos os outros ingredientes e leve ao fogo, mexendo sempre, até engrossar. Quando esfriar, leve ao congelador. Depois bata no liquidificador, juntando uma lata de creme de leite gelado (sem soro), e leve novamente ao congelador. Forre uma forma de bolo com um plástico untado e arrume fatias de bolo de rolo no fundo e dos lados. Despeje o creme gelado e leve, de um dia para o outro, outra vez ao congelador. Depois desenforme sobre um prato grande e cubra com compota de goiaba.

Bolo surpresa de abacaxi

1 pão de ló assado em forma redonda de 22 centímetros

2 xícaras de chá de açúcar

8 colheres de sopa de caldo de abacaxi

4 ovos

2 xícaras de farinha de trigo

2 colheres de sobremesa de pó Royal

Recheio

1 abacaxi médio, cortado em pedacinhos (reserve o caldo que soltar)

250 gramas de manteiga sem sal

250 gramas de açúcar

2 gemas

Prepare o pão de ló, asse e deixe esfriar. Corte uma tampa no bolo e com uma colher retire toda a massa, deixando vazia a casca de mais ou menos um centímetro de grossura. Molhe essa casca com o caldo de abacaxi. Com a massa retirada do bolo faça um farelo. Prepare o recheio. Bata as gemas com a manteiga até fique esbranquiçada. Acrescente o açúcar aos poucos, até obter um creme leve. Junte o farelo do bolo e o abacaxi picadinho. Encha a casca do bolo com esse creme. Coloque novamente a tampa do bolo, umedecida com o caldo do abacaxi. Cubra todo o bolo com chantili, enfeite-o com rodelas de abacaxi e cerejas em calda e leve à geladeira. De preferência, prepare de véspera. Sirva bem gelado.

Bolo tentador

5 ovos
250 gramas de manteiga
250 gramas de açúcar
250 gramas de farinha de trigo
Meia xícara de leite
1 colher de sopa rasa de pó Royal

Recheio de baba de moça

400 gramas de açúcar
1 copo e meio de água
Leite puro de um coco grande
4 gemas
Faz-se uma calda em ponto de fio com o açúcar e a água. Deixa-se esfriar, depois juntam-se as gemas e o leite de coco. Mexe-se bem e leva-se ao fogo para formar um creme, mexendo sempre. O bolo é feito em camadas, recheado e coberto com a baba de moça.

Bolo torta branca

1 xícara de chá de manteiga
2 xícaras de chá de açúcar

2 xícaras de farinha de trigo

1 xícara de maisena

1 xícara de leite

6 claras batidas em neve

1 colher de sobremesa de pó Royal

1 colher de sopa de caldo de limão

Bate-se bem a manteiga com o açúcar. Em seguida acrescentam-se as claras, bem batidas em neve, o leite e a farinha de trigo peneirada com a maisena e o pó Royal. Por último adiciona-se o caldo de limão. Assa-se em forma de pudim bem untada com manteiga e polvilhada com farinha de trigo. Depois de assado, recheia-se o bolo.

Primeiro recheio

6 colheres de sopa de açúcar

2 colheres de sopa de manteiga

100 gramas de queijo do reino ralado

Meia xícara de chá de leite

6 gemas batidas

Mistura-se tudo e leva-se ao fogo, mexendo sempre, até aparecer o fundo da panela.

Segundo recheio

125 gramas de ameixas

200 gramas de açúcar

Faz-se o doce, e cobre-se o primeiro recheio.

Bolo torta Noel

4 ovos

2 xícaras de chá de açúcar

2 xícaras de farinha de trigo

4 colheres de sopa de Toddy

1 colher de sopa de pó Royal

1 xícara de chá de leite fervente

Bata as claras em neve. Adicione as gemas, uma a uma, batendo sempre, acrescente o açúcar, a farinha de trigo, o Toddy e o pó Royal, tudo peneirado junto, misturando bem.

Junte o leite aos poucos, mexendo levemente. Despeje numa assadeira número dois bem untada e polvilhada com farinha de trigo. Leve ao forno aquecido e moderado. Desenforme depois de morno em um papel manteiga.

Recheio

1 xícara de manteiga

2 xícaras de açúcar

3 ovos

1 colher de chá de baunilha

1 cálice de rum

6 seis colheres de sopa de Toddy

1 lata de creme de leite gelado e sem soro

Bata bem a manteiga com o açúcar. Junte as gemas, uma a uma, a baunilha e o rum. Por último acrescente o creme de leite, mexendo sem bater. Deixe na geladeira por uma hora.

Calda para umedecer o bolo

1 copo de leite

1 colher de sopa de Toddy

2 colheres de sopa de açúcar

1 colher de sopa de rum

Misture tudo.

Arrumação

Corte o bolo ao meio no sentido horizontal. Umedeça com a calda, passe metade do recheio entre as camadas, sobrepondo com a outra parte do bolo, cubra inteiramente com o resto do recheio, salpique 100 gramas de chocolate granulado e leve à geladeira no mínimo por quatro horas.

Bolo xadrez

6 ovos

4 xícaras de farinha de trigo

3 xícaras e meia de açúcar

2 xícaras de manteiga

2 xícaras de leite

3 xícaras de Nescau

4 colheres de chá de pó Royal

Bate-se bem a manteiga com o açúcar, depois incorporam-se as gemas, batendo sempre, e em seguida põem-se o leite com o pó Royal, as claras batidas em neve e, por último, a farinha de trigo. Depois de bem batida, divide-se a massa do bolo em duas partes iguais. Em uma das partes põem-se duas xícaras de Nescau e um cálice de vinho do Porto. A outra parte da massa fica como está (clara). Leva-se para assar em três formas mágicas. Põe-se parte da massa clara no círculo externo da forma, e no círculo central põe-se a massa escura. Repete-se a forma mágica com cuidado, para que a massa escura não se misture com a clara antes de estar assada. Assim reveza-se a colocação da massa no círculo, até terminar. Depois de todas as formas assadas, põe-se o recheio entre as camadas e sobre todo o bolo.

Recheio

2 xícaras de chá de Nescau

2 xícaras de açúcar

1 xícara de leite

1 colher de sopa de manteiga

1 colher de chá de baunilha

Leva-se ao fogo lento até engrossar. Ao sair do fogo, bate-se bem.

Delicioso bolo de laranja

1 xícara de chá de manteiga

1 lata de creme de leite gelado e sem soro

5 ovos

1 copo de caldo de laranja

3 xícaras de açúcar

1 colher de chá de raspa de laranja e limão

2 xícaras de maisena

1 xícara de farinha de trigo

1 colher de sopa de Nescau

150 gramas de castanhas-de-caju torradas e moídas

Bata bem a manteiga com o creme de leite sem soro, misturando e mexendo em seguida as gemas, o açúcar e as raspas de laranja e limão. Junte as claras batidas em neve bem firmes. Bata bem, depois junte os ingredientes secos, a maisena peneirada com a farinha de trigo e sal. Misture tudo com uma colher de pau. Unte um assador com manteiga e polvilhe com farinha de trigo, pondo a metade da massa. Na outra metade, junte as castanhas, o Nescau e meio copo de caldo de laranja e ponha por cima da primeira massa. Com um garfo, misture as massas um pouco. Leve ao forno quente para assar. Depois de assado, corte em três partes iguais. Recheie e cubra com glacê.

Glacê

1 xícara de café de leite

1 colher de sopa de manteiga

Leve ao fogo para derreter. Depois junte suco de laranja e açúcar, batendo com uma colher. Ponha açúcar até o ponto de cortar com uma faca e não separar o glacê. Enfeite com gomos de laranja, ameixas ou pastilhas ou, ainda, cerejas em calda.

Glacê para confeitar bolos – Hosana

1 pacote de manteiga

3 xícaras de chá de açúcar

Bate-se na batedeira até ficar duro.

Glacê para confeitar bolos

6 claras bem batidas em neve

1 quilo de açúcar de confeitar

Caldo de 3 limões

Batem-se as claras na batedeira com uma pitada de sal. Estando bem batidas, põem-se o açúcar peneirado aos poucos e o caldo de limão, e bate-se bem até endurecer.

Meu bolo delicioso

2 copos de açúcar refinado

1 copo de maisena

1 copo de creme de arroz Colombo

250 gramas de manteiga

4 ovos inteiros

1 colher de sopa de pó Royal

1 colherinha de sal

Bata bem a manteiga com o açúcar, depois junte os ovos (claras e gemas), um de cada vez, batendo continuamente. Peneire juntos a maisena, o creme de arroz, o pó Royal e o sal e incorpore pouco a pouco à massa. Bata um pouco mais. Leve para assar em três formas redondas bem untadas com margarina e polvilhadas com farinha de trigo. Depois de assado, recheie e cubra o bolo com o glacê de leite Moça.

Glacê

1 lata de leite Moça

200 gramas de manteiga

1 colher de sopa de caldo de limão

Bata na batedeira a manteiga até obter um creme esbranquiçado e vá juntando aos poucos o leite Moça e o caldo de limão, batendo sempre, até obter consistência de glacê. Utilize-o no recheio e na cobertura.

Pão de ló de laranja

Separar as claras de seis ovos. Bater em suspiro com uma pitada de sal, devendo ficar bem firme. Juntar as seis gemas, uma a uma, batendo sempre. Acrescentar aos poucos três xícaras de chá de açúcar peneirado e bater bem. Separadamente, preparar uma xícara de caldo de laranja. Peneirar uma xícara e meia de maisena e uma e meia de farinha de trigo. Misturar com uma colher de sopa de pó Royal e juntar aos poucos à massa, sem bater, alternando com o caldo de laranja em colheradas. Juntar tudo e levar ao forno em forma bem untada e polvilhada com farinha de trigo. Depois de assado, cobrir com o glacê de laranja.

Glacê de laranja

Misturar bem o caldo de umas três laranjas ácidas com açúcar suficiente para deixá-lo grosso e passar no bolo quente.

Pão de ló recheado gelado

8 ovos

8 colheres de farinha de trigo

8 colheres de sopa de açúcar

Gotas de essência de baunilha

Bata as claras em neve bem firmes, junte as gemas e bata bem; junte o açúcar, continue a bater; adicione a farinha de trigo e umas gotas de essência de baunilha misturando bem. Asse em forma redonda, untada com manteiga e polvilhada com farinha de trigo. Depois de assado, corte ao meio, fazendo duas camadas, e recheie.

Recheio

4 gemas

6 colheres de sopa de açúcar

2 copos de leite

1 colher de sopa de maisena

Gotas de essência de baunilha

Bata as gemas com o açúcar, junte aos poucos o leite com a maisena. Leve ao fogo, mexendo até tomar consistência. Adicione a baunilha e reserve.

Frutas

2 maçãs descascadas e cortadas em pedacinhos
1 laranja-baía descascada, sem peles e cortada em pedacinhos

Calda

250 gramas de açúcar
1 colher de sopa de manteiga

Leve ao fogo o açúcar com a manteiga deixando queimar ligeiramente e junte uma xícara de água. Deixe no fogo até formar uma calda rala, utilizando-a ainda quente.

Suspiro

4 claras bem batidas em neve
6 colheres de sopa de açúcar refinado e peneirado
Raspas de limão verde

Arrumação

Despeje um pouco de calda em um prato de pirex fundo. Ponha a primeira camada do pão de ló e por cima coloque uma camada de recheio e uma de frutas misturadas. Coloque a seguir a segunda camada do pão de ló e despeje por cima do bolo o resto da calda. Em seguida cubra tudo com o suspiro. Enfeite com talhadas de maçã com casca e chocolate granulado.

Pé de moleque paulista

Meio quilo de amendoim torrado, pelado e inteiro
2 xícaras de chá de açúcar

1 lata de leite Moça

1 colher de sopa de manteiga

1 colher de sopa bem cheia de Nescau

1 pitada de sal

Leva-se o açúcar com o amendoim ao fogo, mexendo até caramelizar. Retira-se do fogo, deixa-se esfriar um pouco, e se colocam os outros ingredientes. Leva-se novamente ao fogo até o ponto de aparecer o fundo da panela, mexendo continuamente. Estando no ponto, retira-se do fogo e despeja-se sobre uma pedra de mármore untada com manteiga. Depois de quase frio, corta-se em quadradinhos.

8.2 Tortas

Torta *baklava* (doce libanês)

Massa folhada

500 gramas de farinha de trigo

200 gramas de manteiga

150 gramas de banha

3 gemas

1 colher de café de sal

Peneire a farinha de trigo em monte sobre a mesa. Faça uma cavidade no centro e coloque a manteiga, amassando com um garfo, as gemas, o sal e um pouco de água fria, o suficiente para dar à massa uma consistência de massa de pastel. Amasse, cubra com um pano e deixe repousar durante uma hora mais ou menos. Abra a massa com um rolo sobre a mesa polvilhada com farinha de trigo, deixando-a na espessura de um centímetro mais ou menos. Bata a banha para amaciar, divida em três partes iguais e espalhe uma parte sobre a massa. Dobre a massa em três partes, abra novamente com o rolo, até ficar da espessura de um centímetro mais ou menos, unte a massa com a segunda parte da banha e torne a repetir a mesma operação. Abra novamente a massa com o rolo, passe a terceira parte da banha e repita a mesma operação. Unte uma forma de torta com manteiga. Abra a massa, separe em duas partes iguais e com uma delas forre o fundo e os lados da forma. Espalhe o recheio sobre a massa já na forma. Cubra com o resto da massa. Quando a torta estiver assada, retire do fogo, deixe esfriar e ponha a calda por cima da torta.

Recheio

500 gramas de nozes ou castanhas-de-caju torradas e picadas

3 colheres de sopa de açúcar

2 colheres de chá de água de flor de laranja

Raladura de uma 1 laranja

Descasque, limpe e pique as nozes. Junte o açúcar, a água de flor de laranja e a raladura da laranja, misturando bem.

Calda

1 xícara de chá de açúcar

Meia xícara de água

Meia xícara de mel de abelha

1 colher de sopa de caldo de limão

Leve ao fogo a água com o açúcar e o mel de abelha e deixe engrossar, fazendo uma calda. Junte o caldo de limão, tire do fogo e espere esfriar.

Torta de abacaxi I

250 gramas de manteiga

3 xícaras de chá de açúcar

6 ovos

1 xícara de chá e meia de farinha de trigo

1 xícara de chá e meia de maisena

1 xícara de chá de leite

1 colher média de pó Royal

Bate-se bem a manteiga com o açúcar, depois põem-se as gemas, uma a uma, batendo sempre. Juntam-se a farinha de trigo peneirada com a maisena, o leite e o pó Royal. Por último põem-se as claras batidas em neve. Leva-se para assar em duas assadeiras médias untadas com margarina e polvilhadas com farinha de trigo. Antes de recheá-la, leva-se a torta ao refrigerador. Depois de fria, recheia-se e cobre-se com uma mistura de um abacaxi picado, açúcar e manteiga. Em seguida leva-se novamente ao refrigerador até a hora de servir.

Torta de abacaxi II

Parte-se um abacaxi em rodelas, e tira-se o talo. Uma metade é picada bem miúda, e a outra espremida e acrescida do caldo de meio limão.

Massa

Batem-se quatro claras bem batidas em neve com quatro gemas, também bem batidas. Adicionam-se quatro colheres de sopa de açúcar, e continua-se batendo. Depois juntam-se quatro colheres de sopa de farinha de trigo peneirada com uma colher de sobremesa de pó Royal e sal. Ao juntar a farinha de trigo, mexe-se com uma colher de pau. Leva-se ao forno para assar em forma redonda, bem untada e polvilhada. Depois de assado, corta-se o bolo ao meio, e põe-se o glacê.

Glacê

Batem-se bem 125 gramas de manteiga com duas xícaras de açúcar. Depois mistura-se com o abacaxi que foi picado e o bagaço (de que se retirou o caldo). Batem-se duas claras bem batidas em neve, e junta-se tudo. Põe-se esse glacê nas camadas, e cobre-se todo o bolo. Leva-se à geladeira por alguns minutos.

Torta de ameixas

Massa

150 gramas de manteiga, farinha de trigo (aos poucos) e uma xícara pequena de água morna com sal e açúcar, até obter uma massa homogênea. Forra-se com a massa uma forma de torta

bem untada com margarina e leva-se para assar em forno moderado. Faça um creme com dois copos de leite, duas gemas, uma colher de sopa de maisena, açúcar ao paladar e raladura de limão verde. Leve ao fogo mexendo bem, até formar um creme. Depois de frio, ponha sobre a massa já assada. Cubra o creme com doce de ameixas amassadas com um garfo. Por cima de tudo, ponha fatias de maçã crua.

Torta de ameixas com creme de leite

400 gramas de ameixas

250 gramas de açúcar

2 copos de água

Faz-se um doce de ameixas, devendo ficar um doce bem espesso. Depois passa-se o doce no liquidificador.

Batem-se cinco claras em neve bem firmes e misturam-se com o doce de ameixas já liquidificado. Põe-se em uma forma de pudim bem untada e leva-se ao forno para assar. Quando estiver tostada, tira-se a torta do forno, deixa-se esfriar e retira-se da forma. Põe-se em um prato e cobre-se com creme de baunilha e creme de leite gelado e sem soro. Leva-se à geladeira até a hora de servir.

Torta de coco

Massa

2 xícaras de chá de farinha de trigo

1 colher de sopa de manteiga

Meia lata de creme de leite gelado e sem soro

2 colheres de sopa de açúcar

Um pouco de sal

Peneira-se a farinha de trigo, juntam-se todos os ingredientes, e mistura-se tudo amassando. Abre-se a massa e põe-se em uma forma de torta untada. Fura-se com um garfo e assa-se por mais ou menos 20 minutos. Depois de assada, recheia-se.

Recheio

1 xícara de chá de leite

3 gemas

4 colheres de sopa de açúcar

Meia lata de creme de leite

1 colher de sobremesa de baunilha

1 xícara e meia de coco ralado

Batem-se no liquidificador os primeiros quatro ingredientes e levam-se ao fogo mexendo até engrossar. Retira-se a mistura do fogo juntando o creme de leite (gelado e sem soro), a baunilha e o coco ralado. Recheia-se a torta já assada, e faz-se um suspiro bem firme com três claras batidas em neve e seis colheres de sopa de açúcar peneirado. Junta-se aos poucos o açúcar às claras, batendo bem, até obter um suspiro consistente. Cobre-se a torta com esse suspiro e decora-se polvilhando coco ralado. Serve-se bem gelada.

N.B.: ao colocar o suspiro na torta, volta-se ao forno para tostar o suspiro.

Torta de coco com creme

Massa

250 gramas de farinha de trigo

125 gramas de manteiga

Meia xícara de chá de açúcar

2 colheres de sopa de baunilha

2 gemas

Amasse ligeiramente todos os ingredientes. Deixe repousar meia hora. Unte uma forma desmontável de 25 centímetros de diâmetro e forre o fundo e os lados com a massa, apertando com os dedos. Fure todo o fundo com um garfo. Leve ao forno quente por uns 15 minutos. Retire antes que doure. Coloque o creme por cima da massa assada, depois leve novamente ao forno até acabar de assar.

Creme

2 copos de leite

2 colheres de sopa de maisena

2 gemas

5 colheres de sopa de açúcar refinado

Raladura de limão verde a gosto

Misture tudo e leve ao fogo, mexendo até engrossar.

Torta de coco com geleia de damasco

1 coco grande ralado

2 xícaras de chá e meia de açúcar

4 claras batidas em neve

Colocam-se o coco e o açúcar numa panela e levam-se ao fogo brando, mexendo sempre com uma colher de pau até ficar uma farofa. Por primeiro fica melado como uma cocada, depois vai ficando esfarinhado e moreninho. Tira-se do fogo e deixa-se esfriar bem. Juntam-se, então, as quatro claras batidas em neve ao coco, e leva-se para assar em uma forma de torta forrada com papel impermeável. Depois de assada, tira-se o papel, e coloca-se a torta no prato em que vai ser servida, tendo o cuidado de colocar de novo o arco da forma. Faz-se à parte um creme com meio litro de leite, uma colher de sopa de maisena, duas gemas, uma colheri-nha de baunilha, uma pitada de sal e açúcar a gosto, devendo ficar um creme grossinho. Depois de morno, põe-se por cima da torta, e leva-se à geladeira.

Geleia

Botam-se os damascos de molho, de véspera. Com eles e a água junta-se o açúcar, e leva-se ao fogo para cozinhar sem des-manchá-los. Depois de cozidos, tiram-se os damascos inteiros com uma escumadeira, e reserva-se. Acrescenta-se à calda mais açúcar, e volta-se ao fogo para engrossar mais um pouco. Adicionam-se também à calda duas folhas de gelatina branca, desmanchadas num pouco de água quente. Volta-se ao fogo por mais algum tempo. Colocam-se os damascos inteiros, arrumando-os em cima do creme, e por cima deles joga-se a geleia, que os espalhará. Leva-se depois à geladeira até a hora de servir.

Torta de coco queimado

2 xícaras de chá de coco ralado

1 colher de sobremesa de açúcar

1 colher de sopa de margarina

2 ovos (claras e gemas)

2 gemas

1 lata de leite Moça cozido em banho-maria por 30 minutos

1 xícara de chá de leite de vaca ou de coco

1 colherinha de baunilha

Leva-se ao fogo o coco ralado com o açúcar em uma frigideira, mexendo sempre com uma colher de pau até dourar, e reserve-se. Bate-se bem a manteiga com os ovos, juntam-se em seguida o leite Moça já cozido, o coco queimado, o leite de vaca e a baunilha. Coloca-se numa forma refratária bem untada com margarina e leva-se ao forno quente.

Torta de damasco

1 xícara de chá de manteiga

4 ovos

2 xícaras e meia de açúcar

1 xícara e meia de maisena

2 xícaras de farinha de trigo

1 xícara de fécula de batata Colombo

1 copo grande de caldo de laranja

Raspa de casca de laranja

1 colher de sopa cheia de pó Royal

Calda

2 copos de água
6 colheres de sopa de chocolate em pó
2 colheres de açúcar
1 cálice de licor de cacau

Recheio

150 gramas de damascos secos
Água e açúcar a gosto ou 1 vidro de geleia de damasco
1 litro de leite
3 colheres de sopa bem cheias de maisena
3 gemas
3 colheres de sopa de açúcar de baunilha

Cobertura

1 lata de creme de leite
200 gramas de chocolate de cobertura (para a massa do bolo)

Bata sem parar a manteiga com as gemas e o açúcar. Junte a raspa e o caldo de laranja, alternando com a mistura de farinha de trigo, maisena, fécula de batata e pó Royal, peneirados todos juntos. Por último, adicione as claras batidas em neve. Coloque a massa numa forma redonda bem untada. Asse em forno quente nos primeiros minutos e depois em forno moderado. Desenforme, deixe esfriar e divida a massa em três partes. Misture a água com chocolate em pó e açúcar e leve ao fogo, deixando ferver até engrossar um pouco. Retire do fogo, junte o licor e deixe esfriar. Faça uma geleia de damasco com os damascos, a água e o açúcar, caso não deseje usar a geleia de damasco pronta. Prepare o creme com o leite, a maisena, as gemas, o açúcar e a baunilha. Regue as três partes do bolo com a calda. Recheie primeiro com a geleia e depois com o creme. Por fim, cubra todo o bolo com a cobertura: aqueça em banho-maria a lata de creme de leite, adicione o chocolate picado e mexa até que dissolva completamente. Se desejar, enfeite com cerejas em calda. Leve à geladeira até o momento de servir.

Torta de farinha láctea

2 ovos

1 lata de creme de leite sem soro

Meia xícara de chá de leite

2 colheres de sopa de manteiga

2 colheres de sopa de Nescau

4 colheres de sopa de açúcar

6 colheres de sopa de farinha láctea

Bata as claras em neve e reserve. Bata as gemas, o açúcar, a manteiga e a farinha láctea alternando com o leite e com meia lata de creme de leite sem soro. Separe essa massa em duas porções e junte a uma o Nescau. Coloque em pirex ou em forma redonda a massa clara, depois a massa escura e por cima a cobertura.

Cobertura

Adicione às claras batidas em neve que foram reservadas uma xícara de chá de açúcar glacê e o resto do creme de leite. Cubra a torta e leve à geladeira.

N.B.: é preferível que seja feita de véspera.

Torta de leite Moça

1 lata de leite Moça

250 gramas de farinha de trigo

125 gramas de manteiga

6 colheres de sopa de açúcar

4 ovos

Massa

Mistura-se a farinha de trigo com a manteiga, com duas colheres de sopa de açúcar e com duas gemas. Amassa-se bem. Forra-se uma forma de torta untada com essa massa, e fura-se a massa com um garfo para não estufar. Leva-se ao forno. Enquanto isso, bate-se o leite com duas gemas até embranquecer. Retira-se a torta do forno, deita-se na massa já assada o leite Moça batido com as gemas e leva-se novamente ao forno. Batem-se as quatro claras bem batidas em neve, juntam-se três colheres de sopa de açúcar e raspa de um limão verde. Quando o creme estiver bom, retira-se a torta do forno e cobre-se com o suspiro, fazendo montinhos, e volta-se novamente ao forno para tostar o suspiro.

Torta de limão I

Massa

250 gramas de biscoitos Maria passados no liquidificador

4 colheres de sopa de açúcar

8 colheres de sopa de manteiga derretida

Mistura-se tudo bem e espalha-se em uma forma de torta bem untada com manteiga.

Recheio

1 lata de leite Moça

Meio copo de caldo de limão

Casca ralada de um limão verde

3 gemas bem batidas

Mistura-se tudo bem, e recheia-se a massa.

Cobertura

Faz-se um suspiro com três claras bem batidas em neve e seis colheres de sopa de açúcar. Cobre-se, então, a torta com esse suspiro e leva-se ao forno por uns 10 minutos.

Torta de limão II

Massa

2 xícaras de chá de farinha de trigo

3 colheres de sopa de manteiga

2 colheres de sopa de açúcar

2 colheres de sopa de leite

Forra-se um pirex raso com essa massa, e leva-se ao forno para assar. Depois de assada, recheia-se com leite Moça e limão, cobre-se com suspiro e leva-se novamente ao forno para tostar o suspiro.

Recheio

1 lata de leite Moça

Meia xícara de caldo de limão

Bate-se no liquidificador o leite Moça com o caldo de limão.

Suspiro

3 claras batidas em neve

6 colheres de sopa de açúcar

Raspa de 1 limão verde

Torta de limão III

1 xícara de chá e meia de maisena peneirada com 1 xícara de chá de farinha de trigo

1 colher de sopa bem cheia de açúcar

Meia colherinha de sal

200 gramas de manteiga amolecida

2 colheres de sopa de água gelada

1 ovo, clara e gema

Junte os ingredientes com as pontas dos dedos, até formar uma bola. Leve à geladeira de véspera. Abra a massa em mesa polvilhada com farinha de trigo e depois use-a para forrar uma forma refratária. Pincele as bordas com gema misturada com manteiga, fure a massa com um garfo e asse em forno moderado por uns 20 minutos mais ou menos.

Recheio

4 gemas

1 xícara de chá de açúcar

2 colheres de sopa de caldo de limão

1 pacote de gelatina branca em pó sem sabor

Meia xícara de chá d'água fria

2 claras batidas em neve

Raladura de 1 limão verde

1 pitada de sal

Bata as gemas com o açúcar até ficar cremoso. Junte em seguida o caldo de limão e leve ao fogo em banho-maria, batendo até engrossar. Adicione a gelatina desfeita e bata até derreter. Retira do fogo e despeje quente sobre as claras batidas em neve. Misture e acrescente a raladura de limão e o sal. Despeje o recheio sobre a torta já assada e deixe esfriar até a gelatina ficar firme.

Cobertura

2 claras bem batidas em neve

4 colheres de sopa de açúcar refinado

Castanhas-de-caju torradas e picadas

Cubra a torta com o suspiro bem firme e salpique com as castanhas torradas e picadas.

Leve ao forno quente durante cinco minutos. Sirva com chantili.

Torta de maçã

Massa

10 colheres de sopa de farinha de trigo

3 colheres de açúcar

2 colheres bem cheias de manteiga

2 gemas

1 colherinha de pó Royal

Creme

2 copos de leite

2 gemas

2 colheres de sopa de maisena

3 colheres de açúcar

1 colher de manteiga

Um pouquinho de sal

Geleia

2 maçãs com as cascas cortadas em pedaços

3 colheres de sopa de açúcar

1 copo de água

Levam-se as maçãs ao fogo para cozinhá-las bem. Depois passa-se na peneira e volta-se ao fogo, juntando mais três colheres de sopa de açúcar. Deve ficar no fogo até dar o ponto de geleia, mexendo pouco. Faz-se a massa juntando a farinha de trigo com o açúcar e todos os outros ingredientes. Liga-se bem amassando com as mãos, não deve ficar seca. Caso isso aconteça, põe-se um pouco de manteiga. Estende-se a massa em uma forma de torta bem untada, procurando deixar toda a massa com a mesma espessura. Cortam-se as sobras com uma faca. Depois fura-se o fundo com um garfo, e leva-se ao forno para assar. Depois de assada, colocam-se o creme e, sobre creme, fatias de duas maçãs. Leva-se novamente ao forno para assar as maçãs. Em seguida tira-se do forno e cobre-se com a geleia de maçã, que já deve estar pronta. Depois desenforma-se.

Torta de maçã gelada

1 lata de leite Moça

4 ovos

Meio copo de suco de limão

250 gramas de creme de leite

Biscoitos champanhe

2 maçãs vermelhas grandes, cortadas em tirinhas

1 maçã verde cortada em tirinhas

Bata muito bem o leite Moça com as quatro gemas e o suco de limão. Bata as claras em neve com quatro colheres de sopa de açúcar. Acrescente à mistura anterior. Leve o creme à geladeira por 10 minutos. Forre uma forma com biscoitos champanhe. Coloque uma camada de creme de limão e uma de chantili. Enfeite com as tirinhas das maçãs. Deixe na geladeira por algumas horas. Pode-se também repetir as camadas, conforme o tamanho da forma.

N.B.: a forma é forrada com um plástico para se poder desenformar a torta. Depois de desenformada, cubra com chantili e sirva bem gelada.

Torta de nata

1 xícara de chá de nata

1 pires mais ou menos de farinha de trigo

4 colheres de sopa de açúcar

1 pitada de sal

1 colher de sopa de pó Royal

Depois de assada, cobre-se toda a massa com goiabada derretida e corta-se em quadradinhos.

Torta de Páscoa

Três quartos de xícara de chá de açúcar

2 colheres de sopa de maisena

2 colheres de sopa de farinha de trigo

Meia colher de chá de sal

2 xícaras de chá e meia de leite quente

2 barras de chocolate Garoto

1 crosta fria

2 gemas bem batidas

1 colher de chá de essência de baunilha

Misture a maisena, a farinha de trigo e o sal. Junte aos poucos o leite e cozinhe em banho-maria, até engrossar. Adicione o chocolate picado e misture até a massa ficar homogênea. Adicione, aos poucos, as gemas e mexa bem. Leve novamente ao banho-maria, cozinhando por mais alguns minutos. Esfrie e junte a baunilha. Encha a crosta e cubra com o creme, polvilhando fartamente com raspa de chocolate.

Crosta

3 xícaras de biscoitos Maria bem moídos

3 colheres de sopa de açúcar

1 xícara e meia de margarina derretida

1 colher de chá de canela

1 colher de chá e meia de baunilha

Misture todos os ingredientes e forre uma forma refratária bem untada. Asse em forno moderado por 10 minutos. Deixe esfriar.

Creme

2 xícaras de chá de creme de leite

2 colheres de sopa de açúcar

1 colher de sopa de licor de cacau

Bata o creme de leite com o açúcar e o licor.

Torta de suspiro de limão

1 xícara de chá de farinha de trigo

Meia colher de chá de sal

100 gramas de manteiga

1 xícara e um terço de água gelada mais ou menos

Misture a farinha de trigo com o sal e passe na peneira. Corte a manteiga gelada em pedaços e junte à farinha de trigo ligando com duas facas. Em seguida acrescente a água gelada, ligando, então, com as mãos. Forme uma bola com a massa e deixe descansar durante meia hora na geladeira. Achate a massa com as mãos numa mesa, deixando-a com a espessura de cerca de meio centímetro. Abra então com o rolo cuidadosamente, sem juntar mais farinha de trigo, o que endureceria a massa. Dobre-a ao meio e transfira para uma forma de torta de 20 a 22 centímetros. Dobre a massa e aperte-a fundo na forma. Corte as pontas excedentes da massa e coloque esse excesso de massa nas margens da forma, fazendo uma guarnição e apertando-a entre os dedos para formar um denteado. Fure com o garfo, várias vezes, a massa no fundo e nos lados da forma. Asse em forno quente. Se formar bolhas ao assar, retire-a do forno, espete várias vezes com o garfo e volte a assar até ficar ligeiramente corada. Deixe esfriar para colocar o recheio.

Recheio

1 xícara de chá e meia de açúcar

Um terço de xícara de maisena

1 xícara e meia de leite

3 gemas

3 colheres de sopa de manteiga

1 colher de sopa de raladuras de limão verde

Misture numa panela o açúcar, a maisena e o leite e mexa até dissolver bem. Leve ao fogo moderado, mexendo constantemente, até engrossar e ferver. Deixe ferver por um minuto e retire do fogo. Lentamente misture cerca de metade deste creme com as gemas ligeiramente batidas. Volte tudo novamente ao fogo e ferva por mais um minuto. Mexa sem parar e tire do fogo, continuando a mexer até ficar bem liso. Junte, então, a raspa de limão e a manteiga. Coloque na massa já assada. Cubra com o suspiro e asse até ficar dourado, em forno moderado.

Suspiro

3 claras bem batidas em neve firmes

Um quarto de colher de chá de sal ou de pó Royal

6 colheres de sopa de açúcar

Meia colher de chá de raladura de limão verde

Coloque o suspiro sobre o recheio quente, formando espirais. Tome cuidado para cobrir bem o recheio, evitando que este resseque. Asse em forno moderado.

Torta de uvas moscatel

Massa

300 gramas de farinha de trigo mais ou menos

180 gramas de manteiga

4 colheres de sopa de açúcar

3 gemas

Mistura-se a farinha de trigo com a manteiga, o açúcar e as gemas. Amassa-se bem. Forra-se uma forma de torta bem untada com essa massa, e fura-se toda a massa com um garfo para não estufar. Leva-se ao forno para assar. Depois de assada, desenforma-se e recheia-se com o creme.

Creme

1 lata de leite Moça

Meio litro de leite

4 gemas

1 colherinha de baunilha

Mistura-se tudo e leva-se ao fogo, mexendo até formar um creme. Depois de a torta estar assada, recheia-se com o creme já frio. Sobre o creme arruma-se uma camada de uvas moscatel cortadas ao meio. Sobre as uvas põe-se uma camada de gelatina verde, cobrindo-as. Leva-se à geladeira até a gelatina endurecer.

N.B.: a gelatina pode ser em pó ou em folha desfeita em água quente.

Torta finíssima de chocolate

8 ovos

8 colheres de sopa de açúcar

4 colheres de farinha de trigo

4 colheres de chocolate em pó

1 colher de pó Royal

Bata as claras em neve, acrescente as gemas e o açúcar, continue batendo até obter um creme fofo. Misture lentamente a farinha de trigo peneirada com o chocolate e o pó Royal. Coloque em forma de torta bem untada e polvilhada com chocolate em pó. Asse em forno médio por 35 minutos e deixe esfriar.

Recheio

Meia lata de leite Ideal

1 xícara de chá de açúcar

3 gemas

2 colheres de sopa de manteiga

1 xícara de maisena

1 xícara de castanhas moídas

Bata os quatros primeiros ingredientes, leve ao fogo baixo, mexendo sempre, até engrossar. Retire do fogo, junte as castanhas e deixe esfriar.

Cobertura

Meia lata de leite Ideal

80 gramas de chocolate superior meio amargo Nestlé picado

Misture o leite com o chocolate e leve ao fogo em banho-maria até que, levantando a colher de pau, esta fique coberta de chocolate.

Corte o bolo ao meio e recheie. Cubra-o usando a cobertura já fria e decore a gosto. Sirva gelado.

Torta folhada recheada

Prepare a massa folhada como na receita da Torta *baklava*. Estenda-a com um rolo até que tenha alguns milímetros de espessura e recorte cinco círculos de massa do mesmo tamanho. Faça pequenos furos com um palito para evitar que cresçam de forma desigual e leve-as ao forno moderado, uma por vez, de sete a oito minutos. Tire-as delicadamente da assadeira para não quebrar a massa. Se não estiverem perfeitamente iguais, acerte-as.

Creme

40 gramas de farinha de trigo

75 gramas de açúcar

125 gramas de creme de leite (pode ser leite fresco)

50 gramas de chocolate em pó

100 gramas de manteiga

Meio litro de leite

2 ovos

Baunilha

1 cálice de licor de rum

Bata bem as gemas com o açúcar, como gemada, despeje do alto a farinha de trigo peneirada e acrescente, aos poucos, o leite fervido à parte com algumas gotas de baunilha. Leve ao fogo brando e deixe cozinhar, mexendo sem parar. Quando ferver, deixe mais dois minutos no fogo. Deixe esfriar o creme de leite, batido à parte. Bata a manteiga em separado e, quando estiver cremosa, junte-a a mistura. Adicione o licor gota a gota. Divida o creme em duas partes, sendo uma delas o dobro da outra. À parte maior junte o chocolate, mexendo devagar. Coloque num prato um disco de massa e cubra-o com o creme de chocolate; coloque outro disco e cubra-o com o creme amarelo. Continue alternando até a última camada, que deve ser de creme de chocolate. Cubra também as partes laterais com uma leve camada. Polvilhe tudo com castanhas-de-caju torradas e moídas.

Torta mil folhas

1 receita de massa folhada
1 receita de creme de baunilha bem espesso

Cobertura

Açúcar de confeiteiro
Compota de frutas ou morangos frescos
Corte a massa folhada em três discos do tamanho de um prato, faça uns furinhos com um palito e leve ao forno quente para assar. Quando os discos estiverem assados, deixe-os esfriar e monte a torta, colocando num prato o primeiro disco, uma camada de creme de baunilha, outro disco de massa, outra camada de creme e, por fim, um terceiro disco de massa. Polvilhe com o açúcar de confeiteiro e arrume por cima chantili e morangos frescos ou qualquer fruta em compota. Sirva bem gelada.

Torta rápida de coco

Faça uma massa de torta e forre o fundo e os lados de uma forma redonda de torta. Fure a massa com um garfo e asse em forno quente. Retire do forno e espalhe por cima da massa um coco grande ralado. Faça dois furos em uma lata de leite Moça e despeje devagar, cobrindo todo o coco. Salpique pedacinhos de manteiga e volte ao forno por mais uns 30 minutos.

Torta Sacher

125 gramas de manteiga
150 gramas de açúcar
150 gramas de farinha de trigo
5 gemas
Um pouco de baunilha
150 gramas de chocolate derretido em banho-maria

Amasse a manteiga e junte o açúcar e a farinha de trigo peneirada. Misture tudo bem e acrescente cinco claras bem batidas em neve. Ponha em forma de torta bem untada e leve ao forno médio durante meia hora mais ou menos.

Glacê

90 gramas de chocolate derretido

125 gramas de açúcar peneirado (quanto mais fino, melhor)

2 colheres de sopa de água quente

Leve ao fogo brando durante um minuto para secar. Deixe esfriar antes de colocar na torta.

Torta vienense gelada

Massa

3 xícaras de chá de biscoitos Maria moídos

200 gramas de manteiga

4 colheres de sopa de rum

Misturam-se os biscoitos moídos com a manteiga e o rum, e amassa-se bem. Forra-se com a massa uma forma de torta untada e polvilhada com farinha de trigo. Leva-se ao forno pré-aquecido, à temperatura moderada, de 10 a 15 minutos. Enquanto a massa assa, prepara-se o creme.

Creme

300 gramas de chocolate em pó

1 lata de leite Moça

2 gemas

2 colheres de sopa de rum

1 lata de creme de leite

Misturam-se todos os ingredientes em uma panela, e leva-se ao fogo brando, mexendo sempre, até virar mingau. Retira-se a massa do forno, deixa-se esfriar bem e recheia-se com o creme. Leva-se à geladeira. Na hora de servir, enfeita-se com chantili.

Tortinhas

Massa

2 gemas

150 gramas de farinha de trigo

1 colher de sopa de manteiga

5 colheres de sopa de leite

1 colher de chá de pó Royal

Prepara-se a massa com esses ingredientes e deixa-se descansar um pouco. Depois abre-se a massa com um rolo, devendo ficar bem fina. Fazem-se pasteizinhos bem pequenos e recheiam-se com creme. Frita-se em banha ou óleo bem quente, em fogo moderado. Depois passa-se em açúcar refinado e peneirado.

Creme

7 gemas

100 gramas de açúcar

100 gramas de farinha de trigo

100 gramas de manteiga

Batem-se por primeiro as gemas, põe-se em seguida o açúcar, e continua-se batendo. Depois de bem batido acrescentam-se a manteiga e, por último, a farinha de trigo e um pouco de raladura de limão. Mistura-se bem, e recheiam-se as tortinhas, apertando bem as beiras com um garfo.

Tortinha de Viena

250 gramas de manteiga

Meio quilo de açúcar

Meio quilo de farinha de trigo

12 ovos

Faz-se como bolo de rolo. Bate-se em batedeira e leva-se para assar em tabuleiros untados, devendo a massa ficar bem fina. Depois arruma-se a tortinha em cinco camadas recheadas. Cortam-se na massa do bolo corações bem pequenos, devendo ficar com cinco camadas de recheio. A última camada deve ser de recheio. Depois arruma-se em forminhas de papel prateado. Os corações são cortados com o cortador de coração.

Recheio

Goiabada derretida com vinho moscatel
3 folhas de gelatina vermelha

8.3 Mousses

Como dissolver gelatinas

Coloca-se a gelatina bem picada em um prato fundo, põe-se um pouco de água gelada e depois água fervente, então dissolve-se, coa-se em peneira fina e coloca-se no creme.

Mousse de abacaxi

Bata cinco claras em neve. Depois junte as cinco gemas e bata bastante, acrescentando cinco colheres de sopa de açúcar peneirado e batendo bem. Em seguida põem-se cinco colheres de sopa de farinha de trigo peneirada com o pó Royal. Mistura-se apenas com uma colher de pau. Leva-se ao forno em forma bem untada e polvilhada. Assim que sair do forno, passa-se para um prato e vai-se furando com um garfo e regando com calda de doce de abacaxi.

Mousse de chocolate I

1 lata de leite Moça
1 lata de creme de leite
4 colheres de sopa de manteiga
4 gemas
4 colheres de sopa de maisena
4 colheres de sopa de chocolate em pó ou Nescau

4 colheres de sopa de açúcar

1 lata e meia de água medida na lata de leite

Bata bem as gemas com o açúcar, depois ponha a maisena, o chocolate em pó e a água. Misture tudo e leve ao fogo, mexendo sem parar. Se embolar, passe em peneira. Logo que sair do fogo, junte o leite Moça, a manteiga e o creme de leite gelado e sem soro e misture tudo bem. Ponha em uma forma de pudim molhada com água gelada e leve ao congelador de um dia para o outro. Desenforme e sirva com baba de moça.

Mousse de chocolate II

8 ovos

2 pacotes de manteiga sem sal

2 latas de leite Moça cozidas

8 colheres de sopa cheias de Nescau

8 colheres de sopa cheias de chocolate em pó

6 folhas de gelatina branca

1 colherinha de baunilha

Batem-se bem, durante meia hora, a manteiga, o doce de leite Moça frio e as gemas peneiradas com uma colherinha de baunilha. Colocam-se o Nescau e o chocolate peneirados juntos. Dissolve-se a gelatina picada em pedacinhos em duas colheres de sopa d'água fria e duas d'água quente. Mistura-se a gelatina já dissolvida com o creme, e por último acrescentam-se as claras batidas em neve. Mistura-se tudo e põe-se em uma forma untada de óleo. Leva-se à geladeira de véspera.

Mousse de chocolate – Luciana

Levam-se ao fogo quatro colheres de sopa de Nescau e 125 gramas de manteiga derretida em meia xícara de leite. Ao tirar do fogo, juntam-se oito folhas de gelatina vermelha picadas, desfeitas em uma xícara de água quente. Em seguida, junta-se a esse creme seis gemas e bate-se bem no liquidificador. À parte, bate-se seis claras em neve, acrescentando seis colheres rasas de açúcar.

Mistura-se as claras em neve, o creme e uma colher de café de sal. Passa-se óleo em uma forma, despeja-se tudo na forma e leva-se ao congelador de véspera.

Marshmallows

Juntam-se três claras bem batidas em neve e seis colheres de sopa de açúcar, e bate-se até dar o ponto. Leva-se à geladeira.

Calda

1 copo de açúcar

1 copo de leite

6 colheres de sopa de Nescau

1 colher de café de bicarbonato

2 colheres de sopa de mel de abelha

Mistura-se tudo no liquidificador e bate-se bem. Ao tirar bota-se uma colher de sopa de manteiga e leva-se ao fogo mexendo sempre. Quando estiver um mingau, retira-se do fogo e deixa-se esfriar para ser servida sobre a mousse.

Mousse de coco

1 coco ralado fino

4 claras bem batidas em neve

4 xícaras de chá de açúcar

Leve o coco ralado ao fogo com uma xícara de açúcar para tostar. Mexa constantemente com um garfo, até obter uma farofa marrom-escura. Bata as claras em neve bem firmes, junte aos poucos três xícaras de chá de açúcar peneirado e bata bem. Junte a farofa de coco tostado, reservando meia xícara para pôr por cima da mousse, enfeitando-a. Leve ao forno em forma de pudim bem untada. Quando estiver coradinha, retire do forno e desenforme logo sobre um prato. Depois de fria, cubra com creme de leite gelado e sem soro. Polvilhe com a farofa de coco que foi reservada e leve ao congelador. Sirva bem gelada.

Mousse de maracujá

1 xícara de caldo de maracujá

1 lata de leite condensado

1 lata de creme de leite

1 pacote de gelatina branca sem sabor

6 claras batidas em neve

6 colheres de sopa de açúcar

Tire o suco de maracujá, acrescente uma colher de sopa de açúcar e bata no liquidificador. Depois pegue a quantidade de uma xícara de suco de maracujá e coloque numa vasilha. Junte o creme de leite sem soro, o leite condensado, a gelatina dissolvida em uma xícara de água quente e, por fim, as claras batidas em neve com cinco colheres de sopa de açúcar. Leve ao congelador por tempo suficiente para endurecer e depois guarde na geladeira.

Mousse de morango

10 claras

2 colheres de sopa de açúcar para cada clara

1 envelope de gelatina branca

1 envelope de gelatina vermelha

3 caixas de morangos frescos

2 latas de creme de leite gelado e sem soro

Faz-se um doce com uma caixa de morangos, uma xícara de chá de açúcar e meia xícara de água e deixa-se esfriar. Batem-se as claras em neve bem firmes, e juntam-se o açúcar aos poucos e as gelatinas dissolvidas, e continua-se batendo na batedeira. Acrescenta-se o doce frio com a calda, e continua-se batendo. Ao adicionar o creme de leite, bate-se com uma colher de pau, e juntam-se mais as duas caixas de morangos. Põe-se numa vasilha de vidro funda e leva-se à geladeira. Quando estiver dura, colocam-se alguns morangos partidos ao meio por cima, e leva-se novamente à geladeira até a hora de servir. Faz-se de véspera.

Mousse de Nescau

8 claras bem batidas em neve

6 colheres de sopa de açúcar

1 pacote de margarina Delícia

8 colheres de sopa de Nescau

6 folhas de gelatina branca

1 xícara de chá de água quente

8 gemas

Derrete-se a margarina. Tira-se do fogo, e juntam-se as gemas e o Nescau, misturando bem. À parte, batem-se as claras em neve bem firmes, pondo o açúcar aos poucos. Em seguida misturam-se as claras com a mistura de margarina, gemas e Nescau. Por último, adiciona-se a gelatina já desfeita na água quente. Mistura-se tudo, põe-se em uma forma de pudim untada com óleo e leva-se à geladeira de um dia para o outro. Depois, desenforma-se e cobre-se com *marshmallows*. Serve-se bem gelada.

Mousse de rum

Bata cinco gemas com oito colheres de sopa de açúcar até embranquecer. Acrescente duas latas de creme de leite gelado e sem soro e deixe de lado. Bata cinco claras em neve bem firmes e junte oito colheres de sopa de açúcar. Pique sete folhas de gelatina branca e desmanche em uma xícara de chá de água fervente. Junte uma xícara de café de rum, misture com a gemada e passe umas duas vezes em peneira fina. Unte uma forma de pudim com óleo, ponha o creme e leve à geladeira de véspera. No dia seguinte desenforme e cubra com o creme de Nescau.

Creme

1 lata de leite Moça

2 latas de leite de vaca

4 colheres de sopa de Nescau

Leve ao fogo mexendo até formar um creme.

Mousse de tangerina

4 claras batidas em neve

6 colheres de sopa de açúcar

1 pacote de gelatina de sabor tangerina

1 xícara de chá de água fervente

1 xícara de chá de suco de tangerina

Dissolva a gelatina na água fervente e deixe demorar. Junte o suco de tangerina puro quando estiver completamente frio. Bata as claras em neve bem firmes, acrescente o açúcar aos poucos e vá adicionando a gelatina aos poucos, mexendo suavemente.

Quando começar a gelatinar (mais ou menos uma hora), bata na batedeira e leve ao congelador até a hora de servir.

Mousse salgada de abacate

2 xícaras de chá e meia de abacate em pedaços

2 xícaras de maionese

2 caixas de gelatina de limão

1 colher de café de sal

Meia colher de café de pimenta-do-reino moída

1 cebola

1 xícara de chá rasa de coentro picado

Molho

1 xícara de chá de maionese

1 lata de creme de leite

1 colher de café de sal

Meia colher de café de pimenta-do-reino

4 colheres de sopa cheias de ketchup

Dissolva as gelatinas de limão em uma xícara de água quente e uma xícara de água fria. Junte todos os ingredientes da mousse e bata no liquidificador. Verifique o tempero. Depois coloque numa forma de buraco, sem molhar e sem untar, e leve à geladeira.

Para o molho, bata tudo no liquidificador, verifique o tempero e leve para gelar. Desenforme a mousse, cubra com o molho e, se desejar, ponha duas maçãs ácidas picadinhas.

8.4 Sorvetes

Calda de chocolate

1 xícara de chá de açúcar

1 xícara e meia de chocolate em pó

1 colher de chá de baunilha

Meia xícara de água

1 colher de sopa de manteiga

Misturam-se o açúcar, o chocolate e a água. Leva-se ao fogo lento para engrossar. Depois retira-se do fogo, juntam-se a manteiga e a baunilha, e bate-se até esfriar. Depois põe-se sobre cada *éclair*.

Creme de baunilha

Meio litro de leite

2 colheres de sopa de maisena

2 colheres de sopa de açúcar

2 gemas

1 pitada de sal

Leva-se ao fogo mexendo bem, até formar um creme. Ao sair do fogo, coloca-se uma colherinha de baunilha, e mexe-se bem, até esfriar.

Creme de caramelo crocante

1 xícara de chá e meia de açúcar refinado

Meia xícara de chá de água fervente

1 ovo ligeiramente batido

3 colheres de sopa de manteiga

1 xícara de chá e meia de creme de leite gelado e sem soro

Coloque uma xícara de chá e um quarto de açúcar numa panela e leve ao fogo mexendo sempre, até derreter e dourar. Retire do fogo e junte a água fervente bem devagar, sem parar de mexer. Deixe levantar fervura, tampe e cozinhe em fogo brando de três a cinco minutos, mexendo de vez em quando. Retire um pouco dessa mistura e junte-a ao ovo batido, batendo bem. Adicione à mistura da panela e cozinhe durante dois minutos sem parar de mexer. Retire do fogo, acrescente a manteiga e baunilha e bata bem.

Tampe, deixe esfriar bem e leve ao refrigerador. Enquanto isso, bata até engrossar ligeiramente o creme de leite com o restante de açúcar. Misture esse creme cuidadosamente à mistura gelada e leve novamente ao refrigerador.

Crocante

Um quarto de xícara de chá de açúcar refinado

Um quarto de xícara de chá de farinha de trigo

Um quarto de xícara de chá de nozes picadas

Um quarto de xícara de chá de aveia instantânea

Um quarto de xícara de chá de margarina

Misture muito bem todos os ingredientes, até obter uma farofa. Espalhe essa farofa numa assadeira quadrada virando ligeiramente. Asse em forno moderado de 12 a 15 minutos. Esfarele ligeiramente e deixe esfriar. Na hora de servir, coloque camadas alternadas do creme e da mistura crocante. Sirva gelado.

Creme gelado colorido

1 lata de leite Moça

1 lata de creme de leite sem soro

5 folhas de gelatina branca

5 caixas de gelatina em pó (sendo uma caixa vermelha, uma laranja, uma verde, uma roxa e uma amarela)

Preparam-se as gelatinas em pó conforme indicação da embalagem, cada cor em uma vasilha. Leva-se em seguida à geladeira de véspera. Prepara-se o creme juntando o leite Moça, o creme de leite e as folhas de gelatina branca desfeitas em uma xícara de chá de água quente e batendo no liquidificador. Bota-se esse creme em um pirex retangular, e salpicam-se por cima as cinco gelatinas de cor que foram preparadas na véspera e que deverão ser cortadas em pedacinhos e alternadas sobre o creme. Leva-se à geladeira por várias horas.

Creme gelado negrinha

Primeiro creme

2 latas de leite Moça

2 latas de creme de leite gelado e sem soro

2 latas de leite de vaca

10 folhas de gelatina branca

Pica-se a gelatina e coloca-se de molho em uma xícara de chá de água quente. Depois de 15 minutos, estando toda dissolvida, coloca-se no leite de vaca fervendo. Põe-se tudo no liquidificador e bate-se bem. Depois coloca-se numa forma de pudim bem molhada e leva-se ao congelador de véspera.

Segundo creme

1 lata de leite Moça cozinhado em banho-maria por uma hora

1 lata de creme de leite gelado e sem soro

De 3 a 4 colheres de sopa de Nescau

Bate-se tudo no liquidificador e coloca-se na geladeira. Quando o primeiro creme estiver já bem firme, desenforma-se, coloca-se em uma vasilha, cobre-se com o segundo creme já gelado e leva-se à geladeira até a hora de servir.

Rocambole com sorvete e molho de chocolate

5 ovos

4 colheres de sopa de farinha de trigo

5 colheres de sopa de açúcar

1 colher de chá de pó Royal

1 pitada de sal

Bata bem as claras em neve e junte o açúcar peneirado aos poucos. Adicione as gemas, uma a uma, e continue batendo. Junte a farinha de trigo peneirada com pó Royal e sal, mexendo levemente. Coloque numa assadeira untada e polvilhada com farinha de trigo e asse em forno moderado, até que doure ligeiramente, mas não endureça muito. Vire imediatamente sobre um pano polvilhado com açúcar. Enrole com o pano e deixe esfriar. Desenrole e cubra toda a massa com sorvete ligeiramente amolecido. Torne a enrolar e leve ao congelador. Na hora de servir, cubra com o molho de chocolate.

Molho

120 gramas de chocolate meio amargo

6 colheres de sopa de água

Um quatro de xícara ou um pouco mais de açúcar, conforme o gosto

2 colheres de sopa de manteiga

Derreta o chocolate com a água sobre o fogo bem lento. Junte o açúcar e mexa até que dissolva bem. Cozinhe lentamente por quatro minutos, mexendo sempre. Retire do fogo, junte a manteiga e bata, misturando tudo. Sirva colocando sobre o rocambole na hora.

Sorvete combinado

O sorvete deve ser feito com quatro qualidades de sorvetes, tais como: goiaba, creme, chocolate e de fruta (abacaxi, por exemplo). Faz-se também uma calda de gelatina vermelha. Preparam-se ainda doces de ameixas machucadas e castanhas-de-caju torradas e trituradas.

Sorvete de abacaxi

1 abacaxi

1 copo de água

2 copos de açúcar

3 claras batidas em neve

1 lata de creme de leite gelado e sem soro

Retire o suco do abacaxi e passe no liquidificador, reservando duas fatias de abacaxi. Depois passe o caldo na peneira, sem água, e pique as duas fatias de abacaxi reservadas. Enquanto isso, bata as claras em neve e, estando a calda em ponto de fio, despeje aos poucos sobre as claras batidas, batendo em velocidade máxima. Quando o suspiro enrolar nas pás da batedeira, adicione o caldo de abacaxi, o creme de leite e o abacaxi picado, misture tudo e leve ao congelador. Quando começar a endurecer, remexa bem com um garfo para que gele por igual.

N.B.: à parte levam-se ao fogo a água e o açúcar até formar uma calda em ponto de fio.

Calda vermelha

12 colheres de sopa de açúcar

4 folhas de gelatina vermelha dissolvida em meia xícara de água quente

1 cálice de vinho do Porto

1 xícara de chá de água quente

Leve ao fogo o açúcar com uma xícara de chá de água quente, mexendo até ficar tudo derretido. Deixe ferver um pouco, depois junte a gelatina já dissolvida em meia xícara de água quente. Adicione o vinho do Porto e mexa bem. Retire do fogo e, depois de fria, coloque sobre o sorvete ao servir.

Sorvete de café

2 xícaras de chá de leite

1 xícara de café bem forte

1 xícara de açúcar

1 lata de creme de leite gelado e sem soro

2 colheres de sopa bem cheias de chantili

De 2 a 3 colheres de sopa de Nescau

Desmanche o Nescau no café, junte o açúcar e leve ao fogo. Desmanche duas colheres de chá de maisena no leite.

Bata ligeiramente duas gemas, junte tudo e leve novamente ao fogo sem parar de mexer, até engrossar, e sem deixar de ferver. Retire do fogo e acrescente o creme de leite gelado e sem soro. Misture tudo bem. Coloque em uma vasilha e leve ao congelador até dar ponto de sorvete.

Sorvete de castanhas ou amêndoas

2 xícaras de chá de açúcar

Meia xícara de chá de água

8 gemas

3 latas de creme de leite gelado e sem soro

1 xícara de chá de castanhas-de-caju torradas e liquidificadas

Numa panela misture o açúcar e a água e leve ao fogo até formar uma calda em ponto de fio. Bata as gemas na batedeira até que engrossem bem. Junte a calda quente, em fio, batendo sempre, até que, levantando a pá da batedeira, a mistura mantenha sua forma.

Junte em seguida o creme de leite e as castanhas e bata com uma colher de pau.

Leve ao congelador em uma forma de pudim molhada e forrada com um plástico. Quando bem firme, coloque a forma embaixo da torneira a fim de desenformar. Cubra com *marshmallows* e castanhas liquidificadas. Mantenha no congelador até a hora de servir.

Sorvete de chocolate

2 copos de leite

3 colheres de sopa de Nescau ou de Toddy

4 colheres de sopa de açúcar

1 lata de creme de leite

1 colherinha de maisena

1 colherinha de baunilha ou de vinho do Porto

Leva-se ao fogo, mexendo continuamente, até engrossar. Deixa-se esfriar, e põe-se a baunilha ou o vinho do Porto. Depois leva-se ao congelador em uma das gavetas de gelo. Quando estiver firme, bate-se no liquidificador, voltando ao congelador.

Sorvete de creme I

1 litro de leite

2 gemas

6 colheres de sopa de açúcar

1 colher de chá de baunilha

1 lata de creme de leite

Misturam-se os três primeiros ingredientes e levam-se ao fogo, mexendo até engrossar um pouco. Deixa-se esfriar. A seguir, juntam-se o creme de leite gelado e sem soro e a baunilha, e leva-se ao congelador. Estando firme, bate-se em liquidificador e volta-se ao congelador até que seja feita a arrumação.

Sorvete de creme II

Meio litro de leite

2 gemas

4 colheres de sopa de açúcar

1 colher de chá de baunilha

1 colher de sopa de maisena

1 lata de creme de leite gelado e sem soro

Misture o leite, a maisena, os ovos e o açúcar e leve ao fogo, mexendo até engrossar um pouco, e deixe esfriar. A seguir junte o creme de leite gelado e sem soro e a baunilha. Leve ao congelador. Estando bem firme, bata no liquidificador e volte ao congelador até que seja feita a arrumação da torta.

Sorvete de goiaba

Descascam-se as goiabas, partindo-as em pequenos pedaços, e liquidificam-se com um pouco de água. Depois peneira-se, pondo açúcar e mais um pouco d'água. Torna-se a passar no liquidificador, levando em seguida ao congelador. Estando firme, passa-se novamente no liquidificador, voltando ao congelador.

Sorvete Dusty Miller

Faça dois sorvetes, uma calda de chocolate e *marshmallows*.

Sorvete claro

1 lata de leite Moça
1 colher de chá de maisena
1 lata de leite de vaca
2 gemas
1 colher de chá de baunilha

Leve ao fogo mexendo e, quando engrossar, retire do fogo, deixe esfriar e junte uma lata de creme de leite, sem o soro. Leve ao congelador na gaveta de gelo. Quando gelar, bata no liquidificador e volte ao congelador.

Sorvete escuro

1 lata de leite Moça
1 lata e meia de leite de vaca
3 colheres de sopa de Nescau
1 colherinha de maisena

Leve ao fogo mexendo até engrossar. Depois de frio, leve ao congelador. Estando gelado, bata no liquidificador e volte ao congelador.

Calda

1 xícara de chá de Nescau
1 xícara e meia de açúcar
Meio litro de leite
1 colherinha de baunilha

Leve ao fogo mexendo até engrossar.

Marshmallows

1 xícara de chá de mel em ponto de fio forte

3 claras bem batidas em neve

2 colheres de sopa de açúcar

Bata bem as claras em neve na batedeira, junte o açúcar e bata bem. Quando o mel estiver em ponto de fio forte, ponha quente nas claras batidas e continue batendo até esfriar. Leve à geladeira.

Arrumação

Desenforme os sorvetes e ponha um sobre o outro, cobrindo o de baixo com calda de Nescau e *marshmallows* e depois o de cima também.

Sorvete marmorizado

12 claras batidas em neve

12 colheres de sopa de açúcar peneirado

2 latas de creme de leite gelado e sem soro

5 folhas de gelatina branca

1 colherinha de baunilha

Batem-se bem as claras em neve com uma pitada de sal. Junta-se aos poucos o açúcar refinado e peneirado, e bate-se bem. Depois incorporam-se o creme de leite e, por último, a gelatina picada e dissolvida em uma xícara de chá de água fervente. Mistura-se tudo, põe-se em uma forma de pudim bem molhada e leva-se ao congelador de véspera. Para desenformar aquece-se a forma sobre a chama do fogão. Depois de desenformado, cobre-se com calda de Nescau e serve-se com creme de baunilha.

Torta de sorvete

Faça uma xícara de chá de café bem forte, adicione um cálice de rum e leve ao fogo até ferver. Deixe esfriar. Molhe 250 gramas de biscoitos champanhe nessa mistura de café e rum. Forre uma forma redonda com plástico e arrume camadas sucessivas de biscoitos embebidos, chantili e sorvete de café. Leve a forma ao congelador por várias horas (no mínimo, por cinco horas). Retire do congelador momentos antes de servir. Vire em um prato e enfeite com chantili e cerejas em calda.

8.5 Pudins

Pudim canário

5 ovos grandes

O peso dos ovos de manteiga

O peso de quatro ovos de açúcar

O peso de três ovos de farinha de trigo

Sumo de 1 limão verde

250 gramas de ameixas feito doce

Bate-se a manteiga com o açúcar, e batem-se os ovos como para pão de ló. Depois juntam-se os dois preparos, e bate-se bem. Por último põe-se a farinha de trigo, e mistura-se bem. Assa-se em banho-maria no fogo durante mais ou menos uma hora, amarrando bem a forma com um pano e colocando sobre ela, para tapar, um prato grande com um peso em cima, para não formar suor. Desenforma-se logo que esteja bem cozido. Põe-se em um prato, e coloca-se por cima do pudim o doce de ameixas.

N.B.: deve-se tomar cuidado para não entrar água no pudim durante o cozimento em banho-maria.

Pudim de coco I

1 coco grande ralado

4 ovos

1 colher de sopa de manteiga

3 xícaras de chá de açúcar

Mistura-se o coco ralado com a manteiga, depois acrescentam-se as gemas e o açúcar e, por último, as claras batidas em neve. Deixa-se meia hora descansando para a massa ficar bem úmida. Leva-se em seguida ao forno, em banho-maria, em forma bem untada com manteiga e polvilhada com açúcar.

Pudim de coco II

8 claras bem batidas em neve

8 colheres de sopa de açúcar refinado

1 xícara de chá de coco ralado

Calda de caramelo

Faça um suspiro bem batido com as claras e junte o açúcar refinado. Acrescente em seguida o coco ralado e despeje em uma forma de pudim caramelizada. Leve ao forno para assar em banho-maria.

Molho

6 gemas

6 colheres de sopa de açúcar

1 colher de sobremesa de maisena

3 xícaras de chá de leite

2 xícaras de chá de coco ralado

Ferva o leite e junte duas xícaras de coco ralado. Passe em um guardanapo, esprema bem, tire todo o leite e despeje sobre as gemas já batidas com o açúcar e a maisena. Leve ao fogo suave mexendo bem, até o creme engrossar. Desenforme o pudim depois de frio e cubra com o molho.

Pudim de laranja

1 copo de suco de laranja ácida

10 colheres de sopa de açúcar

1 colher de sopa de maisena

1 colher de sopa de manteiga

3 ovos

Passa-se tudo no liquidificador e leva-se para assar em forma de pudim caramelizada.

Pudim de queijo

1 copo de açúcar

4 ovos misturados

1 copo e meio de leite

1 colher de sopa de maisena

1 pirex de queijo do reino ralado

1 colher de sopa de manteiga derretida

Vai ao forno em banho-maria, em forma de pudim caramelizada.

Pudim de uva

Coloque um quilo de uva preta em uma vasilha com um copo e meio de água. Passe no liquidificador e acrescente quatro colheres de sopa de maisena e açúcar conforme o doce das uvas (às vezes são muito azedas). Leve ao fogo até engrossar, deve ficar em ponto para desenformar. À parte faça um creme com três copos de leite, uma colher de sopa de maisena, duas gemas e uma lata de leite condensado. Queime uma xícara de açúcar. Desenforme o pudim de uva (depois de frio) em um prato grande e em volta bote o açúcar queimado e depois o creme.

Pudim francês

1 copo e meio de leite

4 gemas e 1 clara

1 colher de sopa de maisena

Açúcar e passas a gosto

1 colher de sopa de baunilha

1 cálice de vinho do Porto

Batem-se as gemas e a clara. Depois juntam-se o leite, o açúcar, a baunilha e o vinho do Porto, misturando bem. Leva-se ao forno em banho-maria, em forma de pudim caramelizada.

Pudim miscelânea

Pão de ló

6 ovos
6 colheres de sopa de açúcar
6 colheres de farinha de trigo
1 colher de sobremesa de pó Royal
Asse em forma redonda, bem untada e polvilhada.

Creme

3 gemas
3 copos de leite
3 colheres de sopa de açúcar
2 colheres de manteiga
2 colheres de maisena
Sal e baunilha
Misture todos os ingredientes e leve ao fogo, mexendo sempre, até engrossar. Fora do fogo, junte ao creme uma lata de leite Moça, mexa bastante e leve mais um pouco ao fogo, mexendo sempre. Faça um doce de ameixas bem espesso e passe no liquidificador.

Arrumação

Corte o pão de ló horizontalmente, em duas partes iguais, e arrume-o em camadas: a primeira camada de pão de ló, a segunda de creme e a terceira de doce de ameixas –

repetindo as camadas até terminar os ingredientes. Depois cubra tudo com o resto do creme e enfeite com ameixas inteiras.

N.B.: faça a arrumação em um pirex fundo.

Pudim Paris

Junte mais ou menos meio litro de leite com 150 gramas de açúcar e esquente bem. Em seguida misture fora do fogo com 250 gramas de biscoito champanhe. Esses biscoitos devem ser amassados e se tornarem farinha seca. Leve ao fogo o leite misturando com a farinha de biscoito e cozinhe até largar da panela, em média cinco minutos. Tire do fogo, deixe esfriar um pouco e junte três gemas, em seguida 150 gramas de manteiga derretida, 100 gramas de passas embebidas no rum, 100 gramas de frutas cristalizadas picadas e 13 claras em neve. Asse em forma de buraco, untada com manteiga, em banho-maria e no forno regular. Sirva com uma lata de compota de pêssego passado no liquidificador com um pouco da calda ou com uma xícara de champanhe. Outra opção é servir com damasco.

8.6 Sobremesas diversas

Abacaxi fresco flambado

1 abacaxi grande

2 colheres de sopa de manteiga

Meia xícara de chá de rum

1 xícara de chá de mel de engenho

Caldo de uns 3 limões

1 lata de creme de leite sem soro

Aqueça o forno. Separe uma parte do lado do abacaxi com o olho e, com uma faca e uma colher, retire toda a polpa do abacaxi, deixando a casca com o olho e oca, evitando feri-la. Corte a polpa que foi retirada em pedaços. Coloque a casca oca numa assadeira e aqueça em forno por 10 minutos. Numa panela média, derreta a manteiga e junte o rum. Mexa bem. Adicione os pedaços de abacaxi, aqueça em fogo lento por 10 minutos e deixe esfriar. Depois de frio coloque a casca oca em um prato, encha com os pedacinhos de abacaxi e cubra com o molho.

Molho

Junte o mel de engenho com a calda dos limões e o rum e leve ao refrigerador. Uma hora antes de servir, retire do refrigerador, cubra o abacaxi e por último ponha o creme de leite gelado e sem soro. Na ocasião de servir despeje o rum por cima, acenda com um fósforo e sirva flamejante.

Ameixas de caju

50 cajus inteiros e com casca

Meio quilo de açúcar refinado

1 copo de água

Lave os cajus, retire as castanhas e fure-os com um palito. Dissolva o açúcar n'água. Ponha os cajus em uma panela de alumínio, arrumando-os em camadas, e acrescente o açúcar já desfeito com a água entre as camadas de caju, devendo a última camada ser de açúcar. Leve ao fogo lento com a panela tampada. Deixe cozinhar por várias horas, até os cajus ficarem bem pretinhos. Se a calda ficar grossa demais, ponha um pouco de água. Depois retire os cajus dessa calda e coloque em uma urupema para escorrê-la. A calda pode ser aproveitada para fazer outras ameixas.

Baba de moça

Leite de 1 coco grande tirado com meio xícara de chá de água morna

3 gemas

1 xícara de chá bem cheia de açúcar

Misture bem e leve ao fogo, mexendo sem parar, até engrossar. Sirva com a mousse bem gelada.

Banana frita com creme

8 bananas-pratas

1 lata de leite Moça

Meio pacote de queijo parmesão

3 ovos

2 colheres de sopa de açúcar

1 colher de sopa rasa de maisena

Cortam-se as bananas ao comprido, fritam-se na margarina e arrumam-se em um pirex.

Bate-se bem na mão o leite Moça com o queijo, até embranquecer, depois despeja-se sobre as bananas fritas. Batem-se as claras em neve com duas colheres de sopa de açúcar e uma colher de sopa rasa de maisena, e juntam-se as três gemas. Mistura-se bem e despeja-se sobre as bananas. Leva-se ao forno para dourar.

Beijos de coco

2 xícaras de chá de leite

500 gramas de açúcar

1 coco grande ralado

6 gemas

1 colherinha de manteiga

Leve o leite ao fogo com o açúcar. Quando começar a engrossar, retire e junte o coco ralado misturado com as gemas. Leve novamente ao fogo, mexendo até despregar do fundo da panela, e junte então a manteiga. Despeje em pedra-mármore untada. Faça as bolinhas, passe em açúcar cristal e enrole em papel de beijos.

N.B.: pode-se também juntar à massa castanhas-de-caju moídas. Essa massa serve ainda para fazer o olho de sogra.

Beijos de leite Moça

1 lata de leite Moça

3 gemas

1 colherinha de manteiga

Põe-se o leite Moça no fogo, mexendo enquanto aquece. Depois de bem aquecido, põem-se as gemas, uma a uma, mexendo continuamente. Estando quase no ponto de enrolar, acrescenta-se a manteiga. Quando está despregando da panela, despeja-se em pedra-mármore untada, fazem-se as bolinhas, que são passadas em açúcar cristal e enroladas em papel de beijo. Pode-se também rechear ameixas com essa massa.

Biscoitos creginetes (salgadinhos)

1 xícara de chá de manteiga

3 xícaras de chá de farinha de trigo

1 colher de sopa de açúcar

1 colher de sopa de vinho licoroso

Mistura-se tudo junto. Depois abre-se a massa com um rolo sobre uma mesa. Corta-se a massa com um cálice e leva-se assar em tabuleiro. Depois de assados, recheia-se dois a dois, com recheio de patê de queijo.

Biscoitos de nata de leite (salgadinhos)

Junte nata de leite diariamente, em uma vasilha mantida em geladeira. Tendo quantidade suficiente de nata, junte farinha de trigo e amasse com as mãos até ficar uma massa bem macia. Ponha sal para ficar salgadinho. Abra a massa com rolo, devendo ficar bem fina. Corte os biscoitos com um cortador próprio. Leve ao forno para assar em tabuleiros polvilhados com farinha de trigo.

Bombas

220 gramas de farinha de trigo

150 gramas de margarina

3 colheres de sopa de açúcar

Um quarto de litro de leite

7 ovos

Põem-se água, a margarina e o açúcar no fogo. Quando ferver, joga-se a farinha de trigo peneirada, mexendo bem durante mais três minutos. Tira-se do fogo, e vão se acrescentando os ovos um a um (clara e gema), batendo bem. Põe-se a massa numa bisnaga, e fazem-se as bombas em tabuleiros untados. Pincela-se com um ovo batido. Depois de assadas, deixam-se no forno apagado até esfriarem.

Recheio

 1 lata de creme de leite sem soro
 3 colheres de sopa de açúcar
 3 colheres de sopa de manteiga
 Junta-se tudo, bate-se bem e guarda-se na geladeira coberto.

Cobertura

 2 tabletes de chocolate
 1 lata de creme de leite
 2 colheres de sopa de manteiga
 Açúcar a gosto
 Dissolve-se o chocolate raspado em banho-maria com a manteiga e o açúcar, juntando em seguida o creme de leite gelado e sem soro.

Bons-bocados[6]

Faça uma calda em ponto de fio com 400 gramas de açúcar e um pouco de água. Depois de fria, junte seis gemas, três claras, 50 gramas de farinha de trigo, uma colher de sopa cheia de manteiga, duas colheres de sopa bem cheias de queijo do reino ralado e, por último, leite de um coco. As gemas devem ser passadas na peneira antes de serem misturadas. Leve assar em forminhas (próprias para bom-bocado) untadas com manteiga, em forno quente. Rende 20 bolinhos.

N.B.: só tire das forminhas quando estiverem frios.

---

[6] Em Pernambuco, diz-se e escreve-se "bombocados" (nota da organizadora).

Bom-bocado de forma

5 ovos (claras e gemas)

5 colheres de sopa rasas de farinha de trigo

1 pires de xícara de chá de queijo ralado, de preferência queijo do reino

2 copos ou meio quilo de açúcar

1 copo de leite de coco ou de vaca

1 colher de sopa de manteiga

Junta-se tudo e passa-se em liquidificador. Depois põe-se em uma forma de pudim bem untada com margarina e polvilhada com farinha de trigo e leva-se ao forno quente para assar.

Bons-bocados simples

5 gemas

200 gramas de açúcar

Meia colher de sopa de manteiga

Meio coco ralado bem fino

Leite puro de meio coco

Batem-se as gemas. Depois juntam-se o açúcar, o leite puro de coco, o coco ralado e a manteiga derretida. Põe-se em forminhas untadas com manteiga e leva-se ao forno para assar.

Bons-bocados de queijo

2 copos de água

400 gramas de açúcar

6 gemas e 3 claras

300 gramas de queijo do reino ralado

200 gramas de manteiga

100 gramas de farinha de trigo

Faz-se um mel ralo com o açúcar e a água. Depois junta-se a manteiga ao mel quente. Batem-se as seis gemas, e juntam-se ao mel, assim como o queijo e a farinha de trigo. Mistura-se bem, e por último põem-se as três claras batidas em neve, misturando bem. Leva-se ao forno em forminhas untadas e assa-se em banho-maria no forno.

N.B.: depois de tudo misturado, deixa-se repousar por alguns minutos, para em seguida ser colocada a massa nas forminhas. Depois de assados, colocam-se em papel de seda bem repicadinho.

Calda em ponto de espelho

2 copos ou 2 xícaras de chá de açúcar cristal de primeira

1 xícara de chá de água

1 colher de sopa de Karo

Faz-se em panela bem pequena, em fogo lento. Essa calda também serve para espelhar frutas e docinhos.

Calda vermelha

12 colheres de sopa de açúcar

4 folhas de gelatina vermelha dissolvida em meia xícara de água quente

1 cálice de vinho do Porto

1 xícara de chá de água quente

Leve ao fogo o açúcar com uma xícara de chá de água quente, mexendo até ficar tudo derretido. Deixe ferver um pouco, depois junte a gelatina já dissolvida em meia xícara de água quente. Adicione o vinho do Porto e mexa bem. Retire do fogo e, depois de fria, coloque sobre o sorvete ao servir.

Camafeu

250 gramas de nozes moídas

250 gramas de açúcar ou 1 lata de leite Moça cozido

1 cálice de licor

3 gemas

1 clara em neve

1 colherinha de chocolate em pó

Mistura-se o açúcar com as gemas, as nozes moídas, o licor e a clara batida em neve. Leva-se ligeiramente ao fogo. Depois despeja-se em mármore untado com manteiga, devendo ficar espesso, e corta-se com um cálice. Põe-se no centro de cada rodinha uma colherinha de glacê e meia casca de noz. O ponto é de bala. Também pode-se fazer enroladinhos e passá-los em glacê cetim e pôr em forminhas de papel prateado.

Glacê cetim

Açúcar de confeiteiro

Leite de vaca morno

Caldo de limão

Anilina na cor desejada

Bate-se até ficar em ponto de enrolar. Cobre-se com um guardanapo úmido. Abre-se um pouco de glacê na palma da mão, põe-se no centro do recheio, e arruma-se com o glacê, cobrindo bem o recheio. Pode-se fazer uma rosinha no centro com uma folhinha. Põe-se cada docinho em uma forminha de papel prateado.

Canudos de chantili

5 claras

1 xícara de açúcar

2 colheres de sopa de farinha de trigo

100 gramas de manteiga derretida

1 xícara de chantili

Bata bem as claras em neve. Em seguida junte o açúcar, a farinha de trigo e a manteiga derretida. Asse as colheradas em tabuleiro untado. Essa massa esparrama-se e forma discos. Quando estiverem assados e ainda quentes, enrole-os com auxílio de um lápis grosso. Deixe esfriarem e recheie com o chantili.

Chantili

Ponha em um prato fundo três colheres de sopa de manteiga sem sal e bata bem com um garfo. Se a manteiga tiver sal, lave-a com água até removê-lo, depois escorra a água. Acrescente três colheres de sopa de açúcar e bata um pouco. Em seguida, junte uma lata de creme de leite gelado e sem soro e uma colher de chá de pó Royal, batendo até ficar bem duro. Guarde no congelador, em vasilha tampada, até o momento de servir.

Caramelo para docinhos

1 xícara de chá de açúcar

Meia xícara de água

1 colher de sopa de Karo dourado

1 colher de sopa de vinagre

Mexe-se tudo bem antes de levar ao fogo. Estando bem misturado leva-se ao fogo sem mexer até mudar de cor. Deve ficar amarelado. Tira-se do fogo, põe-se sobre banho-maria e vai dando-se o banho nos bombons docinhos ou fruta retirando-se da calda com um garfo e colocando-se sobre uma pedra-mármore untada com manteiga. A calda deve ser feita em uma panelinha pequena. Se a calda endurecer tem que se preparar outra calda.

Carré de chocolate

4 ovos

200 gramas de manteiga

200 gramas de farinha de trigo

150 gramas de Nescau

Bata a manteiga com o açúcar. Em seguida ponha os ovos, um a um, batendo bem. Por último junte a farinha de trigo peneirada com o Nescau e uma colherinha de pó Royal. Leve ao forno em tabuleiro untado e polvilhado com Nescau. Depois de assado, corte em quadradinhos e enfeite com glacê.

Glacê

Bata bem três colheres de sopa de manteiga com uma gema e uma xícara de chá e meia de açúcar. Ponha uma colherinha de baunilha e, por último, uma clara em neve. Depois de colocar o glacê, enfeite com ameixa ou pastilhas de chocolate e ponha em forminhas de papel.

Cartuchos dourados

200 gramas de farinha de trigo

2 ovos

1 colher de sopa de óleo

Sal

Molho

30 gramas de manteiga

40 gramas de farinha de trigo

250 gramas de leite

Sal

Noz-moscada ralada

100 gramas de queijo gruyère

1 ovo batido

2 colheres de sopa de leite

3 colheres de sopa de farinha de rosca

Óleo suficiente para fritar

Amasse a farinha de trigo com os ovos, o óleo e o sal. Deixe a massa repousar durante uma hora mais ou menos. Depois abra-a bem fina com o rolo e corte em retângulos de nove por 15 centímetros. Prepare o molho bechamel e, quando estiver frio, junte o queijo partido em cubinhos. Faça com esse creme tantos tubinhos quantos forem os retângulos de massa. Coloque cada tubinho no centro de um retângulo de massa. Enrole a massa formando um cartucho. Passe os cartuchos no ovo batido com duas colheres de sopa de leite e sal. Em seguida, passe na farinha de rosca. Deixe repousar durante meia hora. Frite em bastante óleo fervente, até ficarem dourados, e retire cuidadosamente com uma escumadeira, colocando-os sobre papel pardo.

Cerejas com bacon

Enrole cerejas em calda, uma a uma, em fatias de bacon. Frite no óleo bem quente. Deixe esfriar levemente e sirva. É ótimo para acompanhar uísque.

Chocolate de figos

1 lata de leite Moça
250 gramas de figos, ameixas ou castanhas moídas
2 gemas
1 colher de sopa de manteiga

Leve tudo ao fogo mexendo sem parar, até que solte da panela. Depois ponha em um prato untado com manteiga. Quando frio, faça as bolinhas, recheando-as com passas, ameixas ou castanhas inteiras. Dê um banho com cobertura de chocolate.

Cobertura

Leve ao fogo em banho-maria um tablete de 250 gramas de chocolate doce para cobertura, até derreter. Raspe 30 gramas de parafina[7], ponha para derreter e junte ao chocolate. Quando estiverem completamente desmanchados, deixe em banho-maria, mexendo sempre. Vá melando as bolinhas nesse chocolate e, depois de bem secas, enrole-as em papel laminado.

N.B.: quando acrescentar a parafina, baixe o fogo sem deixar de mexer.

---

[7] Trata-se de parafina específica, definida como *food grade* (de grau alimentar), de acordo com a Resolução da Agência Nacional de Vigilância Sanitária (Anvisa), n.º 122/2001 (nota da organizadora).

Chocolate preto e branco

1 lata de leite Moça

Nescau, utilizando a lata de leite Moça como medida

1 xícara de chá de Karo, rótulo vermelho, ou de mel de abelha

2 colheres de sopa de manteiga

200 gramas de castanhas-de-caju torradas

20 biscoitos Maria ou de maisena

Leve ao fogo o leite Moça, o Nescau e o Karo. Quando estiver em ponto de bala, junte os biscoitos quebradinhos. Misture bem. Depois acrescente as castanhas quebradas e misture tudo muito bem. Derrame em um assador ou pedra-mármore untada com manteiga. Quando esfriar, corte em quadradinhos e envolva em papel prateado.

Churros

1 xícara de chá de água

60 gramas de manteiga

1 pitada de sal

1 xícara e meia de farinha de trigo

3 ovos

1 colher de sopa de raladura de laranja

Óleo ou gordura vegetal para fritar

Coloque a água, a manteiga e o sal numa panela. Leve ao fogo e, logo que levante fervura e a manteiga esteja derretida, retire do fogo e junte a farinha de trigo de uma só vez, mexendo vigorosamente com uma colher de pau. Leve ao fogo baixo e continue mexendo até que a massa se desprenda dos lados da panela. Quebre um ovo de cada vez numa xícara e bata ligeiramente com um garfo. Junte à massa e misture bem antes de juntar o segundo ovo. Adicione a raladura de laranja e mexa bem. Tenha pronta uma panela de mais ou menos 100 milímetros de altura com bastante óleo ou gordura vegetal. Quando estiver bem quente, coloque parte da massa em um saco de confeitar com um bico gigante e vá apertando para saírem tiras de mais ou menos um centímetro de grossura e 10 centímetros de comprimento. Frite algumas das tiras ao mesmo tempo. Enquanto fritam, elas vão crescendo e tomam a forma de espirais. Quando estiverem douradas, retire do óleo e escorra sobre papel absorvente. Sirva quente, salpicando-as com açúcar de confeiteiro.

Chuvisco campista

3 dúzias e meia de gemas

Três quartos de xícara de chá de farinha de arroz

5 colheres de sobremesa de farinha de trigo

1 colher de sopa não muito cheia de pó Royal

Batem-se as gemas na batedeira. Depois junta-se a farinha de arroz, batendo bem. A seguir, acrescentam-se a farinha de trigo sem parar de bater e, por último, o pó Royal, batendo bem. Para cada dúzia de gemas, são feitas duas caldas, cada uma com um quilo de açúcar, sendo uma calda grossa e outra rala. A calda grossa (fervendo e borbulhando) é para cozinhar os chuviscos na panela pequena. A calda rala é para receber os chuviscos prontos na panela grande. Passam-se as gemas em uma peneira fina. Toma-se a massa em porções de uma colherinha de café cheia, e jogam-se na calda grossa. Quando a bolinha desce e torna a subir à superfície, baixa-se o fogo, e vão se jogando as bolinhas de massa. As bolinhas de massa que flutuarem são passadas para a panela que contém a calda rala. Por fim, põe-se uma colher de flor de laranja na calda fria. As bolinhas devem ficar na calda rala durante algum tempo. Depois escorre-se a calda, e formam-se cachos de uvas com as bolinhas já escorridas ou servem-se em compoteiras.

Cobertura de chocolate

250 gramas de chocolate Garoto

30 gramas de parafina

Raspe com uma faca o chocolate e a parafina. Junte ao chocolate metade da parafina, ponha a mistura no fogo em banho-maria, mexendo até derreter e ficar bem macia, junte o resto da parafina e mantenha no banho-maria. Vá melando as uvas nesse chocolate e alisando com as mãos. Quando estiverem todas secas, enrole em papel laminado.

Cocada

2 xícaras de chá de açúcar refinado

1 coco e meio raspado

Meia xícara de chá de água

Numa panela junte o açúcar e a água e mexa bem. Leve ao fogo e deixe açucarar até ficar com uma cor de mel (não mexa mais). Tire do fogo, junte o coco, misture bem e coloque sobre o creme cobrindo a torta.

Coquetel de frutas

1 garrafa de suco de maracujá

1 garrafa de suco de abacaxi

1 garrafa de suco de caju

1 garrafa de suco de cidra

Meia garrafa de suco de groselha

1 garrafa de água mineral ou natural

1 lata de creme de leite

Mistura-se tudo e passa-se no liquidificador. Depois leva-se à geladeira até a hora de servir.

Creme *Chantili*

Põem-se em um prato fundo três colheres de sopa de manteiga sem sal, e bate-se bem com um garfo. Se a manteiga tiver sal, lava-se com água até removê-lo, depois escorre-se a água. Acrescentam-se três colheres de sopa de açúcar, e bate-se um pouco. Em seguida, juntam-se uma lata de creme de leite gelado e sem soro e uma colher de chá de pó Royal, batendo até ficar bem duro. Guarda-se no congelador, em vasilha tampada, até o momento de servir.

Creme chinês

1 lata de leite condensado

2 latas e meia de leite de vaca

3 ovos

2 colheres de sopa de maisena

2 caixas de gelatina vermelha (de morango) em pó

Faz-se o creme com os leites, a maisena, as gemas e raspa de limão. Leva-se ao fogo mexendo sempre, até engrossar. Coloca-se em um pirex. Batem-se bem as claras em neve na batedeira pondo oito colheres de sopa de açúcar. Faz-se a gelatina em duas xícaras de água fria e meia xícara de chá de água quente. Depois do creme frio, colocam-se por cima as claras batidas e misturadas com a gelatina, e leva-se à geladeira de véspera. Faz-se separadamente uma outra gelatina vermelha de morango e leva-se à geladeira para endurecer. Quando o primeiro creme já está pronto (gelado), põe-se por cima a segunda gelatina já endurecida e passada em um espremedor de batatas e leva-se novamente à geladeira até a hora de servir.

Creme Merengue de Coco

800 gramas de coco ralado

6 ovos

1 lata de leite Moça

6 colheres de sopa de açúcar

Numa panela põem-se o coco ralado, o leite Moça e as gemas, misturam-se bem e levam-se ao fogo baixo mexendo sempre. Quando estiver soltando da panela, está pronto. Batem-se as claras em neve bem firmes na batedeira com seis colheres de sopa de açúcar, e reserva-se. Põem-se num pirex alternadamente uma camada de coco e outra de claras em neve. A última camada deve ser de claras. Leva-se ao forno para dourar.

Creme com salada de frutas

1 litro de leite
1 lata de leite Moça
3 gemas
2 colheres de sopa de maisena
Sal
Baunilha

Separa-se essa mistura em duas partes iguais, colocando em uma das partes duas colheres de sopa de Nescau, e leva-se ao fogo em duas panelas separadas, mexendo até engrossar. Em um pirex derrama-se o creme branco, e põe-se por cima uma salada de frutas bem cortadinhas e com pouco açúcar. Por cima da salada coloca-se o creme de Nescau. Cobre-se tudo com claras em neve com três colheres de sopa de açúcar e uma lata de creme de leite gelado e sem soro. Leva-se ao congelador por algumas horas. Serve-se bem gelado.

Creme flutuante

5 claras batidas em neve bem firmes
10 colheres de sopa de açúcar
1 colher de sopa de caldo de limão

Coloca-se esse suspiro no centro de um pirex, formando uma pirâmide alta, e põe-se no forno para dourar.

Creme

3 gemas
1 copo e meio de leite
1 colher de sopa cheia de maisena
Meia lata de leite Moça
1 pitada de sal
1 colher de chá de manteiga
1 colherinha de baunilha

Leva-se ao fogo mexendo até formar um creme.

Calda

1 xícara de chá de açúcar para fazer o mel dourado
1 copo de leite
2 gemas
1 colher de sopa de manteiga derretida
Mistura-se e põe-se no mel já dourado.

Arrumação

No pirex com o suspiro em pirâmide, colocam-se o creme em volta e, por último, a calda cobrindo tudo. Serve-se gelado.

Cucas deliciosas

250 gramas de manteiga
250 gramas de açúcar
250 gramas de farinha de trigo
6 ovos
1 colher de sobremesa de pó Royal

Bate-se bem a manteiga com o açúcar. Acrescentam-se os ovos, um a um, batendo bem. Em seguida, põe-se a farinha de trigo peneirada com o pó Royal. Estando tudo bem batido, despeja-se em uma assadeira untada e polvilhada com farinha de trigo e leva-se ao forno para assar. Estando assado, cobre-se com açúcar e canela ou com glacê de chocolate e corta-se em quadrinhos.

Dedais de limão

Massa

300 gramas de farinha de trigo
150 gramas de manteiga
100 gramas de açúcar
1 ovo

Misture tudo e amasse bem. Forre as forminhas untadas e leve ao forno para assar, depois coloque o recheio.

Recheio

150 gramas de manteiga

500 gramas de açúcar

6 gemas

4 claras

1 colher de sopa de caldo de limão

Raspa de 1 limão verde

Açúcar

1 copo de água

Faça uma calda em ponto de fio com açúcar e água. Tire do fogo e, ainda quente, ponha a manteiga. Deixe amornar para acrescentar as claras – sem bater – e as gemas. Depois passe em uma peneira fina. Misture bem e leve ao fogo, mexendo até aparecer o fundo da panela. Junte, então, o caldo do limão e a raspa do limão. Quando estiver frio, encha as forminhas, que já devem estar assadas e frias, e coloque em forminhas de papel. Rende mais ou menos 100 forminhas.

Delícia de abacaxi

1 abacaxi picado

1 lata de leite Moça

1 lata de creme de leite

4 ovos

1 copo de leite de vaca

Açúcar ao paladar

Misture o leite de vaca com as gemas, o leite Moça e uma colher de sopa de maisena. Leve ao fogo, mexendo até formar um creme. Reserve. Corte o abacaxi em pedacinhos e faça um doce com pouca calda. Por último, bata as claras em neve bem firmes e misture com o creme de leite gelado e sem soro e seis colheres de sopa de açúcar refinado. Arme em três camadas, em um pirex retangular:

1.ª camada: creme de leite Moça

2.ª camada: doce de abacaxi

3.ª camada: claras com creme de leite

Leve à geladeira de véspera até a hora de servir.

Delícias de queijo

1 pires de xícara de chá de queijo do reino ralado

1 xícara de chá e meia de açúcar

4 ovos misturados

Bate-se manteiga com o queijo, depois põem-se os ovos já misturados e, por último, o açúcar. Mistura-se tudo, põe-se em forminhas bem untadas com manteiga e leva-se ao forno para assar. Depois de assadas, põe-se em forminhas de papel, ajeitando o fundo dos bolinhos para cima.

Doce de ameixas

200 gramas de ameixas

200 gramas de açúcar

2 copos de água

250 gramas de castanha-de-caju torradas e liquidificadas

Faz-se um doce com as ameixas, o açúcar e a água e, depois de pronto, passa-se no liquidificador. Acrescentam-se as castanhas, e arruma-se o sorvete a gosto.

Doce de coco "delicioso"

1 coco grande ralado fino

1 quilo de açúcar

1 copo de água

4 gemas

Meia xícara de chá de farinha de trigo

2 colheres de sopa de queijo parmesão ralado

1 colher de sopa de manteiga

Com a água e o açúcar faça o mel em ponto de fio brando. Junte o coco ralado e mantenha no fogo, mexendo até dar o ponto. Dissolva numa xícara de leite de vaca a farinha de trigo e junte ao doce que está no fogo, botando em seguida as gemas, o queijo parmesão ralado e a manteiga. Mexa bem. Bote em um pirex fundo e leve ao forno. Pode-se pôr por cima um pouco de queijo ralado antes de ir ao forno.

Doce de leite "delicioso"

9 copos de leite
4 copos de açúcar
1 colherinha de pó Royal
Leva-se ao fogo mexendo continuamente, até dar o ponto.

Docinhos "ouriços"

1 lata de leite Moça
3 gemas
Castanhas-de-caju torradas e moídas
Leva-se o leite Moça ao fogo com as gemas, mexendo até aparecer o fundo da panela. A seguir junta-se metade das castanhas moídas. Depois de frio fazem-se as bolas com as mãos amanteigadas. Em seguida dá-se um banho de calda nas bolas, uma a uma, e vai se jogando no resto das castanhas picadinhas, cobrindo bem as bolas com as castanhas. Por último coloca-se em forminhas de papel.

Docinhos de abacaxi

2 abacaxis
600 gramas de açúcar cristal
2 cocos ralados bem finos
Passam-se os abacaxis na máquina de moer carne, depois retira-se o caldo espremendo-os. Acrescenta-se à fruta espremida o açúcar cristal, o coco ralado e leva-se ao fogo até dar o ponto de enrolar. Despeja-se em um prato untado, e em seguida fazem-se os docinhos em bolinhas regulares e enfeitam-se com um confeito prateado colocado na parte de cima das bolinhas. Passa-se em açúcar cristal e coloca-se em forminhas de papel prateado.

Docinhos com baba de moça

Massa

125 gramas de manteiga
250 gramas de farinha de trigo
2 gemas
2 colheres de sopa de açúcar
Amassa-se tudo com as mãos, com essa massa forram-se forminhas untadas com manteiga, e leva-se tudo ao forno para assar. Depois, recheiam-se as forminhas assadas com baba de moça.

Baba de moça

Leite de 1 coco e meio tirado com 1 xícara de chá de água morna
1 xícara de chá e meia de açúcar
3 gemas
Mistura-se tudo e leva-se ao fogo, mexendo até engrossar. Depois de frio, recheiam-se as forminhas já assadas com a baba de moça. Coloca-se no centro de cada forminha, sobre a baba de moça, uma pitada de canela, e ajeitam-se as forminhas prontas em forminhas de papel.

Docinhos de gelatina com purê de maçã

12 folhas de gelatina ou 2 pacotes de gelatina sem sabor
Meia xícara de suco de laranja
1 colher de chá de raladura de casca de laranja
Meia xícara de purê de maçã
2 xícaras de açúcar
Deixe a gelatina amolecer no suco frio de laranja. Leve o purê de maçã ao fogo com o açúcar, deixe levantar fervura e cozinhe mexendo de 10 a 12 minutos. Retire do fogo. Mexa por uns cinco minutos para esfriar um pouco. Junte a gelatina já amolecida. Mexa bem para que dissolva. Coloque numa forma quadrada de 20 centímetros, untada com óleo. Deixe de um dia para o outro na geladeira ou em temperatura ambiente. Corte em quadrinhos e passe em açúcar de confeiteiro.

Enroladinho com amendoim e chocolate

80 gramas de manteiga
Meia xícara de açúcar
1 gema
Meia colher de chá de baunilha
2 colheres de sopa de leite
1 xícara e meia de farinha de trigo
Meia colher de chá de sal
Meia colher de chá de pó Royal
1 xícara de amendoim torrado e moído
30 gramas de chocolate derretido

Bata a manteiga com o açúcar, junte a gema e bata bem. Adicione a baunilha e o leite. Peneire a farinha de trigo com o sal e o pó Royal e junte o amendoim. Divida a massa em três partes, a uma das partes adicione o chocolate derretido e leve à geladeira por uma hora. Abra as duas partes, sem o chocolate, rapidamente, e bem fino. Coloque a massa de chocolate também já aberta sobre a massa branca. Passe o rolo por cima. Enrole como se fosse um rocambole. Embrulhe em papel de alumínio. Leve à geladeira até que fique bem firme. Corte em fatias finas. Asse em forno moderado de 10 a 15 minutos.

Esquecidos de castanhas

3 gemas bem batidas
1 xícara de chá rasa de açúcar
2 xícaras mais ou menos de castanhas trituradas

Bata bem as gemas com o açúcar, depois ponha as castanhas trituradas e amasse bem. Faça os docinhos com o formato de um rolinho. Enrole tirinhas de ameixas e dê um banho com calda vidrada.

Calda

Leve ao fogo cinco colheres de sopa bem cheias de açúcar, meia xícara de chá de água e uma colher de sopa de Karo, rótulo vermelho. Dê o ponto de fio, que ocorre quando se põe um pouquinho de mel dentro d'água e se consegue uma bolinha dura. Vá molhando os docinhos um a um nesta calda e pondo-os sobre pedra-mármore untada até secarem. Depois coloque em caixinhas de papel. Quando a calda endurecer, faça outra calda.

Filhós

Meio copo de água

Meio copo de leite

1 copo de farinha de trigo

1 colher de chá de manteiga

1 colher de sopa de banha

1 colher de chá de sal

1 colher de sopa de pó Royal

4 ovos batidos

Peneira-se a farinha de trigo com o pó Royal e sal. Põe-se a água com o leite para ferver. Fervendo, juntam-se a manteiga e a banha e, em seguida, a farinha de trigo, e bate-se bem. Estando frio, acrescentam-se aos poucos os ovos já batidos (como para pão de ló), batendo sempre a massa, até terminar de pôr os ovos. Bate-se até ficar uma massa fofa. Frita-se em óleo quente, retirando a massa com duas colheres de sopa e jogando-a em bastante óleo quente. Serve-se com calda de açúcar. Crescem muito.

Calda

1 copo e meio de açúcar

1 copo e meio de água

Junta-se tudo e leva-se ao fogo sem mexer, até formar uma calda.

Fondue de chocolate

300 gramas de chocolate, ralado ou picado, com leite

1 lata de creme de leite

5 colheres de sopa de conhaque

Pedaços de pêssego, pera, abacaxi, ameixa, bolo etc.

Coloque no centro da mesa o fogareiro próprio para fondue e regule a chama. Junte na panelinha, que deve ser esmaltada ou de cobre, o chocolate com o creme de leite, mexendo até que o chocolate esteja completamente derretido. Acrescente aos poucos o conhaque, mexendo até que esteja bem ligado. Cada pessoa espetará, com um garfo ou espeto, um pedaço de fruta ou bloco, passando-o a seguir no chocolate quente.

Glacê de leite Moça

1 lata de leite Moça

1 quilo de açúcar refinado

Meio quilo de margarina não cremosa

Ponha a margarina bem gelada (não cremosa) na batedeira, bata um pouco e vá juntando o leite Moça em fio, batendo sempre. Depois ponha o açúcar peneirado aos poucos, batendo bastante.

Glacê Royal

1 pacote de pudim Royal sabor baunilha

Meio quilo de manteiga não cremosa

1 quilo de açúcar refinado peneirado

1 xícara de chá de água

Prepare o pudim com a água e deixe esfriar. Coloque na batedeira e vá juntando a manteiga não cremosa, ou margarina, que deve estar bem gelada. Depois de bem batido, acrescente o açúcar aos poucos batendo sempre, até terminar.

Maçãs gelatinadas

Dissolva duas folhas de gelatina vermelha picadas em uma xícara de chá de água gelada e leve ao fogo lento, em uma panelinha rasa, juntando duas colheres de sopa de açúcar cristal. Estando a gelatina bem desfeita, ponha dentro três maçãs inteiras com casca e vá cobrindo-as com a gelatina, com auxílio de uma colher, conservando a gelatina sempre no fogo. Estando as maçãs bem cobertas, coloque-as em uma peneira até secar.

Mãe Benta

6 ovos

6 gemas

450 gramas de açúcar

450 gramas de manteiga

450 gramas de farinha de arroz

1 coco ralado fino

Batem-se bem os ovos e as gemas, depois junta-se o açúcar peneirado, e continua-se batendo. Em seguida, acrescentam-se a manteiga e o coco ralado, batendo bem. Adicionam-se na sequência a farinha de arroz e uma colherinha de pó Royal. Leva-se ao forno em forminhas untadas com manteiga.

Merengue com creme

8 claras batidas em neve

12 colheres de sopa de açúcar

1 colherinha de baunilha

Bata bem as claras em neve, depois junte o açúcar aos poucos, batendo bem. Leve ao forno em banho-maria, em forma de pudim untada com manteiga.

Creme

8 gemas

125 gramas de açúcar

125 gramas de manteiga

2 colheres de sopa de Nescafé

4 colheres de sopa de água quente

Bata bem as gemas, como para gemada. Junte em seguida o Nescafé dissolvido na água quente e leve ao fogo, mexendo sempre, até engrossar. Retire do fogo, ponha a manteiga e bata bastante. Leve à geladeira e, ao servir, ponha o creme por cima do merengue e cubra com creme de leite gelado e sem soro.

N.B.: passe o creme de gemas em peneira ao tirá-lo do fogo.

Nozes fingidas

2 latas de leite Moça cozinhadas durante duas horas

2 colheres de sopa de Karo, rótulo vermelho

1 xícara de açúcar

250 gramas de castanhas ou de amendoins passados na máquina

Mistura-se tudo e leva-se ao fogo para dar o ponto de bala. Depois despeja-se em um prato untado com manteiga. Estando fria a massa, fazem-se as bolas, põem-se em cascas de nozes, ou dá-se o formato de uma noz. Depois põe-se em forminhas de papel.

Olho de sogra

1 coco ralado fino

3 gemas batidas

1 copo de leite

Meio quilo de açúcar cristal

250 gramas de castanhas-de-caju torradas e moídas

Leva-se tudo ao fogo brando até aparecer o fundo da panela, mexendo sempre. Depois recheiam-se as ameixas sem caroços, e passa-se cada ameixa em açúcar cristal ou em calda, para espelhá-las.

Calda (para espelhar qualquer docinho ou fruta)

1 quilo de açúcar cristal

1 clara de ovo

Põe-se em uma caçarola para aquecer até que o açúcar com uma xícara de água fique em ponto de quebrar. Retira-se a caçarola do fogo e põe-se em água fervendo para não endurecer a calda. Com dois garfos untados de manteiga, passam-se as ameixas pela calda e põem-se para escorrer sobre pedra-mármore untada com manteiga. Deixe-se esfriar, depois põe-se em caixinhas frisadas prateadas.

Os sonhos de Fanny

Ponha meio litro de leite para ferver. Em seguida, coloque 250 gramas de margarina para dissolver no leite. A seguir, jogue de uma só vez duas xícaras e meia de farinha de trigo e misture bem. Junte a essa massa quatro ovos inteiros, colocados um a um, batendo bem, até abrir bolhas. Vá jogando colheradas dessa massa em bastante óleo, não muito quente. Deixe fritar até os sonhos ficarem tosta-dinhos. Eles viram sozinhos no óleo quente. Depois escorra-os em papel pardo e deixe esfriar. Enquanto isso, prepare o creme com o qual irá recheá-los. Ferva meio litro de leite com açúcar ao paladar. Engrosse com três colheres de sopa de maisena dissolvida em um pouco de leite. Acrescente duas gemas, mexendo sempre em fogo brando, e ponha uma pitada de sal. Ao retirar do fogo, junte uma colherinha de baunilha. Faça um corte nos sonhos e coloque um pouco de creme. Passe os sonhos em açúcar e canela e arrume-os artisticamente em uma bandeja.

Pastel de creme

125 gramas de manteiga

2 gemas

250 gramas de farinha de trigo

2 colheres de sopa de açúcar

Recheio

3 copos de leite

2 gemas

Meia xícara de chá de açúcar

1 colher de sopa bem cheia de maisena

Raspa de 1 limão

Mistura-se tudo e leva-se ao fogo mexendo até engrossar, formando um creme. Forram-se forminhas de empadas untadas com a massa, põe-se o recheio de creme, cobrindo com as claras batidas em neve (como para suspiro), e coloca-se em forminhas de papel. O suspiro leva duas colheres de açúcar.

Pastel de nata[8]

Massa

50 gramas de manteiga

100 gramas de açúcar

1 ovo (clara e gema)

Farinha de trigo até dar ponto de massa macia

Abre-se a massa na própria forminha, untada com manteiga. Põe-se o creme (cru), e leva-se ao forno para assar. Rende 35 forminhas.

Creme

6 gemas passadas em peneira

1 copo e meio de leite

200 gramas de açúcar

Raspa de 1 limão verde

O creme não vai ao fogo, é colocado cru nos pastéis antes de irem ao forno.

---

[8] Trata-se da versão pernambucana dos famosos pastéis de Belém portugueses (nota da organizadora).

Pavê de castanhas e ameixas

Meio quilo de biscoitos Maria
250 gramas de manteiga
250 gramas de açúcar
250 gramas de castanha-de-caju torradas e liquidificadas
6 gemas
1 lata de creme de leite
250 gramas de ameixas
1 colherinha de baunilha

Bate-se bem a manteiga com o açúcar. Depois juntam-se as gemas, batendo sempre. Acrescentam-se em seguida as castanhas e a baunilha. Arruma-se tudo em um pirex fundo, com camadas de biscoitos molhados em leite de vaca. Sobre cada camada de biscoitos, põe-se uma camada de creme. Assim vai-se arrumando até terminar. Leva-se ao congelador de véspera. No dia seguinte, tira-se do pirex, cobre-se com creme de leite gelado e sem soro, e por último coloca-se o doce de ameixas.

Pavê de nozes ou amêndoas

250 gramas de manteiga
250 gramas de açúcar
Bate-se bem, em ponto de creme, e reserva-se.

Creme

6 gemas
4 colheres de sopa de açúcar
1 copo de leite

Leva-se ao fogo, mexendo até engrossar. Deixa-se esfriar e junta-se ao primeiro processo (manteiga e açúcar). Passa-se no liquidificador meio quilo de amêndoas ou nozes limpas e torradas, depois junta-se ao creme. Molham-se dois pacotes de biscoitos champanhe em leite, e arrumam-se os biscoitos em camadas, em um pirex forrado com um plástico. Sobre cada camada espalha-se o creme, até terminar. Leva-se ao congelador por várias horas. Ao desenformar, cobre-se com geleia de damasco e enfeita-se com amêndoas ou nozes inteiras.

Pavê Maria

250 gramas de margarina

2 xícaras de chá de açúcar

2 gemas

2 latas de creme de leite

Bata a margarina, o açúcar e as gemas, tudo muito bem misturado. Acrescente em seguida o creme de leite (guarde o soro). Misture o soro com leite de vaca para molhar dois pacotes de bolachas Maria. Forre fundo e lados de uma forma de torta com papel laminado. Arrume na forma a primeira camada de bolachas Maria já molhadas com o leite, seguida da camada de creme, e assim até terminar. Arrume também bolachas em pé nas bordas da forma. Leve ao congelador de véspera. Depois desenforme e cubra com creme de Nescau.

Creme

1 lata de leite Moça

1 lata de leite de vaca

4 colheres de sopa de Nescau

1 colher de sobremesa rasa de maisena

Leve ao fogo mexendo até formar um creme.

Pavê Ruth

Meio quilo biscoito champanhe

2 latas ou meio litro de creme de leite

1 lata de leite condensado

1 lata de leite de vaca

2 gemas

Leite frio

150 gramas de nozes

150 gramas de amêndoas

150 gramas de passas

150 gramas de ameixas

150 gramas de damasco

150 gramas de frutas cristalizadas

Faz-se um creme de leite condensado, leite de vaca e gemas mexendo sem parar, até soltar da panela, e usa-se frio. Prepara-se o chantili com as claras batidas em neve com o açúcar e o creme de leite sem soro. Em uma forma retangular de 37 centímetros, coloca-se o chantili, seguido de uma camada de biscoitos molhados no leite frio e no creme de leite condensado, que já deve estar frio, forrando toda a base do pirex. Sobre os biscoitos salpicam-se as frutas cristalizadas, que já devem estar misturadas com os demais ingredientes, como ameixas, nozes etc. Arruma-se uma nova camada de chantili, seguida por uma de biscoitos e assim por diante, terminando com frutas cristalizadas. As frutas cristalizadas, as ameixas, o damasco e as passas são picadas, e as nozes e amêndoas são torradas e passadas ligeiramente no liquidificador.

Queijadinhas I

1 lata de leite Moça

2 xícaras de chá de coco ralado

3 colheres de sopa de queijo parmesão ralado

2 gemas

Misturam-se bem todos os ingredientes, e reserva-se. Colocam-se forminhas de papel dentro de forminhas de empadas. Despeja-se a massa nas forminhas distribuídas numa assadeira. Rende 25 forminhas. Levam-se ao forno em banho-maria até que fiquem douradas. Retiram-se do forno e servem-se depois de frias.

Queijadinhas II

1 xícara de chá de coco ralado

1 lata de leite Moça

2 colheres de sopa de queijo ralado

2 gemas

Misturam-se bem todos os ingredientes e levam-se ao forno para assar em forminhas de papel sobre forminhas de empadas.

Quindão

1 quilo de açúcar refinado

2 xícaras de chá de água

2 colheres de chá de baunilha

2 colheres de chá de manteiga

6 ovos inteiros

4 xícaras de coco fresco ralado

6 gemas

Faça uma calda em ponto de fio grosso com o açúcar e a água. Desligue o fogo e acrescente a manteiga e a baunilha. Não mexa, deixe que a baunilha e a manteiga se misturem sozinhas. Deixe esfriar e, então, junte os ovos e as gemas, um a um, e misture bem. Adicione o coco e misture bem. Unte uma forma redonda de 22 centímetros de diâmetro com margarina e polvilhe com açúcar. Despeje tudo na forma. Asse em banho-maria, em forno pré-aquecido moderado por mais ou menos 50 minutos. Só desenforme depois de frio.

Requeijão delicioso

2 copos e meio de leite cru

300 gramas de queijo de coalho ralado

5 colheres de sopa de maisena

2 colheres de sopa de margarina

Sal a gosto

Juntam-se todos os ingredientes e levam-se ao fogo mexendo com uma colher de pau. Quando estiver soltando da panela, retira-se do fogo, põe-se em um pirex, deixa-se esfriar e leva-se à geladeira.

Rocambole de ameixas e creme

5 colheres de Nescau

250 gramas de açúcar refinado

250 gramas de manteiga

250 gramas de farinha de trigo

6 ovos

Bate-se bem a manteiga com o açúcar. Depois juntam-se as gemas, uma a uma, batendo sempre. Em seguida, põe-se farinha de trigo aos poucos. Por último juntam-se as claras bem batidas em neve. Leva-se ao forno para assar em dois tabuleiros bem untados com margarina e polvilhados com farinha de trigo. Depois de assados, vira-se o primeiro tabuleiro quente em um guardanapo, passa-se por cima creme de baunilha e enrola-se. Desenforma-se o segundo tabuleiro sobre um guardanapo e passa-se por cima doce de ameixa machucadas com um garfo. Coloca-se o primeiro rolo sobre o segundo, e enrolam-se os dois juntos, fazendo um só rolo. Cobre-se com *marshmallows* ou com qualquer outro glacê.

Rocambole tentação

5 ovos

150 gramas de açúcar

150 gramas de farinha de trigo

Faz-se como pão de ló. Assa-se em tabuleiro untado com margarina e polvilhado com farinha de trigo. Depois de assado, põe-se o recheio, e enrola-se a massa.

Recheio

Meio coco ralado fino

1 xícara de chá de açúcar

1 colher de sopa de manteiga

1 colher de sopa de maisena

2 gemas

150 gramas de passas sem caroço

1 xícara de chá de leite

Juntam-se o coco e o leite e passam-se no liquidificador. Depois acrescentam-se os outros ingredientes. Leva-se ao fogo mexendo até começar a soltar da panela.

Cobertura

3 colheres de sopa de Nescau

1 xícara de chá de açúcar

1 colher de sopa de manteiga

1 xícara de chá de leite

2 gemas

Baunilha

Junta-se tudo e leva-se ao fogo, mexendo até soltar do fundo da panela. Espalha-se sobre o bolo quente. Depois de frio, leva-se à geladeira.

Rosca de Natal

1 colher de sopa de fermento Fleischmann

1 xícara de chá de leite morno

1 colher de sopa de açúcar

2 colheres de chá de álcool

1 quilo de farinha de trigo

3 ovos inteiros sem bater, um a um

4 colheres de sopa de manteiga

6 colheres de sopa de açúcar

2 colheres de chá de sal

1 xícara e meia mais ou menos de leite, até ficar uma massa macia

Juntam-se o fermento, o leite, o açúcar e o álcool e deixam-se fermentar bem. Depois acrescentam-se os demais ingredientes. Amassa-se bem com as mãos, até soltar com facilidade. Depois de bem amassada, deixa-se a massa descansar durante duas horas. Em seguida, abre-se em superfície polvilhada com farinha de trigo. Põem-se passas sem sementes, ameixas sem caroços e frutas cristalizadas picadas (mais ou menos 250 gramas de cada qualidade). Põe-se em uma forma redonda bem untada e polvilhada com farinha de trigo e deixa-se crescer. Leva-se ao forno para assar e, ao sair do forno, pincela-se leite com açúcar (uma colher de sopa de leite e três colheres de sopa de açúcar) e deixa-se secar.

Rosquinhas de cerveja

2 xícaras de farinha de trigo

250 gramas de manteiga

1 colher de sopa de açúcar

Meia xícara de cerveja

Açúcar de confeiteiro

Misture a farinha de trigo com a manteiga e o açúcar. Junte a cerveja. Amasse bem e leve à geladeira por uma noite. No dia seguinte retire pedaços pequenos de massa, enrole-os para obter uma tirinha de cinco centímetros de comprimento e forme as rosquinhas. Asse em forno quente durante 30 minutos mais ou menos. Passe-as em açúcar de confeiteiro, enquanto estão quentes.

Salame de chocolate

3 copos de leite

2 copos de açúcar cristal

1 colher de sopa de mel de abelha

7 colheres de sopa de chocolate em pó

1 colher de sopa de manteiga

1 colher de sopa de bicarbonato de sódio

Leva-se ao fogo até obter a consistência de caramelo. Espalha-se no mármore untado, juntam-se 150 gramas de amêndoas descascadas e partidas, e enrola-se de maneira que as amêndoas fiquem no centro. Coloca-se em forminhas de papel prateado.

Salsichas de chocolate

250 gramas de manteiga

4 gemas

4 colheres de sopa de açúcar

Chocolate em pó

1 pacote de bolachas maisena

Meia xícara de frutas cristalizadas

Meia xícara de castanhas-de-caju picadas

Meia xícara de açúcar

Tire a manteiga da geladeira antes de começar a trabalhar, para que fique mole. Bata bem a manteiga, junte as gemas e continue batendo. Junte o açúcar aos poucos, batendo sempre, até obter um creme. Junte o chocolate em pó aos poucos, até obter uma cor escura e consistência bem dura. Pique a bolacha bem fina, aproveitando só os pedacinhos, deixando de lado o farelo (use mais ou menos três quartos do pacote). Junte à mistura anterior mexendo bem. Leve ao fogo a castanha-de-caju com o açúcar. Mexa sobre fogo lento até o açúcar dissolver e formar uma calda dourada. Despeje numa superfície untada e deixe esfriar. Bata com o batedor de carne para esmigalhar bem. Junte a massa de chocolate com as frutas cristalizadas bem picadas. Sobre um pano úmido forme uma salsicha, embrulhe no pano e leve à geladeira de um dia para o outro. Para servir, corte em fatias finas.

Sobremesa deliciosa

1 lata de leite Moça

1 lata de creme de leite

350 gramas de biscoitos champanhe

4 gemas

2 colheres de sopa de chocolate em pó

8 colheres de sopa de açúcar

1 lata de leite de vaca medida na lata de leite Moça

Mistura-se o leite Moça com a mesma medida de leite de vaca e as gemas e leva-se ao fogo mexendo continuamente, até formar um creme grosso (não ferver). Retira-se do fogo e reserva-se. Leva-se ao fogo para ferver um copo d'água com chocolate. Batem-se as claras em neve com o açúcar, até ficar em ponto de suspiro, e acrescenta-se o creme de leite, que deve estar gelado e sem soro. Põem-se num pirex grande e quadrado o creme de leite Moça e sobre ele os biscoitos molhados no chocolate, deitando por cima o suspiro com o creme de leite. Deixe-se na geladeira até o dia seguinte.

Strudel de maçã

250 gramas de farinha de trigo

150 gramas de margarina

1 xícara de café pequena de água

1 colher de chá de sal

4 maçãs cortadas

150 gramas de passas

Misturar os ingredientes da massa e deixar descansar por meia hora. Abrir com um rolo em cima de um local polvilhado. Espalhar as maçãs em pedaços e as passas e polvilhar bem com açúcar. Passar a margarina no tabuleiro. Enrolar a massa e pincelá-la com as gemas. Colocar em forno pré-aquecido até a massa dourar. Depois de pronto, polvilhar com açúcar. Para acompanhar o Strudel de maçã, fazer um molho com duas claras batidas com quatro colheres de açúcar e uma lata de creme de leite. Servir gelado em um pote.

Suspiro I

4 claras bem batidas em neve

250 gramas de açúcar peneirado

Raladura de 1 limão

Batem-se as claras com uma pitada de sal, devendo ficar bem firmes. Depois vai se pondo açúcar aos poucos, batendo bem. Por último, põe-se a raladura de limão. Fazem-se os suspiros com auxílio de duas colheres de café, pondo-os em assadeiras polvilhadas com farinha de trigo. Leva-se ao forno moderado. Ao saírem do forno, são colocados imediatamente em latas que são tampadas.

Suspiro II

Batem-se cinco claras em neve bem firmes. Põem-se aos poucos cinco colheres de sopa de açúcar peneirado, batendo continuamente. Faz-se um caramelo com cinco colheres de sopa de açúcar e derrama-se em um pirex. Arruma-se no centro do pirex, sobre o caramelo, o suspiro a fim de formar uma pirâmide alta. Sobre essa pirâmide derrama-se um creme de gemas. Leva-se à geladeira por várias horas.

Suspiros recheados

6 claras batidas em neve

400 gramas de açúcar

Bata bem as claras em neve, deixe-as bem firmes e acrescente o açúcar peneirado aos poucos, batendo sempre, até obter o ponto de suspiro.

Recheio

6 gemas

1 coco ralado

250 gramas de açúcar

150 gramas de nozes ou de castanhas-de-caju torradas e moídas

Misture as gemas com o coco e o açúcar e leve ao fogo para engrossar bem. Junte as nozes e mantenha no fogo, mexendo até que chegue ao ponto de poder ser enrolado. Espere esfriar muito bem. Forme bolinhas com a mistura de nozes, mergulhe-as dentro da massa de suspiro, uma a uma, e leve ao forno numa assadeira forrada com papel pardo polvilhado com farinha de trigo. Espere corar ligeiramente, retire do forno e guarde em vasilha bem tampada até a hora de servir.

N.B.: o forno deve ser moderado.

Uvas com chocolate

1 lata de leite Moça
Um pouco de anilina verde
1 gema
1 colher de sobremesa de manteiga

Mistura-se tudo e leva-se ao fogo até dar o ponto forte, despregando bem da panela. Depois despeja-se em um prato untado com manteiga. Cobrem-se as uvas moscatel, uma a uma, com esse recheio, podendo deixar o talinho da fruta de fora. Depois dá-se um banho de cobertura de chocolate, que é opcional.

Uvas glacês

2 colheres de sopa de açúcar cristal
6 gemas
1 lata de leite Moça
Anilina verde
700 gramas de uvas moscatel

Batem-se as gemas, em seguida junta-se o leite Moça, e leva-se ao fogo brando sem parar de mexer. Acrescentar gotas de anilina verde. Quando soltar da panela, retira-se do fogo, coloca-se em um prato untado com manteiga e deixa-se esfriar um pouco. Fazem-se as bolinhas colocando no centro uma uva, passam-se em açúcar cristal e em seguida colocam-se em forminhas de papel laminado.

CAPÍTULO 9

PETISCOS E CANAPÉS

Os canapés e petiscos fazem das festas e reuniões momentos muito especiais, sendo indispensáveis para o acompanhamento das bebidas e do bate-papo. Salgadinhos de queijo, de amendoim e de camarão estão distribuídos em mais de 70 receitas.

Ameixas recheadas com queijo

Escolhem-se ameixas grandes e moles, tiram-se os caroços, e enche-se cada ameixa com creme de queijo do reino.

Creme

1 pires pequeno de queijo ralado

Meia colher de chá de maisena

1 xícara de café de leite

Sal a gosto

Leva-se ao fogo, mexendo até formar um creme duro. Depois de pronto, põe-se um pouco de queijo ralado. Recheiam-se as ameixas, passam-se em queijo do reino ralado e põem-se em forminhas. Rende 15 ameixas recheadas.

Aperitivo

1 pacote de creme de cebola

1 lata de creme de leite gelado e sem soro

Mistura-se tudo bem e serve-se com bolachinhas salgadas torradas ou camarões. Pode-se guardar a mistura na geladeira por vários dias.

Aperitivo salgado I

1 pão de forma

Maionese

Rodelinhas de cebola

Queijo parmesão ralado

Corta-se o pão em fatias, e retira-se a casca. Cada fatia de pão é dividida ao meio em duas partes iguais. Cobre-se cada parte com uma camada grossa de maionese. Coloca-se no centro uma rodinha de cebola pequena, e polvilha-se com queijo parmesão ralado. Leva-se ao forno para corar. Serve-se quente.

Aperitivo salgado II

Das cascas retiradas do pão de forma fazem-se os aperitivos. Batem-se três ovos como para pão de ló. Depois juntam-se aos ovos já batidos uma colherinha de mostarda, sal, molho inglês e leite, e mistura-se tudo. Vão se molhando as tirinhas das cascas do pão nessa mistura e passando em queijo parmesão ralado. Leva-se ao forno em uma assadeira para torrar. Serve-se quente.

Biscoitos 1, 2, 3

100 gramas de açúcar

200 gramas de manteiga

300 gramas de farinha de trigo

Amassa-se tudo, fazem-se os biscoitos e põem-se em assadeiras untadas e polvilhadas. Leva-se ao forno para assar.

Biscoitos argolinhas

250 gramas de manteiga

6 colheres de sopa rasas de açúcar

6 colheres de sopa de leite

1 pitada de sal

Farinha de trigo peneirada até dar o ponto

Bate-se bem a manteiga com o açúcar, e acrescentam-se uma colher de sobremesa de baunilha, o leite e por último, aos poucos, a farinha de trigo, até a massa ficar macia. Abre-se com rolo e corta-se com um cortador apropriado. Passa-se em açúcar cristal e leva-se ao forno em assadeiras polvilhadas com açúcar cristal.

N.B.: o cortador é em formato de uma argolinha.

Biscoitos bicolores

3 xícaras de chá de farinha de trigo

1 xícara de açúcar

1 xícara de manteiga

2 gemas

2 colheres de chá de pó Royal

Mistura-se tudo amassando bem, depois divide-se a massa em duas partes iguais. Em uma delas juntam-se duas colheres de sopa de Nescau. Depois abrem-se as massas separadamente, devendo ficar bem finas. Coloca-se uma sobre a outra, enrola-se como um rolinho em papel impermeável e leva-se à geladeira por alguns minutos. Depois corta-se em fatias e leva-se ao forno para assar em tabuleiro untado com manteiga e polvilhado com farinha de trigo.

Biscoitos brincadeira

500 gramas de farinha de trigo

250 gramas de manteiga

125 gramas de açúcar

Bate-se a manteiga com o açúcar até ficar esbranquiçada. Depois bota-se a farinha de trigo, mexendo bem com uma colher de pau. Quando estiver bem ligado, amassa-se com as mãos até poder abrir a massa com um rolo. Deixa-se a massa um pouco grossa.

Cortam-se os biscoitos com a boca de uma garrafa, e passa-se gema de ovo por cima deles e depois açúcar cristal.

N.B.: das 500 gramas de farinha de trigo, tira-se uma xícara para passar na boca da garrafa ao cortar os biscoitos. As assadeiras são untadas com manteiga e polvilhadas com farinha de trigo.

Biscoitos casadinhos

8 colheres de sopa de manteiga

20 colheres de sopa de farinha de trigo

1 colher de sopa de pó Royal

2 colheres de sopa de açúcar

Depois de tudo bem ligado, deixe descansar um pouco e em seguida corte a massa em biscoitos redondos com um cortador. Ponha em assadeiras untadas e polvilhas e leve ao forno. Depois dos biscoitos assados, una uns aos outros com doce de goiaba derretido e passe em açúcar cristal.

Biscoitos de cerveja

1 quilo de farinha de trigo

450 gramas de manteiga

1 copo de cerveja branca

Bota-se a farinha de trigo em uma tigela, junta-se a manteiga e amassa-se com as mãos, acrescentando aos poucos a cerveja. Amassa-se bem, fazem-se os biscoitos compridinhos e passam--se em açúcar cristal. Leva-se ao forno em assadeiras untadas com manteiga.

Biscoitos de fécula de batatas

1 caixa de 250 gramas de fécula de batatas

1 caixa bem socada de farinha de trigo

1 caixa não muito cheia de açúcar

250 gramas de margarina

Amassa-se tudo bem. Faz-se um rolinho da massa, e cortam-se pedacinhos de cerca de cinco centímetros. Assa-se em tabuleiros polvilhados com farinha de trigo, em forno brando. Guardam-se os biscoitos em latas tampadas.

Biscoitos decorativos

250 gramas de farinha de trigo

150 gramas de manteiga

150 gramas de açúcar

50 gramas de amêndoas moídas

1 colher de sopa de pó Royal

Misture todos os ingredientes e amasse bem. Ponha a massa em uma tábua com uma camada de farinha de trigo e abra-a com um rolo. Corte em três tamanhos com cortadores próprios e leve ao forno para assar. Depois de os biscoitos todos assados, una de três em três com goiabada amolecida e, no último biscoito, bote goiabada no centro e um confeito prateado.

Biscoitos deliciosos

500 gramas de manteiga

2 xícaras de chá bem cheias de açúcar

2 gemas

800 gramas mais ou menos de farinha de trigo

Batem-se em batedeira a manteiga e o açúcar peneirado. Depois juntam-se as gemas, e continua-se batendo. Põe-se em seguida a farinha de trigo peneirada, e bate-se com uma colher de pau até ficar uma massa homogênea. A seguir, põe-se a massa sobre uma tábua, e passa-se um rolo sobre a massa, devendo ficar na espessura de aproximadamente um centímetro. Cortam-se os biscoitos compridos com um cortador, pincelam-se eles com gema de ovo e levam-se ao forno para assar em assadeira untada com manteiga e polvilhada com farinha de trigo. Depois de prontos, são guardados imediatamente em latas temperadas.

N.B.: são necessárias duas gemas para pincelar os biscoitos.

Biscoitos estrela de Portugal

100 gramas de maisena

400 gramas de farinha de trigo

225 gramas de açúcar

250 gramas de manteiga

4 colherinhas d'água de flor de laranja

Amassa-se tudo, estende-se a massa numa mesa, abre-se com o rolo não muito fina, e cortam-se os biscoitos com um cortador em estrelas. Leva-se ao forno em assadeiras.

Biscoitos *sablé*

100 gramas de açúcar

200 gramas de farinha de trigo

200 gramas de maisena

250 gramas de manteiga

200 gramas de castanhas-do-pará ou outra castanha qualquer

Sal a gosto

Descasque as castanhas e leve ao forno. Passe em seguida no liquidificador. Misture os ingredientes e amasse-os bem. Estenda a massa com um rolo e corte as rodelinhas. Asse em tabuleiros untados. Depois de assados, passe em açúcar cristal.

Biscoitos segredo

400 gramas de manteiga

600 gramas de farinha de trigo

200 gramas de açúcar

1 colher de chá de baunilha

Bate-se a manteiga com o açúcar até ficar uma massa bem branquinha. Junta-se aos poucos a farinha de trigo, e amassa-se com as mãos até a massa largar bem dos dedos. Fazem-se biscoitos e assam-se em forno quente, em assadeiras untadas e polvilhadas com farinha de trigo.

Biscoitos salgados de cebola

250 gramas de margarina

300 gramas de farinha de trigo

1 pacote médio de queijo parmesão ralado

1 cebola grande ralada

Sal

2 ovos inteiros

Misture tudo até que a massa solte das mãos. Abra-a com um rolo e não a deixe muito fina. Corte os salgadinhos em rodinhas, arrume-os em assadeira, pincelando com gema e polvilhando com queijo parmesão ralado, e leve ao forno para assar.

Bolinhos quero mais

1 coco ralado

4 ovos misturados

20 colheres de sopa de açúcar

1 colher de sopa de manteiga

6 colheres de sopa de queijo ralado

1 colher de sopa de farinha de trigo

Rale o coco bem fino, depois misture com os ovos (claras e gemas). Junte o açúcar, o queijo, a farinha de trigo e a manteiga derretida. Misture tudo bem e leve ao forno em um pirex untado e polvilhado com farinha de trigo ou em forminhas untadas e polvilhadas. Desenforme depois de frios e ponha em forminhas de papel.

Bolinhos de bacalhau

Meio quilo de bacalhau

Meio quilo de batatas

3 ovos

2 colheres de sopa de óleo

2 dentes de alho amassados

1 cebola grande picada

1 pimentão picado

Leite puro de 1 coco

Óleo para fritar

Ponha o bacalhau de molho na véspera, em água fria. No dia seguinte renove a água e leve o bacalhau ao fogo para ferver. Depois escorra toda a água, retire as espinhas e peles do bacalhau e desfie a carne. Doure a cebola picada no óleo, junte o bacalhau, um pouco de condimento, o pimentão picado, coentro, cebolinho e o alho e deixe cozinhar. Em seguida, junte o leite puro de coco e mexa bem. Deixe refogar bastante mexendo sempre, até que o bacalhau esteja bem cozido. Retire do fogo, junte as batatas previamente cozidas e passe tudo na máquina de moer. A seguir acrescente mais um pouco de coentro bem picado e as gemas, uma a uma, batendo bem a massa com uma colher de pau. Por último junte as claras batidas em neve e sal, se for necessário. Pronta a massa de bacalhau, retire com uma colher de sopa porções iguais e frite em bastante óleo quente, em uma panelinha.

Bolinhos de goma

1 quilo de goma (molhada) como se compra

1 xícara de chá de leite puro de coco

2 colheres de sopa de manteiga

1 xícara de chá de açúcar

1 gema

Sal a gosto

Põe-se a goma para secar ao sol por vários dias. Depois de bem seca, peneira-se. Bate-se a manteiga com o açúcar, em seguida junta-se a gema, batendo sempre, e adiciona-se a goma aos poucos, alternando com o leite de coco e o sal. Amassa-se bem com as mãos até a massa ficar bem macia, não muito seca. Fazem-se os bolinhos e levam-se ao forno em assadeiras polvilhadas com goma seca peneirada.

Bombinhas de camarão

Meio quilo de camarão cru, descascado e limpo

1 litro de água fervente

2 colheres de chá de sal

Suco de limão

Pimenta

2 xícaras de farinha de trigo

Meia colher de chá de sal

1 ovo bem batido

1 xícara de leite

3 colheres de chá de pó Royal

Meio litro de óleo

1 folha de louro

Escolha, de preferência, camarões grandes. Despeje a água fervente numa panela e adicione duas colheres de chá de sal, a folha de louro, a pimenta, o suco de limão e os camarões. Tampe e cozinhe lentamente durante cinco minutos. Retire do fogo. Coe o caldo, pique os camarões e reserve numa vasilha. Em separado, misture a farinha de trigo, meia colher de chá de sal e o pó Royal. Adicione o ovo batido e o leite. Junte o camarão picado. Misture bem. Coloque o óleo numa panela e aqueça bem. Deixe cair no óleo quente colheradas da massa de camarão e frite durante três minutos ou até que dourem bem. Escorra as bombinhas sobre o papel absorvente. Sirva quentinhas com molho tártaro.

Molho

Misture maionese, azeitonas e salsa bem picadas. Sirva em vasilha separada.

Brigadeiro

1 lata de leite Moça

2 colheres de sopa rasas de manteiga

4 colheres de sopa de Nescau

Ponha todos os ingredientes numa panelinha e leve ao fogo. Mexa bastante, até que a massa se despregue do fundo da panela. Retire do fogo e despeje numa travessa untada com manteiga. Depois de frio, enrole um pouco da massa nas mãos de cada vez, fazendo bolinhas que são passadas em chocolate granulado ou em miçangas coloridas. Depois ponha em caixetas laminadas.

Caju à Joana

1 coco grande ralado

6 gemas

1 prato fundo bem cheio de açúcar cristal

1 copo de leite

Mistura-se o leite com o açúcar e leva-se ao fogo. Se o leite talhar, o que sucede algumas vezes, não há inconveniência. Quando estiver em ponto de mingau ralo, juntam-se as gemas, que já devem ter sido misturadas com o coco ralado. Leva-se novamente ao fogo até despregar da panela. Tira-se do fogo, e junta-se uma colher de café de baunilha. Fazem-se os cajuzinhos, passam-se em açúcar cristal, e espeta-se uma castanha-de-caju torrada em cada um, dando a forma de um cajuzinho.

Camarões recheados

1 quilo de camarões grandes

2 colheres de sopa de azeite

1 colher de sopa de manteiga

1 xícara de chá de leite

1 cebola picada

2 colheres de sopa de farinha de trigo

3 colheres de sopa de farinha de rosca

Sal

Depois de bem limpos, lavados e escorridos, os camarões são colocados numa panela com água quente e temperados com sal e caldo de limão. Assim que ferver por alguns minutos, retira-se do fogo, escorre-se toda a água e reserva-se. Descascam-se os camarões grandes, e tiram-se as tripas com um palito, deixando as caudas e as cabeças. Separam-se os camarões pequenos e passam-se na máquina; a massa obtida é colocada em uma panela com azeite, manteiga e cebola picada e levada ao fogo. Logo que começar a ferver, juntam-se o leite, a farinha de trigo e a água que estava reservada. Tempera-se com sal e mistura-se bem, deixando engrossar até o ponto de massa consistente. Retira-se do fogo, e assim que esfriar envolvem-se nessa massa os camarões, um a um, passando em seguida em ovos batidos e em farinha de rosca. Fritam-se em óleo quente.

Canapé

3 cebolas médias raladas
1 pote de maionese
1 colher de sopa de mostarda
Sal
Parmesão ralado
Corte o pão de caixa em fatias, tire as cascas e divida cada fatia em duas partes. Sobre cada retângulo de pão espalhe uma boa camada do creme, polvilhe com o queijo ralado e leve ao forno quente para gratinar. Sirva quente.

Canapé de queijo provolone

Corte fatias pequenas de pão de caixa, coloque fatias finas de queijo provolone por cima, salpique com páprica picante e leve ao forno. Quando o queijo derreter, sirva sobre torradas ou bolachas salgadas.

Creme de aspargos

Toste uma colher de sopa de cebola ralada, junte uma colher de sopa de manteiga e duas colheres de sopa de farinha de trigo, adicione uma xícara de chá de leite e uma xícara de chá de aspargos. Ponha ferver mexendo até formar um creme. Depois acrescente duas gemas e sal. Se for necessário, ponha mais um pouco de leite, devendo ficar um creme ralo. Sirva o creme com filé e alguns aspargos inteiros, ornamentando o prato.

Creme de queijo I

2 copos de leite
2 colheres de sopa de maisena

Sal

Leva-se ao fogo, mexendo até engrossar. Retira-se do fogo, e juntam-se 250 gramas de queijo parmesão ralado e uma colher de sopa de manteiga. Bate-se até ligar bem, e recheiam-se pãezinhos.

Creme de queijo II

1 xícara de chá e meia de leite

1 xícara de chá rasa de queijo parmesão ralado

1 ovo batido (clara em neve)

Mistura-se tudo, e enchem-se de creme forminhas já forradas com massa. Leva-se ao forno para assar.

N.B.: não se cobre com massa.

Creme de queijo III

3 claras batidas em neve

2 gemas

100 gramas de queijo parmesão ralado

Meia garrafa de leite[9]

1 colher de sopa de manteiga

Sal a gosto

Mistura-se tudo, e enchem-se forminhas. Sem cobrir, levam-se ao forno para assar.

Empadinhas de cenoura

2 ovos (claras e gemas) batidos com garfo

1 pouco de leite

1 colherinha de margarina

Sal

Queijo parmesão

---

[9] Quantidade ajustada para 100 ml (nota da organizadora).

As cenouras são cozidas em água com sal, depois cortadas em pedacinhos. Juntam-se os ovos batidos com as cenouras, o leite, a margarina, uma colher de sopa de queijo armesão ralado e sal. Leva-se ao forno para assar em forminhas de empadas bem untadas. Põe-se queijo parmesão ralado por cima.

Empadinhas de presunto

Massa

200 gramas de manteiga

2 gemas

1 xícara de café de água morna com sal

3 xícaras de chá mais ou menos de farinha de trigo

Amassa-se tudo com as mãos, até ficar uma massa macia. Forram-se forminhas pequenas, fazem-se uns furos no fundo com um garfo, e enche-se com o creme de presunto.

Creme

1 colher de sopa de manteiga

1 cebola ralada

2 colheres de sopa de farinha de trigo

1 xícara mais ou menos de leite

100 gramas de presunto picado

1 colher de sopa de mostarda

1 colher de sopa de picles

Leva-se a manteiga ao fogo com a cebola, depois põe-se a farinha de trigo, misturando com o leite e tendo cuidado para não embolar. Em seguida retira-se do fogo, e juntam-se o presunto, a mostarda e os picles picados. Enchem-se as forminhas já forradas com massa e levam-se ao forno para assar. Depois de assadas, põem-se as empadinhas em formas de papel.

N.B.: com essa mesma massa pode-se fazer empadinhas de palmito, preparando o recheio de palmito com se faz o de camarão.

Empadinhas de queijo (massa para empadas)

200 gramas de margarina

2 gemas

1 xícara pequena de água com sal

3 xícaras de chá de farinha de trigo

Misturam-se os ingredientes e amassam-se. Em seguida, forram-se as forminhas e recheiam-se com creme de queijo[10]

Enroladinhos de salsichas

1 xícara de chá de maisena

1 xícara de chá de farinha de trigo

Dois terços de xícara de margarina

1 gema

1 pitada de sal

5 colheres de sopa de água gelada

Peneire e misture a maisena e a farinha. Junte à primeira mistura a margarina cortando com duas facas, até ficar como uma farofa. Adicione a gema, o sal e a água. Amasse bem e deixe na geladeira durante uma hora. Abra a massa em tábua polvilhada com farinha de trigo, devendo ficar com meio centímetro de espessura. Corte em tiras de um centímetro de largura e enrole em espiral em tirinhas de salsichas temperadas com mostarda. Coloque-as em assadeira untada com margarina, pincelando-as com gema de ovo. Leve ao forno quente durante mais ou menos 20 minutos.

Fofinhos de salsichas

4 colheres de sopa de manteiga

Meia colher de chá de pó Royal

2 xícaras de chá de farinha de trigo

1 xícara de queijo parmesão ralado

Meia xícara de leite

---

[10] Usar a receita de Creme de queijo III (nota da organizadora).

1 colherinha de sal

1 lata de salsichas

Junte os ingredientes, com exceção das salsichas, e amasse tudo com as mãos, até obter uma massa macia sem pegar na mão e sem ficar bem dura. Abra um pouco da massa na mão, coloque um pedacinho de salsicha e enrole-a. Repita a operação até terminar a massa. Pincele os rolinhos com gema de ovo e leve-os ao forno em tabuleiros untados e polvilhados com farinha de trigo. Depois de assados, polvilhe com queijo parmesão ralado.

Margaridas de queijo

4 xícaras de chá bem cheias de farinha de trigo

250 gramas de manteiga

1 colher de chá de sal

Misture bem todos os ingredientes e amasse com as mãos. Depois faça umas bolinhas um tanto achatadas, introduzindo no centro da bolinha um pouco de patê de queijo. Depois torne a enrolá-la com as mãos, para que o patê fique bem dentro da bolinha, e volte a dar a forma achatada. Com uma faca faça as pétalas de margarida dando uns cortes em volta de toda a bolinha. Pincele com gema misturada com manteiga derretida com farinha de trigo. O patê de queijo é feito com qualquer queijo ralado, misturado com manteiga e sal.

Massa de pastel

1 xícara de água morna com sal

3 xícaras e meia de farinha de trigo

3 gemas

Meia colher de sopa de banha

Meia colher de sopa de margarina

Bata bem a massa e deixe-a descansar um pouco. Depois abra-a bem fina e faça os pasteizinhos.

Massa folhada com iogurte

400 gramas de margarina bem gelada

4 copos de farinha de trigo

6 colheres de sopa de iogurte

2 gemas

Rale a margarina bem gelada em ralo, por cima da farinha de trigo já medida. Acrescente o iogurte. Misture com as pontas dos dedos até formar uma farofa. Junte o queijo e as gemas e misture até formar uma massa uniforme. Deixe descansar na geladeira, embrulhada em papel de alumínio ou celofane, durante 12 horas. Essa massa pode ser utilizada para recheio, doces ou salgadinhos. É a massa folhada mais rápida e é ótima.

Massa folhada húngara

Peneire uma xícara de chá de maisena com duas xícaras e meia de farinha de trigo e duas colheres de chá de sal. Adicione duas gemas, uma colher de sopa de conhaque ou de aguardente e uma colher de sopa cheia de margarina e junte com as pontas dos dedos até formar uma bola. Acrescente aos poucos três quartos de xícara mais ou menos de água fria. Sove bem a massa durante 15 minutos. Cubra com um pano e deixe descansar durante uma hora. Bata uma xícara e meia de margarina até ficar bem cremosa e reserve. Abra a massa com um rolo em mesa ligeiramente polvilhada com farinha de trigo de modo a ficar com um centímetro de espessura. Unte com um terço de margarina reservada. Polvilhe um pouco de farinha de trigo com uma peneira. Dobre a massa em três partes, como um guardanapo dobrado. Deixe descansar durante 15 minutos. Repita mais duas vezes a mesma operação, usando a margarina restante. Embrulhe em pano úmido e guarde na geladeira durante uma hora. Pode-se usar essa receita para tortas, salgadinhos, doces, empadas, pastéis assados ou canudinhos.

Massa folhada simples

Primeira parte

1 copo de farinha de trigo
1 gema
1 colherinha de sal
1 colher de sopa de margarina
Água morna necessária

A massa não deve ficar muito dura, porém lisa. O sal é posto na água.

Segunda parte

1 colher de sopa de margarina
1 copo de farinha de trigo

Abre-se toda a primeira massa uma só vez. Espalha-se por cima a segunda massa, cobrindo toda a primeira, e enrola-se como um rocambole. Deixa-se repousar durante meia hora. Abre-se bem fina e aplica-se em tortas, empadas, rocamboles etc.

Massa para pastel de Natal (pastel de festa)

50 gramas de banha
1 ovo (clara e gema)
Meio copo d'água com sal
3 xícaras de chá mais ou menos de farinha de trigo
1 colher de sopa de pó Royal
Azeitonas
Carne de porco
Óleo para fritar
Açúcar para passar nos pastéis fritos.

Bata o ovo com a água e o sal até ficar espumoso (não use a batedeira). Em seguida, acrescente a banha e a farinha de trigo peneirada com o pó Royal. Mexa bem com uma colher de pau, depois com as mãos sove bem a massa. Deixe descansar por meia hora e depois abra a massa bem fina com um rolo. Corte os pastéis e recheie com picadinho de carne de porco bem temperado e uma azeitona. Aperte bem as bordas com um garfo. Frite em óleo quente. Passe um pouco de açúcar nos pastéis.

Massa podre para empadas

1 lata de creme de leite gelado e sem soro

2 colheres de sopa bem cheias de banha

2 colheres de chá de pó Royal

Farinha de trigo, o quanto for necessário

Numa tigela coloque a banha, polvilhe de creme de leite, pó Royal e um pouco de sal e misture bem. Vá juntando a farinha de trigo aos poucos, até que a massa fique macia e não grude nas mãos. Forre, então, forminhas e leve ao forno moderado com o recheio que preferir.

Pãezinhos

1 lata de leite Moça

1 lata de leite de vaca

3 ovos inteiros

100 gramas de manteiga

50 gramas de fermento de pão fresco (obtido em padaria)

1 quilo de farinha de trigo

Junta-se tudo, exceto a farinha de trigo, e passa-se no liquidificador batendo bem. Depois coloca-se numa tigela, e junta-se a farinha de trigo aos poucos, tirando mais ou menos uma xícara da farinha para passar nas mãos ao fazer as bolas. Bate-se bastante a massa, até ficar bem macia. Fazem-se bolas tirando a massa com uma colher de sobremesa e enrolando-a com as mãos polvilhadas com farinha de trigo. Colocam-se as bolas em um assador untado e polvilhado com farinha de trigo. As bolas devem ficar separadas uma das outras. Deixa-se descansar em lugar abafado por horas, para crescerem. Na hora de sair do forno pincela-se com manteiga derretida e polvilha-se com queijo parmesão ralado. Rende mais ou menos uns 30 pãezinhos.

Pãezinhos salgados

500 gramas de farinha de trigo

6 ovos

Meio pires de açúcar

1 colher de sopa de banha

1 colher de sopa de manteiga

1 colher de chá de sal

1 colher de sopa de açúcar

1 colher de sopa de fermento granulado

Desmanche o fermento granulado com meia xícara de água morna e uma colher de chá de açúcar. Abafe até o fermento dissolver bem. Bata as claras em neve, depois junte as gemas e bata bem. Junte tudo ao fermento já dissolvido. Abafe novamente durante duas horas. Depois ponha a banha, a manteiga, o sal e a farinha de trigo. Amasse bem com as mãos. Faça pãezinhos regulares, ponha-os em assadeiras untadas e deixe abafados até incharem. Depois de bem crescidos, leve ao forno. Depois de assados, abra-os e recheie com creme de queijo ou com presunto, pincele com manteiga e ponha por cima um pouco de queijo ralado.

Palitos de queijo

1 xícara de chá de farinha de trigo

1 colher de chá e meia de pó Royal

Meia colher de chá de sal

2 colheres de sopa de manteiga

Meia xícara de chá de queijo prato ralado

Um quarto de xícara de água

Peneire juntos a farinha de trigo, o pó Royal e o sal. Adicione a manteiga e o queijo ralado, misturando bem até que forme uma farofa. Faça palitos e passe-os em queijo ralado. Leve ao forno para assar. Rende uns 70 palitos.

Papo de anjo

Meia clara bem batida em neve

12 gemas batidas por 45 minutos

1 colher de sopa de pó Royal

Mistura-se tudo, põe-se em forminhas pequenas bem untadas com manteiga e leva-se ao forno para assar. Faz-se uma calda com meio quilo de açúcar e um copo de água, e jogam-se os papos de anjo nessa calda, que deve ser fina.

Pastel de massa folhada

250 gramas de farinha de trigo

1 gema

1 pitada de sal

1 colher de sopa de manteiga

Meio copo de água gelada

Põe-se a farinha de trigo na pedra-mármore, faz-se uma cova no centro, e põem-se aí os ingredientes. Vai se amassando com as mãos como quem esfrega roupa. Amassa-se bem, até abrir bolhas. Cobre-se e deixa-se descansar meia hora. Depois abre-se a massa bem fina, e passa-se banha com uma faca, alisando bem. Em seguida polvilha-se com um pouquinho de farinha de trigo. Dobra-se a massa em três, e na segunda vez faz-se o mesmo processo. Abre-se a massa bem fina, passa-se banha, polvilha-se com farinha de trigo e dobra-se no sentido contrário, como um envelope. Na terceira vez, depois de aberta a massa, aparam-se as beiradas dela com uma faca, para não repuxar a massa. Os pastéis ficam com uma espessura de meio centímetro. Recheia-se a gosto e frita-se em banha ou óleo quente.

N.B.: a banha necessária para a massa é 200 gramas, dividida em três partes iguais.

Pastel de queijo

150 gramas de manteiga

1 ovo

50 gramas de queijo parmesão ralado

Farinha de trigo até a massa soltar bem das mãos

Amasse os ingredientes, abra a massa na palma da mão, ponha o recheio de queijo, faça o pastelzinho, polvilhe com queijo parmesão ralado e leve ao forno em assadeira untada com manteiga. Rende cerca de 40 pastéis.

Pastel de queijo com camarão

5 colheres de sopa de manteiga

5 colheres de sopa de leite

5 colheres de sopa de queijo parmesão ralado

1 colher de chá de sal

Farinha de trigo, o quanto for necessário

Mistura-se tudo, abre-se a massa não muito fina, cortam-se rodelas e recheiam-se com creme de camarão. Fecha-se apertando as bordas, pincela-se com gema e com manteiga derretida, polvilhando queijo parmesão ralado, e leva-se ao forno quente para assar.

Pastelzinho de ricota

Massa

250 gramas de farinha de trigo

125 gramas de manteiga

Um quarto de colher de chá de sal

Água fria para amassar

Recheio

1 ricota

1 cebola, coentro ou salsa a gosto

1 gema

1 pacote de queijo ralado

Sal a gosto

Misture a farinha de trigo com a manteiga. Junte o sal e adicione água suficiente, até obter uma massa maleável. Deixe descansar durante meia hora. Escorra toda a água da ricota e amasse-a numa tigela. Pique a cebola e o coentro ou a salsa bem finos. Junte o queijo ralado, a gema e o sal. Misture tudo bem. Abra a massa, corte em rodelas, coloque o recheio e aperte bem as bordas para não abrir. Frite em óleo bem quente. Antes de levar o óleo ao fogo, junte uma colher de sopa de álcool para que os pastéis fiquem bem secos.

Presuntinho

2 latas de leite Moça

1 coco grande ralado

4 gemas

2 colherinhas de baunilha

2 colheres de sopa de Nescau

Põem-se numa panela uma lata de leite Moça, duas gemas, meio coco ralado e a baunilha. Leva-se ao fogo brando mexendo sempre, até soltar da panela. Com a outra lata de leite Moça faz--se como a primeira, acrescentando o Nescau e levando ao fogo, mexendo para dar o ponto de soltar da panela. Junta-se uma parte amarela e outra parte de Nescau, e dá-se a forma de um presuntinho, com um lado amarelo e o outro escuro. Enfeita-se colocando um palito na parte de cima do presuntinho. O palito é enrolado com papel de beijo.

Pufes com creme de queijo

1 xícara de chá de água

Meia xícara de chá de margarina

1 xícara de chá bem cheia de farinha de trigo

3 ovos

1 colher de chá de sal

1 colher de sopa de pó Royal

Leva-se ao fogo a água com a margarina e o sal. Quando começar a ferver, põe-se a farinha de trigo de uma só vez, e mexe-se bem com uma colher de pau, até a massa ficar bem cozida. Bota-se na tigela da batedeira e bate-se bem juntando os ovos inteiros, um a um, sem parar de bater. Finalmente põe-se o pó Royal e continua-se batendo bem, até a massa ficar bem macia. Fazem-se bolinhas regulares com auxílio de uma colher de sobremesa: enche-se a colher de massa, e retira-se a massa com as pontas dos dedos, colocando em um tabuleiro ligeiramente untado. Abafa-se até crescerem. Quando crescidos, leva-se ao forno até dourar. Depois de assados, corta-se ao meio e recheia-se com creme de queijo, de camarão ou de presunto.

Queijo Catupiry

250 gramas de queijo de coalho ralado

Meio litro de leite cru

5 colheres de sopa de maisena

1 colher de chá de sal

1 colher de manteiga

Leva-se ao fogo mexendo sempre, até formar um creme. Estando cozido, espalha-se sobre todo o pão (logo que tirar do fogo). Enfeita-se com azeitonas e flores feitas com tomates.

Recheio de creme de queijo

2 colheres de chá de margarina

Um terço de xícara de farinha de trigo

1 colherinha de cebola ralada

Meia xícara de chá de leite

Mistura-se tudo e passa-se no liquidificador. Junta-se sal ao paladar, e leva-se ao fogo mexendo para fazer um creme. Retira-se do fogo, deixa-se esfriar um pouco, e juntam-se três colheres de sopa de queijo parmesão ralado.

Rolinhos de fiambre

Faz-se uma massa de pastel. Depois abre-se bem fina com um rolo, corta-se com a boca de um copo, recheia-se com um pedaço de fiambre e enrola-se. Fritam-se os rolinhos em óleo bem quente em fogo brando. Antes de fritá-los, passam-se em gema e queijo parmesão ralado. Depois de fritos, torna-se a passar no queijo ralado.

Rolinhos de queijo e nozes ou castanhas

3 colheres de sopa de leite

2 colheres de chá de molho inglês

1 dente de alho amassado

250 gramas de queijo cremoso ou ricota

Meia xícara de chá de nozes ou castanhas-de-caju picadas

Meia xícara de salsa picada

Coloque todos os ingredientes, exceto as nozes e a salsa, no liquidificador e bata-os. Se for possível, vá desligando e ligando o liquidificador e misturando com uma colher de pau. Retire a mistura, que deve estar bem homogênea, e forme dois rolinhos de dois centímetros de diâmetro. Passe um rolinho nas nozes ou castanhas picadas e o outro rolinho na salsa picada. Embrulhe em papel de alumínio e leve à geladeira por duas horas ou mais. Para servir, corte cada rolinho em fatias e coloque sobre torradinhas redondas. Para facilitar o corte dos rolinhos, esquente um pouco a faca cada vez que cortar uma fatia.

Rosquinhas

500 gramas de farinha de trigo

100 gramas de manteiga

1 copo de leite

1 pires de açúcar

2 colheres bem cheias de bicarbonato de amônia

Sal a gosto

Bate-se a manteiga derretida no fogo com o bicarbonato de amônia misturando bem, até a massa crescer. Em seguida, tira-se do fogo, mistura-se com a farinha de trigo peneirada, o açúcar e o sal e, por fim, vai se juntando leite aos poucos e amassando bem. A massa depois de pronta deve descansar durante uma hora. Em seguida fazem-se as rosquinhas e levam-se ao forno para assar. São umas delícias.

Rosquinhas de São João

4 ovos

1 lata de leite Moça

2 colheres de sopa de pó Royal

Farinha de trigo até o ponto de enrolar

Bata os ovos e adicione o leite Moça, o pó Royal e a farinha de trigo aos poucos, até obter uma massa homogênea que não grude nas mãos. Faça as rosquinhas, frite-as em gordura não muito quente e passe-as em açúcar refinado.

Salgadinhos: bolinhos de camarão

Doure uma cebola cortadinha e um dente de alho em duas colheres de sopa de manteiga. Junte meia xícara de creme de tomates (molho) e meio quilo de camarão previamente limpo. Cozinhe durante dois minutos e retire do fogo. Misture uma xícara de maisena com uma xícara de leite e quatro gemas, despeje sobre os camarões e cozinhe até engrossar. Retire do fogo, tempere com meia xícara de salsa, cebolinhos bem picados, uma pimenta-malagueta amassada e sal a gosto. Deixe esfriar e adicione quatro claras batidas em neve juntamente com duas colheres de chá de pó Royal. Frite pequenas colheradas (fazendo os bolinhos) em óleo em temperatura moderada. Sirva polvilhados com salsa bem picadinha.

Salgadinhos com aspargos

500 gramas de farinha de trigo

200 gramas de banha

2 colheres de sopa de manteiga

2 colherinhas de sal

4 ovos

Junta-se a farinha de trigo em monte, faz-se uma cavinha no centro, e põem-se a banha, a manteiga, o sal e os ovos. Mistura-se tudo amassando bem. Faz-se uma bola de massa e guarda-se coberta com um pano por 10 minutos. Depois vai se tirando um pouco da massa, fazendo umas bolinhas achatadas com as mãos e pondo-as nas forminhas. Com os dedos forram-se as forminhas de maneira que a massa dobre sobre as bordas. A seguir põe-se para assar. Depois de assadas, coloca-se o recheio.

Recheio

Meio litro de leite

4 colheres de sopa de farinha de trigo

4 colheres de sopa de manteiga

Sal a gosto

Faz-se uma papa, e enchem-se as forminhas já assadas. No centro, sobre a papa, põem-se uns pedacinhos de aspargos em cada forminha.

Salgadinhos: croquetes de queijo

4 colheres de sopa de farinha de trigo

3 colheres de sopa de manteiga

Três quartos de xícara de chá de leite

Meio queijo prato cortadinho

2 gemas desmanchadas

Sal e um pouco de pimenta

Faça um molho branco com a manteiga, a farinha de trigo, o leite e o sal. Junte as gemas mal batidas e o queijo em pedacinhos. Leve ao fogo mexendo. Depois de cozida a massa, faça os croquetinhos e passe em ovo mal batido e em farinha de rosca. Frite em óleo bem quente, em fogo moderado. Depois de prontos, polvilhe com queijo prato ralado.

Salgadinhos de amendoim

Meio quilo de farinha de trigo

200 gramas de banha

1 colher de sobremesa de sal

1 xícara de chá de água morna

2 gemas

1 colher de sopa de pó Royal

Meio quilo de amendoins torrados e inteiros

Bate-se bem a banha com as gemas, junta-se aos poucos a farinha de trigo peneirada com o pó Royal, e vai se adicionando aos poucos a água morna com o sal. Amassa-se bem com as mãos. Separam-se porções de massa, e abre-se cada porção com um rolo, de modo a ficar o mais fina possível. Coloca-se em cada massa aberta de dois a três amendoins inteiros e torrados, e enrola-se formando um rolinho. A seguir frita-se cada rolinho em bastante óleo quente e, depois de frito, passa-se em sal fino.

Salgadinhos de queijo

250 gramas de manteiga

500 gramas de farinha de trigo

1 xícara de chá de leite, não muito cheia

1 colher de sopa de pó Royal

1 colher de chá de sal

Amasse tudo bem. Depois divida a massa em quatro partes iguais. Abra cada parte da massa com um rolo, devendo ficar como massa de pastel, e recheie.

Recheio

250 gramas de queijo parmesão ralado

250 gramas de manteiga

Misture o queijo e a manteiga e passe-os sobre cada parte da massa já aberta. Enrole cada uma como um rolinho e envolva-as em papel impermeável. Guarde na geladeira por alguns minutos. Depois retire o papel, corte o rolinho em rodelinhas e leve ao forno para assar. Depois de assados, polvilhe com sal e queijo ralado. Esses salgadinhos podem ser feitos de véspera.

Salgadinhos de queijo e presunto

1 queijo Catupiry
Peso do queijo de manteiga

Mistura-se a manteiga com o queijo e vai se amassando e adicionando farinha de trigo, até formar uma massa que se possa enrolar. Com a mão, fazem-se rolinhos, colocando dentro tirinhas de presunto. Assa-se em assadeira polvilhada com farinha de trigo.

Salgadinhos deliciosos

2 colheres de sopa de picles
2 xícaras de chá de leite
2 colheres de sopa de manteiga
1 colher de chá de pó Royal
4 colheres de sopa de queijo parmesão ralado
300 gramas de filé de peixe ensopado e desfiado
1 xícara de chá e meia de farinha de trigo
1 colher de chá de mostarda
Sal a gosto

Misturam-se todos os ingredientes, exceto a farinha de trigo, levam-se ao fogo e deixam-se ferver. Joga-se dentro da panela a farinha de trigo de uma só vez, e mexe-se até a mistura soltar da panela. Tira-se do fogo, fazem-se bolinhas, passam-se em ovos mal batidos e farinha de rosca e fritam-se. Forma-se uma bandeja com esses salgadinhos, espetando em cima de cada um, depois de frios, uma castanha-de-caju.

Salgadinhos: empadinhas de festa

150 gramas de manteiga
1 ovo
1 gema

2 colheres de sopa de queijo parmesão ralado

250 gramas de farinha de trigo

Amasse os ingredientes, forre forminhas com a massa e leve ao forno para assar. Desenforme e recheie com verduras, maçã picada e maionese. Cozinhe as verduras picadas (chuchu, cenoura e batatas) em água e sal. Depois de cozidas e escorridas, junte as maçãs picadas, misture tudo com a maionese e recheie as empadinhas.

Salgadinhos: flor de massa

2 claras

4 gemas

1 colher de chá de sal

2 colheres de sopa de conhaque

Misture os ingredientes e vá amassando até formar uma massa não muito branda. Enquanto amassa, junte aos poucos farinha de trigo, até ficar uma massa macia. Depois abra a massa o mais fina possível e corte rodelas de três a quatro centímetros de diâmetro. Una três a três com um pingo de água no centro, dê quatro cortes para formar pétalas e calque bem no centro com o dedo. Solte e levante cada pétala, isto é, as bordas. Frite em bastante óleo quente. Depois de fritas, coloque no centro recheio de aspargos ou de camarão.

Salgadinhos para aperitivos

Farinha de trigo

3 colheres de sopa de manteiga

3 gemas

3 claras

Sal suficiente para salgar

Mistura-se a manteiga com as gemas e o sal. Vai se pondo farinha de trigo até a massa soltar bem das mãos. Enrola-se formando uns charutinhos e passa-se em clara de ovo e em queijo parmesão ralado. Arruma-se em tabuleiro polvilhado com farinha de trigo e leva-se ao forno para assar. Recomenda-se forno brando.

Salgadinhos: tortinhas de palmito

2 xícaras de chá de leite

4 ovos

Meia xícara de chá de óleo

3 colheres de sopa de queijo parmesão ralado

Bate-se tudo de uma só vez no liquidificador, depois misturam-se 12 colheres de sopa de farinha de trigo e duas colheres de sopa de pó Royal. Despeja-se a massa em uma assadeira untada com manteiga e polvilhada com farinha de trigo. Derrama-se o recheio antes de ir para o forno, polvilha-se com queijo parmesão ralado por cima e leva-se para assar.

Recheio

2 colheres de sopa de manteiga

2 colheres de sopa de margarina

1 cebola ralada

Meio quilo de tomates com sementes e sem peles

100 gramas de azeitonas cortadas

1 vidro de palmitos cortados

1 colher de chá de sal

Refoga-se a cebola na manteiga e na margarina. Depois juntam-se os tomates e os demais ingredientes, e deixa-se cozinhar bastante. Depois de frio, coloca-se o recheio sobre a massa e leva-se ao forno para assar. Depois de assado, corta-se em quadrinhos, postos em forminhas de papel.

N.B.: pode-se também assar a massa sem o recheio, só colocá-lo quando a massa estiver fria.

Sequilhos

4 gemas

2 claras

125 gramas de manteiga

250 gramas de açúcar

Farinha de trigo suficiente para que a massa possa ser aberta com um rolo

É bom botar um pouco de amoníaco na massa e abafá-la por alguns minutos. Não se usa farinha de trigo ao abrir a massa. Quando ela estiver bem aberta, cortam-se os biscoitos com uma carretilha, podendo dar formas diversas. Polvilha-se farinha de trigo na assadeira, e colocam-se os biscoitos deixando-os um pouco abafados para crescerem. Depois leva-se ao forno para assar.

Serpentinas de presunto

2 xícaras de chá de farinha de trigo

4 colheres de chá de pó Royal

100 gramas de manteiga

1 ovo

Meia xícara de leite

Meia xícara de queijo parmesão ralado

Recheio

250 gramas de presunto moído

250 gramas de ricota amassada

Meia colher de chá de pimenta-do-reino em pó

1 pitada de sal

2 colheres de sopa de maionese

Peneire a farinha de trigo com o sal. Acrescente a manteiga cortada em pedacinhos e misture com um garfo. Bata o ovo, misture com o leite e acrescente a massa anterior. Junte o queijo ralado e deixe descansar por 15 minutos. Abra a massa e besunte-a com manteiga. Prepare o recheio, misturando todos os ingredientes. Espalhe sobre a massa, enrole como se fosse um rocambole e corte em fatias de quatro centímetros de grossura. Achate-as levemente sobre um tabuleiro untado e asse em forno quente por mais ou menos 20 minutos.

Tortinhas de queijo

3 xícaras de chá de farinha de trigo

Meia xícara de óleo

2 gemas

2 colheres de sopa bem cheias de manteiga

1 colher de chá de sal

Juntam-se à farinha de trigo peneirada as gemas, a manteiga, o óleo e o sal. Mistura-se tudo, amassa-se bem com as mãos e deixa-se descansar meia hora. Depois enchem-se forminhas pequenas de empada, recheiam-se com creme de queijo e levam-se ao forno para assar.